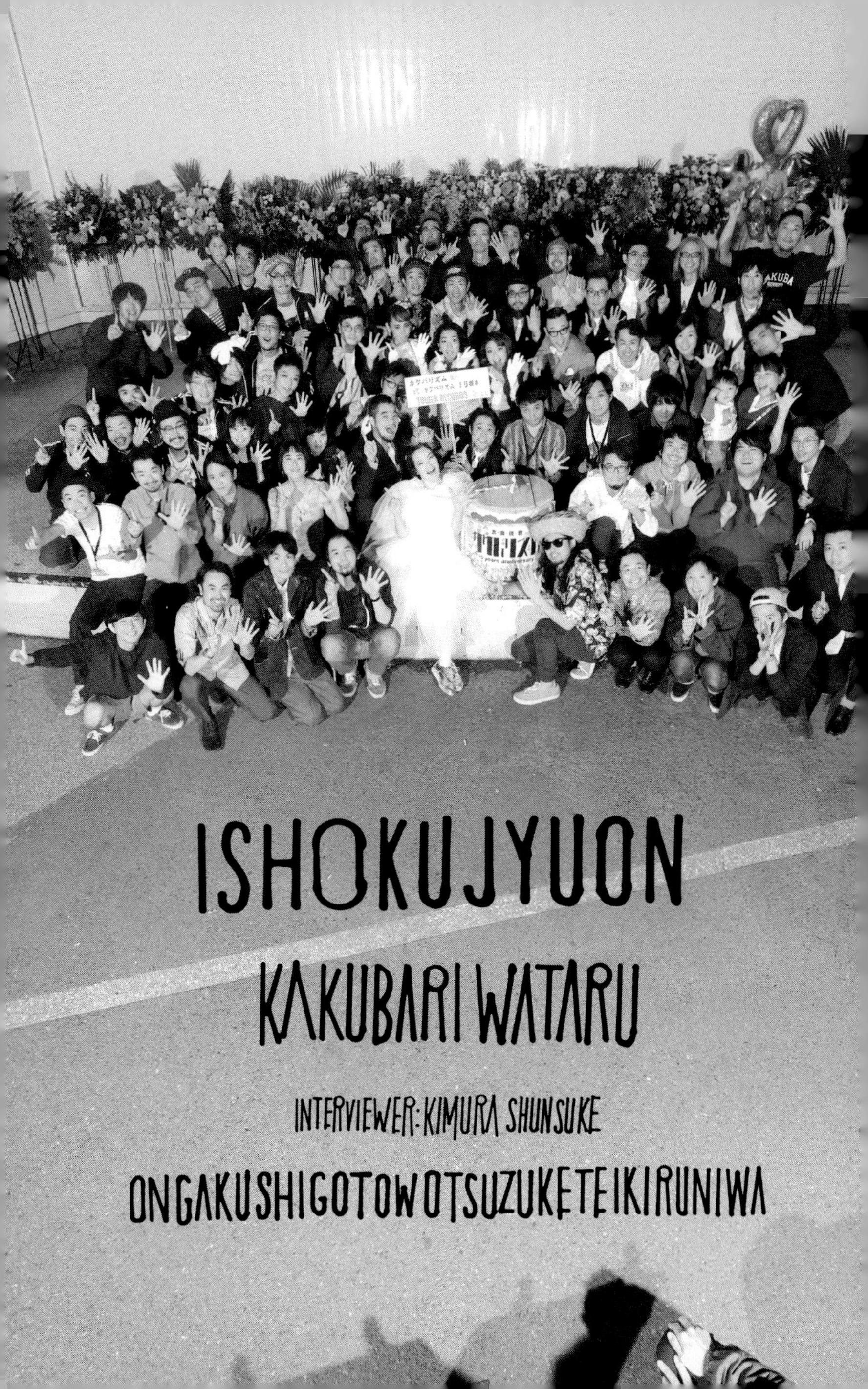

ISHOKUJYUON

KAKUBARI WATARU

INTERVIEWER: KIMURA SHUNSUKE

ONGAKUSHIGOTOWOTSUZUKETEIKIRUNIWA

衣・食・住・音

ISHOKUJYUON

音楽仕事を続けて生きるには

KAKUBARI WATARU

INTERVIEWER: KIMURA SHUNSUKE

ONGAKUSHIGOTOWOTSUZUKETEIKIRUNIWA

角張渉

聞き手＝木村俊介

リトルモア

もくじ

メジャーのシーンは特に気にしていなかった
バイトの休憩時間に、レーベルの打ち合わせ
YOUR SONG IS GOODと一緒だから、音楽で食おうと思えた
キウイロールの解散、スティフィン・レコーズを終わらせる
アルバム『YOUR SONG IS GOOD』が状況を切り拓く
フジロック出演、メジャーデビュー、順風満帆なはずだった
もう、YOUR SONG IS GOODはメジャーアーティストなんだよなぁ……
バンドの停滞に対応しにくいマネジメントをしていた
ヴァイブスの調整が足りなかった
失ってはじめて「守りたいもの」がわかった
音楽を続けることが大変な時代
仲間の外にも通用する面白さを求めて
憧れの影響から脱するには

3

音楽仕事を続けて生きるには……

音楽家にとっての「夜の時代」にやるべきこと
いい音楽を作れば、飯は食えるのだろうか
東日本大震災を機に、音楽の核心を考えた
リリースとリリースの間にやることがすべて
もっともっと、いい曲を聴かせてほしくなってきている
「面白さ」=「ここではないどこか」
「こいつらは違うものを持っているんだな」がないと、勝負ができない
レーベル代表だからこそ、締め切りを変えられる
もっと、音楽を信じればいいのに

はじめに

こんにちは。インディペンデント（独立系）の音楽レーベルで、マネジメント会社でもあるカクバリズムの代表をやっている角張渉と申します。

レーベルとは何か簡単に説明すると、音源の制作、販売をおこなう組織やブランドのことです。YOUR SONG IS GOOD（ユア・ソング・イズ・グッド）、SAKEROCK（サケロック）、キセル、二階堂和美、cero（セロ）、イルリメ、MU-STARS（ミュースターズ）、(((さらうんど)))、片想い、スカート、VIDEOTAPEMUSIC（ビデオテープミュージック）、思い出野郎Aチーム、在日ファンク、mei ehara（メイ エハラ）といったバンドやアーティストたちの作るCDやアナログレコードの音源を出しているのが、うちのレーベルであり、彼らのマネジメントもしています。DVDやBlu-rayなどの映像作品のリリースもしています。

ぼくは、一九七八年に宮城県仙台市で生まれました。地元の高校を卒業し、大学進学をきっかけにして仙台から上京してから、ずっと東京に住んでいます。東京に来て割とすぐの時期から、音源を作り続けてきました。この本は、ぼくがいままで音楽に関わり、レーベル運営を続ける中で考えてきた内容をまとめていくものです。

もともとカクバリズムは、二〇〇一年にぼくがバイトをしていたライブハウスを辞める際に企画したイベントの名前です。二〇〇二年にはじめて音源をリリースすることになり、カクバリズムがレーベルとして始動しはじめます。そこからの十五年を、隅々くまなく、とまではいきませんが、レーベル運営を通じて、どのように仕事をしてきたのか、さらには単純にどう楽しんできたのかってことを話しています。

ぼくが見聞きしてきたものごとというのは、音楽業界の中でも限られた一部のことではあります。ただ、ぼくが身をもって経験してきた中からにじみ出るものを、熱量がまだ残っている言葉で伝えることには、何かしらの可能性もあるのではないか、とは思っています。おこがましい限りですが、「つくづく考えさせられたこと」の感触が残る経験談には、共有する意義があると捉えています。

好きではじめたことがたまたま上手く進んでいって、徐々に自分がイメージしていた「仕事」に近いものになっていった感じです。どんな仕事をしたいのか、どんな働き方をしたいのか、なんてことはぼくは若者の頃に一切考えていませんでした。どのくらいの給料があればばってことすら。

当時のぼくが将来（といってもこの頃の「将来」は二年後くらいのことを指していました）のビジョンとして抱いていたのは、かっこいい音楽に触れていたい、それを作り出してみたい、そしてそれにずっと関わっていたい、この三つだけでした。それだけしかないものだから、どこかでそれを「仕事」にしていく過程では葛藤というか、正解が見えない場面も多くありました。それこそお金に関しても、具体的にどうすればいちばん良いのかもわからなかった。

昨年行われたカクバリズムの十五周年のイベントの最中に、あの時はどう考えていたんだろう？　と昔のことを思い出そうとしていたのですが、ただ音楽の側にいることに必死だった記憶しかないんです。「自分の仕事」を作ろうと思ったわけでもないし、特に新しいことをしようとしたわけでもない。他とはちょっと違うことをしないと、誰にも聴いてもらえないような状況からのスタートだったから、日々、じゃあどうしたら良いのかと時間の許す限りひたすら考えてはいた。ぼくはパンク、ハードコアシーンで活動するバンドが多く出演するライブハウスばかりに出入りしていましたが、そこでは自分らで自分らのことは全部やるっていうのが普通でした。どこかの会社に音源を売りこむでもなく、頼ることもなく、自分らでやる。評価されるのは、音楽がかっこいいかどうかだけ。それ以外はあまり関係なかった。だから、お客さん含め友達も先輩も、ぼくが自主レーベルをやることを応援してくれたし、そういった周囲からのレスポンスが、音楽の仕事を続けてこられた原動力でもあったなって思います。

そんな、右も左もわからなかった二十代の青年だったぼくが、どのように音楽の仕事を続け、四十歳を目前にしたいま、今後どのように続けていくのかを話したつもりですが、ぼくの仕事はあくまでもレーベルのオーナーとして、ミュージシャンが活動するための環境を整えることです。良い音楽をリリースしてお客さんに届けるという役割があり、それを最優先にしています。そのため、ぼくの経験の「すべて」を正確に凝縮しきるには、正直なところ、時間も足りません。また、バランス良くものを語ることは得意でもないので、今回の本ではやりませんでした。カクバリズムに所属しているミュージシャンたちにせよ、そもそも、全員を素晴らしいと思っているからこそ、レーベルを作って音源制作に関わってきたわけです。そんな大切なみんなのことではあるけれども、今回の本では、あえて気を遣いすぎることはやめました。

それから、「雑味」がなくならないように意識しました。それはごちゃごちゃとしたほうが好きだし、「雑味」は、カクバリズムが意識してきたものです。だからこそ、雑談のようにして語り続けた、そういうインタビューを何十時間ぶんと膨大に集めたのちに内容を彫りこんでいって、今回の本のような形にまとめたわけです。

いま言った「雑味」とは、言葉本来の定義としては、一般的にはものごとを煎じ詰める間にやむを得ず出てくる「要らないもの」とされ、捉えられています。

ただ、ぼくとしては、音楽にも仕事にも「濁り」があるものは良くないとは感じるものの、「雑味」ならば大いに入って欲しいと思うほうなんです。表面だけ綺麗に整えられていても、面白いと感じないんです。音楽制作の裏方の業者の一人であるぼくの語りに意義があるなら、そんな「雑味」も含めた同時代のリアリティを伝えられるところにもあるのではないでしょうか。だから、この本が伝えるのは、仕事の「雑味」みたいなものなのかもしれません。

それでも、現時点でぼくが心から強く感じていることを、素直に語り、録音する。それを心がけました。この本を作るために取材者である木村俊介さんや編集者を前に長く語り続けたのですが、その時期（この本の企画は約七年前から始動しているので、既に震災前から折に触れて談話は残してきました。ただ、特にたくさん語った時期は二〇一四年の九月、十月、二〇一五年の三月、七月にかけて、それから二〇一七年です）、その期間に進めていた仕事に絡めた話題が多いかもしれないなというのは、あらかじめお伝えしておきます。二〇一七年の秋口から開催したカクバリズム設立十五周年のイベントを経て感じたことも、最後に加えさせてもらっています。

要は、この本を作るのにとても時間がかかってしまっているということです。ですが、結果的に設立十周年の二〇一二年から十五周年の二〇一七年まで、カクバリズムの「変換期」とも言える時期のことを中心に話すことにもなりました。ロングセラーとなっている『就職しないで生きるには』（レイモンド・マンゴー著、中山容訳／晶文社／一九八一年）までは行かずとも、起業し、好きなことを仕事にしてきたものの参考例として、仕事に就いたり、転職したり、独立したりする時などに、少しでも役に立てばいいなと思っています。

もしも、ぼくがもう少し若い頃に自分の仕事についての本をまとめたら、死ぬ気でやれ、おれもやってんだ、みたいに人を鼓舞する内容になったかもしれません。でも、人生全体のことを考えれば、仕事って別にそんなふうにスパッと言い切れるものでもないんですよね。

聴いて、何を感じて何を考えるのかは、人によってかなり違う。そんな自由な乗りものみたいな存在が、音楽だと思っています。ぼくのこの本の中の言葉も、できれば押しつけがましくではなく、それぞれの方にとっての音楽のように伝えられたらと思います。

読んで、頑張りたいと思う人がいれば、それはそれで嬉しい。でも、そうじゃなくったっていい。

ぼく自身の加齢、中年期への突入によって近年特にそう感じるのだろうけれども、無理をしなくていい時もある、とも心から思うようになってきました。だから、この本を読んだ人の人生に、直接的ではなくてもいいから、何かしらの影響が出たり、こんな考え方をするやつもいるんだなとでも感じてもらえたらいいなぁと思います。

この本では、自分らだけでやることのリスクの大きさや、難しさ、それ以上に得られる興奮ややりがい、面白さをぼくの言葉で話しています。そこには常に壁が立ちはだかっていて、近道しても壁があって、遠回りしても壁があって。ぼくが語った内容は、あくまでそのつどの考えの途中経過だと思っています。考えは、刻一刻と行ったり来たりするものだし、迷いもしています。一筋縄では行かない十五年のレーベル道でした。だけど、酸いも甘いも含めた経験あってのいまなので、やってきて良かったなと思います。

大好きな音楽が仕事になっていき、そしてこれからも音楽の仕事を続けていくには。みなさんの仕事や日常にどこか使えるヒントでもあれば光栄です。めちゃめちゃ長いですが、お付き合いいただけたら嬉しいです。

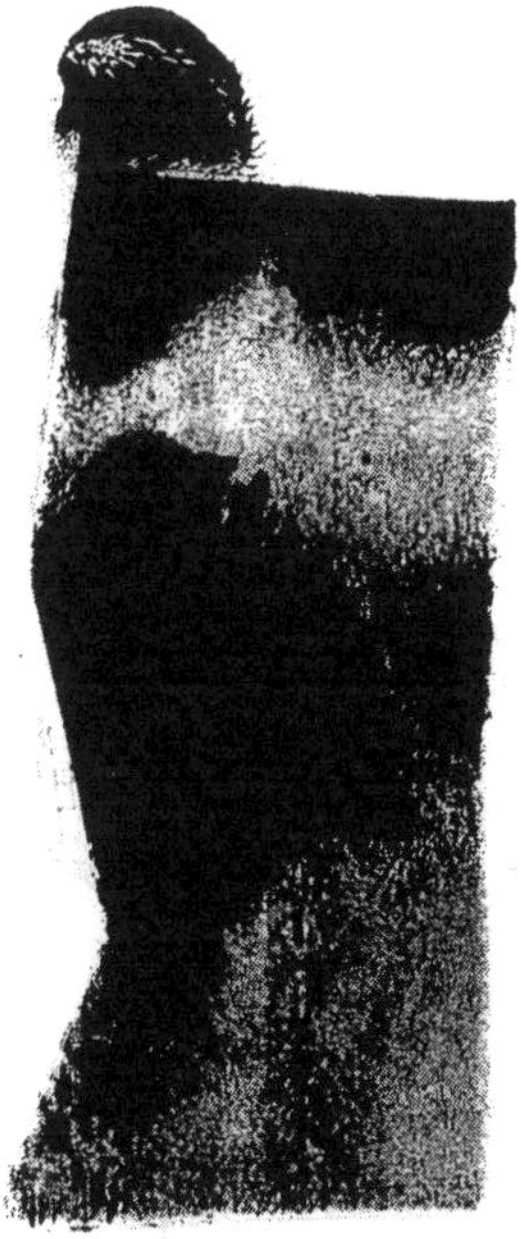

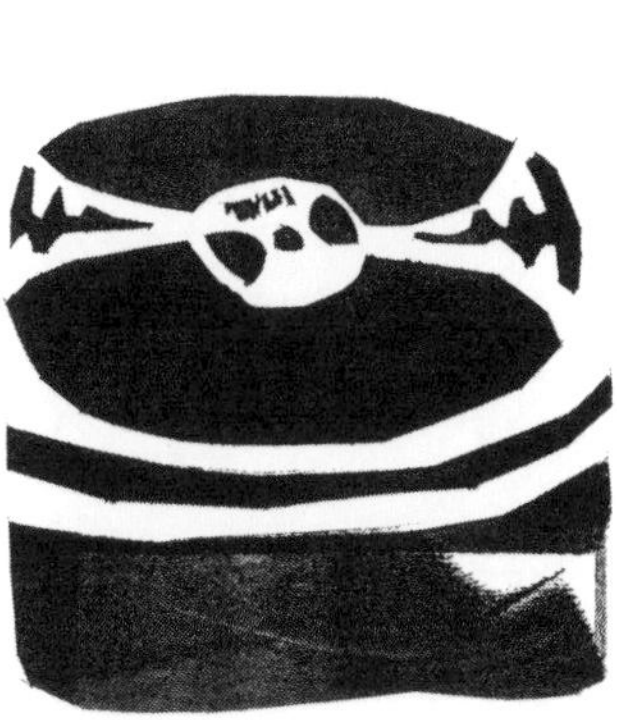

音楽で飯を食うなんて

1

中心は、ど真ん中とは限らない

はじめに、カクバリズムに所属するミュージシャンたちを簡単に紹介しておきましょう。

YOUR SONG IS GOODは、六人組の陽気な男たちによるインスト（楽器のみ）のバンドです。いまはハウス的なダンスミュージックをやっていますけど、もともとはハードコアパンクや音響系のサウンドを鳴らす人たちでした。ぼくが高校大学の時に熱狂したフルーティ、スクールジャケッツというバンドのメンバーが、紆余曲折あって、いまそういう音楽をやっているというバックグラウンドも好きなんです。ぼくにいろいろな音楽を教えてくれたバンドでもあります。カクバリズムの大黒柱であり、ぼくをここまで連れてきてくれたと言いきれる存在です。

MU-STARSは、ぼくの一歳下の二人組で、下北沢のディスクユニオンで一緒に働いていた友達のグループです。デモテープを聴かせてもらったらとても良くて、YOUR SONG IS GOODのリーダーの（サイトウ・）ジュンくんにも聴かせたらすごく盛り上がって、シェルターでイベントをやる時には、彼らをＤＪとして呼び、フロアにブースを入れるようになった。これっていまでは普通ですけど、ぼくらのシーンとしては真新しくて、新鮮だった。毎回毎回ブースを組むのは大変だったけど、とても楽しかったですね。そうして付き合いが深まっていきました。

星野源くんが率いていたSAKEROCKは、二〇一五年の六月に解散するまでは、カクバリズムの中心的なバンドとして活躍してくれました。エキゾやモンドミュージックを下敷きにした、他に類を見ない歌心のあるインストバンドでした。思い出ありすぎますね。

キセルは京都出身の二人組で、素晴らしい兄弟ユニットです。ぼくがパンクしか聴いていない時期にも、ディスクユニオンの下北沢店でキセルのCDが売っていたのを買ったなぁ、と思い出します。ぼくはそこの店員だったんですが、キセルはパンク界隈以外で当時買っていた、ほとんど唯一のものだったんです。二〇〇五年にSAKEROCKと湯川潮音さんのライブが原宿であり、その時の打ち上げでキセルの兄、辻村豪文さんが来ていて、めちゃ興奮して、自分がどれだけキセルが好きか話した記憶があります。その後仲良くなって、キセルがメジャーレーベルからのリリースをやめ、所属していた事務所もやめたということもあり、カクバリズムでやれないかな？　と少しずつ話をしていき、二〇〇六年の一月に所属してもらうことになりました。今年で十二年になります。

イルリメは、もともと、ヒップホップに限らずオールジャンルの音源を出していたインディレーベルで活動していて話題になっていたラッパーです。ぼくと年齢も近かったし、YOUR SONG IS GOODがスペースシャワーTVに出演していた時期、イルリメも番組を持っているということで知り合って仲良くなりました。で、その音源、佇まいに興味津々になり、ライブに行くようになりました。たぶん二〇〇六年一月に渋谷オーウエストであった岸野雄一さん率いるワッツタワーズのイベントに二階堂和美さん、通称ニカさんとデュオで出演していて、その時の二人のライブが本当に素晴らしく、いまだに興奮の記憶が残っているくらいです。二人でラップもやるし、ギターで弾き語りもするし、縦横無尽に歌っていたのなんて最高に格好良かった。ニカさんのある時期までの曲の作詞作曲、プロデュースも手がけてきた、才能のあるミュージシャンです。

いま名前を挙げた二階堂和美さんは、ジブリ映画『かぐや姫の物語』（高畑勲監督／二〇一三年）の主題歌になった「いのちの記憶」などの曲がある、言わずと知れた存在です。ニカさんとは先ほどのイルリメのライブで出会いましたが、友達の映像作家・大関泰幸くん（ゼキくん）がニカさんの大ファンで、ニカさんが一時期出していたカバー曲の自主制作CD－Rをコピーしてくれていたりと、以前より好意を持って聴いてました。そのニカさんの『二階堂和美のアルバム』（二〇〇六年／P-VINE）にSAKEROCKが二曲演奏と編曲で参加していて、その仕事でさらに仲良くなりまして、イルリメがカクバリズムに加わってくれたのちに二〇〇八年くらいからご一緒させてもらうことになったのです。ちなみにその二曲は「LOVERS ROCK」、「いてもたってもいられないわ」で、ピアノで渋谷毅さんも参加しており、カクバリズムから7インチ限定のシングルでリリースしています。カクバリズムではじめての女性アーティストでもあります。すごい音楽を歌ってもらって、ぼくが泣いているという回数は非常に多いんじゃないですかね（笑）。同じ数くらい怒られてもいますけど……。YOUR SONG IS GOODにもキセルにもSAKEROCKにもいいライブをしてもらって泣かされてきましたが、ぼくはニカさんには特に泣かされてきたんじゃないかな、と思います。

ceroは、二〇一〇年に10インチ『21世紀の日照りの都に雨が降る』をリリースして、カクバリズムに所属することになった三人組のバンドです。でもceroと出会ったのはもっと前で、彼らが大学二年とか三年でした。それから数年してもらったデモ音源があまりに素晴らしく、毎日毎日それぱかり聴いていた時期があって、こんなに良いのに他のレーベルから出たらいやだなって気持ちが浮かんだんです。そんなことはなかなかないんですけど。そこから今年で八年になりますね。

星野源くんのソロ活動に関しては、二〇一一年の秋からうちでマネジメントを担当させてもらっていました。二〇一五年の春には事務所を移籍したので、いまはうちの会社の担当ではありませんが、とてもたくさんの経験をさせてもらいました。それはもうすごい経験ばかりですね。元・SAKEROCKのメンバーでは、ハマケン（浜野謙太）の俳優活動なども、カクバリズムはマネジメントをさせてもらっています。

(((さらうんど)))は、イルリメのいるバンドですけど、デモを聴かせてもらったらとても良かったので、すぐに「うちから彼らの音源を出したい！」ってなりました。いい音楽って、デモの再生回数がやたら多いんですよね。(((さらうんど)))のこの時のデモもそうだし、ceroの二〇一五年五月に出たアルバム『Obscure Ride』に収録している曲なんかもそうですが、ぼくの個人的な感触で言うと、クルマや部屋や職場などで「やたら聴いているなぁ」っていうものにはヒット作が多いような気がします。仕事でもあるけれども、まずはファン第一号として音源を届けられたら最高だなとも、いつも思っているんです。

片想いというバンドも、ceroのメンバーに「角張さんは絶対見たほうがいい」と言われてライブを見たら、本当に悔しいぐらい良くて。家に帰ってYou Tubeに上がっていたライブ映像の音をずっとヘッドホンで聴いていました。それをきっかけに、音源を出させてもらうことになったんです。へんな魅力のあるバンドですね。もちろん、でかいところでもライブをしていて、それこそフジロックなんかにも出ているんだけども、ぼくが顔を出さないような全然違う界隈でもライブをやってきた人たちです。バンドのメンバーたちはぼくとはほぼ同世代だけど、ぼくが見てきたものとは違う風景を経てきたというか、不思議な世界を見せてくれるバンドなんですよね。

VIDEOTAPEMUSICは二〇一五年にカクバリズムからアルバムをリリースさせてもらったのをきっかけに所属することになった、ソロアーティストです。古今東西のVHSテープから様々な音を抜き出し、ビルドアップして、音楽と映像を作っていく情緒豊かなアーティストです。普段はビデオくんと呼んでいるのでここでもそうしますが、ビデオくんが作るのは「ここで鳴っているんじゃないけど、なぜかここにフィットする」音楽だと思っています。SAKEROCKが提案したエキゾチカの世界とも通じるメロウなインストミュージックで、現在進行形のブラックミュージックやダンスミュージックとも共鳴する稀有なものではないでしょうか。ビデオくんは普段はMVの監督も多くやっていて、何気ない街の風景に音楽を融合して映像にしてくれる素晴らしい映像作家でもあります。

澤部渡くんのスカートは二〇一四年の年末に12インチシングルレコード『シリウス』を、二〇一六年四月に『CALL』というアルバムをうちからリリースしたポップバンドです。とても美しいメロディと歌詞が素敵な音楽を形作っています。もともとスカートはカクバリズムスタッフの小林全哉くん（以後全哉くん）とゼキくんが大好きで、二人で盛り上がっていました。で、会社で澤部くんが自主制作していた音源を聴いたりしていて、その良さには気づいてましたが、既にかなりの枚数を自力で販売していたし、コミティアという同人漫画の販売会でCDを売ったりと、澤部くん自身が独自のやり方を確立しつつありました。だからなんというか「カクバリズムでどうですか？」という流れにはならず、一友人として彼の作り出す音楽を楽しませてもらっていました。ただ、徐々にいろいろ相談される機会も増えてきたので、二〇一四年にアナログをリリースしました。二〇一五年はぼくらがライブの組み立てやマネジメントの手伝いもしながら打ち合わせを重ね、澤部くんには新曲作りに専念してもらって。二〇一六年にアルバムをリリースしたタイミングで、うちに所属してもらうことになりました。

思い出野郎Aチームはもともと好きなバンドだったので、いろいろな経緯があってカクバリズムからリリースしましょうってなった時に、なんの違和感もないくらいでしたね（笑）。カクバリズムっぽかった。初期のYOUR SONG IS GOODっぽい感じというか。やっていることはとても洒脱でかっこいいんだけど、どこかいなたい。メンバー全員が多摩美出身だったし、ボーカルのマコイチくんがスペシャでジュンくんとハマケンの番組の美術スタッフをしていたりとか、つながりがいくつか潜んでいたんですよ。バンド結成早々フジロックのルーキーステージに出ていて、「お〜!」って思った記憶があります。でもそこから鳴かず飛ばずで(笑)、ずいぶんと時間も経っていたんですが、うちで音源をリリースすることになって、もらったデモの中に「ダンスに間に合う」という曲があった。ぼくはそれを聴いて、すぐさま7インチにしようって提案したんです。メンバーはアルバム『夜のすべて』もリリースしました。「ダンスに間に合う」はおかげさまで人気曲になりました。「アホな友達」って曲をアナログにしたがっていましたけど、お願いして。二〇一七年はそのあとましたけど、最近彼らはどこへ行っても人気者で、次回作を出す頃には状況がとても良くなっているんじゃないかなって思います。ライブとか、音源とかなんだか元気出るんですよ、ニコニコしちゃう。とても素敵なファンクバンドです。

在日ファンクは、二〇一七年にカクバリズムに所属してもらうことになりました。思い出野郎Aチームとともに、カクバリズム所属であることが全く違和感ないバンドシリーズです。「いらっしゃい」とホームページに書きましたけど、浜野謙太が帰ってきたって感じで本当「いらっしゃい」と「お帰りなさい」って気分でした。ジェームス・ブラウンに多大な影響を受けたファンクバンドなんですが、最近ジェームス・ブラウンを聴き返したら、全く別ものですね（笑）。ほんと極東で鳴っているファンクでかっこいいし、面白いです。結成時からハマケンの相談に乗っていたし、並行して俳優業やSAKEROCKの活動もあって顔は合わせていたので活動の順調さも、うまくいかなさも知っていたつもりですが、実際こうやって一緒に働くことになって、彼らの純粋な音楽愛にびっくりさせられています。イロモノ感がないとは言いませんけど、在日ファンクは絶対に海外進出させたいんですよ。アジアでもアメリカでも絶対受けるはず。今度出そうと考えている新曲がいままでいちばん好きな感じで、それまた嬉しくて。すこぶる楽しみですね。

思い出野郎Aチームを担当している社員の仲原くんが、カクバリズムに入社する前から「キセルの兄さんプロデュースで作品を作りたい人なんです」と話をしていたのがmei eharaちゃんです。カクバリズムからリリースって決まっていたわけじゃなかったんだけど、出来上がってくる音源を聴けば聴くほど……「あれ？　これこそカクバリズムのニューカマーなんじゃないか？」って思いがつのり……ぼくのわがままで二〇一七年にアルバム『Sway』をリリースさせてもらえることになった、女性シンガーソングライターです。何より声が最高に素晴らしい。一瞬で会場の空気が変わるし、彼女が書く歌詞もとても良いんです。伸びしろがある、どころじゃないですね。たくさんの人々に愛される歌をこれからいっぱい作って、歌っていくアーティストだと思います。

ここまで紹介してきた所属アーティストの他に、neco眠るやエマーソン北村、TUCKER、古川麦、BITE、ポニーのヒサミツといったアーティストたちのアナログのリリースのみをうちが行っているという形態もあります。7インチレコードのリリースを基本軸にしているのは、この十五年変わらないですね。

ぼくは、世間の多くの方から見てすごく成功しているというような人間ではありません。ほんと、普通の中小企業の社長としてはそれなりに頑張って経営しているんだけど、語弊を恐れずに言えば、そもそも音楽とビジネスの相性は、ぼくはそれほど良くはないと思ってやってます。

それから、音源を作るレーベルというのは、短期間に極端にいい結果を出して売り抜けたら終わり、という種類の動きを得意とするわけでもありません。どっちもどっちだなとは感じるんですけど、「あいつらはセルアウトしたよなぁ。商業的な結果を求めすぎて熱いものがなくなったよね」なんて言われないような距離感というのが、音楽の世界では割と重要視されるし、実際その距離感は大切な要素だと思っています。

つまり、結果だけでなく継続的な姿勢が求められるジャンルの仕事でもある。だからこそ、どんどん極端なビジネスを展開するわけにもいかないわけです。もちろん、そういったビジネスモデルもあるし、最近はそういうのもバレにくい感じもしますけど。だからこそビジネスライクに徹底しているほうが、それこそ流行を意識した音楽にとってはいいのかもしれない。ビジネスライクになっていればなっているものほど、実はお客さんに向けてのサービスが充実していたりするから、良いものとして捉えられているかもなと思います。とはいえ作り手の自主性や独自性が問われたりするのがぼくの好きな音楽の仕事の形だったりするから、またややこしいんですけど。

それでも、仮にぼくが二十二、三歳とかでいまの規模の会社を経営しているなら、「その年齢でこれだけの新規事業を開拓してきたのはすごい」と取り上げられることもあるかもしれないでしょうけれど、ぼくはいま、三十代の後半です。若さによる勢いが売りというわけでもない。同世代の、各ジャンルでしっかり働いてきている人たちと比べて、抜きん出ているわけではない。

でもぼくがカクバリズムをはじめた、二〇〇〇年代の十年間の音楽の世界で新しく生まれたシーンって、あまり多くは語られてきていないなぁとは感じてきました。ぼくは、シーンの目撃者としてもレーベルを立ち上げてきた当事者としても、その時代に経験してきたことがたくさんあります。インターネットもそこまでなかったし、SNSなんてもちろんない、来るべき時代の変換点を前にみなどこか手探りだった、あのあたりの話を残しておきたいという気持ちがあるんです。

その前の渋谷系などの世代に比べたら、例えばぼくが当時、西荻窪や下北沢などのライブハウスのまわりでもまれてきたシーンって、いま思えばとても小さなものだったのかもしれません。だからか、あんまり語られてきていないわけです。

それでも、そのつどの新しい音楽が生まれる現場には、どんな時代にも「いまの瞬間って、世界でいちばんかっこいい音楽はここで鳴ってる」といった熱い感触があるものでしょう。ぼくも、それははっきりと体験してきました。ぼくらにとっての中心は、世間の言うど真ん中とは限らない。そんな気持ちにこそ、自分の立ち位置が表れるんじゃないかって。ほんと全く関係なかったんですよ、実際。世間の真ん中は。そういう、ぼくが体験してきた音楽のシーンや運営してきたレーベルの話を通して、世間一般の中心とはまた別の中心について、この本の中で話していきたいと思っています。

ちょっと話は逸れますけど、音源をリリースする作業の最終過程にマスタリングというものがあります。音の整理整頓とでも言いましょうか。お願いするマスタリングエンジニアの方によっても、全然音が変わってきたりもします。非常に重要な作業です。カクバリズムでは、SAKEROCK、キセル、二階堂和美さんの音源は、ある時期から田中三一さんという方にマスタリングをお願いしてきました。その方のスタジオの机に何気なく貼ってあった言葉が「中心は、ど真ん中とは限らない」だったんです。

わー、これとてもいい言葉じゃんか。最初に見た時、これだ！ って興奮して。確かに音楽の中心はど真ん中にあるとは限らない。それぞれの音楽にはそれぞれの中心というものがあって、それが個性というか、音楽である意味だったり、音楽の立ち位置を作ってくれるんだよなって、非常に感銘を受けたんです。マスタリングのたんびに、ありきたりにならないように、思考を止めないように、この言葉の意味を考えたり意識したりして、作り出す音楽を少しでも良くしようとしていたんです。ただ、割と最近になって「ここに来ると、いつもこの言葉のことを考えちゃうんですよね」と田中さんに真面目に話しかけてみたら、「そうなの？　そんなに考えなくていいんじゃない？　これはね、近所の蕎麦屋のおじさんが店に貼ってたやつを、誰かが持ってきて貼ってったんだよねぇ。それをそのまま貼ってあるだけなんだよねぇ」と言われて……。

えー！　マジかよ、と思いましたね。「え、そうなんですね……これってじゃあ田中さんの言葉じゃないんですね……」と。「うん、違うよー」って。絶対ぼくみたいに、この言葉に影響を受けてきた音楽関係者もいるはずですね。別に誰も悪くないし、ぼくが勝手に決め込んでいただけですけど。

ただ実際ぼくがカクバリズムというインディペンデントレーベルをやっていくことにした経緯の中で、やっぱり田中さんのところに書いてあったこの言葉は、今後向かう先の道標というか、意識すべきことだったのは確かだったりします。自分の出どころだったり、抱いていた目標や憧れだったり、そして自分が良いと感じた瞬間の空気を信じること。わかりにくいかもしれないですけど、あんまり不安がらなくていいというか。めちゃポジティブに、ぼくはこの言葉を受け取ってましたね。いまも世間の流れや、他人の考えやどっかでしがらみを抱えたりしている時には、素直にこの言葉に向き合っていたりします。

そんなふうに内容だけではなく、誰が言ったかにも左右されてしまう道具が、言葉なんだろうな。

ぼくの語りも、ぼくの書いたことも、内容というよりは「誰が言ったか」の部分、つまりぼくという現実的なしがらみを抱えた個人がなるべく正直に語ろうとするプロセスから、いまの時代の音楽や仕事について感じとってもらう面もあるのかもしれません。

続けることは、いいことなのか？

ぼくが最初に行ったライブは、小学生だった頃の永井真理子だったと思います。それから二十数年は経っていますが、ライブに行かなかった年ってないんです。音楽を聴かなかった日にしても、これはこの二十年ぐらいで一日もないんじゃないかな。それほど、音楽はずっと好きなままです。これだけ聴いていても飽きないのか、と自分でも時々あきれます。なんでなんですかね。音楽の魅力とか言われてもって感じですけども。

いまも、会社にいる時にもずっと音楽をかけながら仕事をしています。昼間から夜中まで、会社で音楽を聴いている。夜中に家に帰れば、猫を触りながらスピーカーでまた音楽を聴いている。部屋にはテレビはないので、帰れば、音楽を聴くばかりなんですよね。いまなら、ジャーメイン・ジャクソンなどを何回でも聴いているわけです。

大学を卒業する前に、ぼくは既に自分たちの音楽レーベルもやっていましたが、まわりの友達全員から就職しなきゃって気配がにじみ出した時期があって。みな地方出身者で、大学も東京経済大学という、その名の通り経済系で就職率の高さを売りにしているくらいですから。時代は就職氷河期でフリーター全盛ではあったものの、友達もみな就職して、会社員になっていきました。ぼくも、ずっと考えていたんですけど、できる限り音楽のそばにいようと思いました。それだったらなんでもいいやと。いま考えるとめちゃ若い考えですけど、それこそ音楽関係の仕事であればなんでもいいやって考えだから、この選択はあながち間違ってなかったって思ってます。ただ、好きなだけじゃ厳しいってよくある話をそのまま食らった感じの二十代でもありましたね。とはいえ、プライベートでも音楽と触れ、仕事も音楽と触れ合って楽しくやってきました。

音楽はずっと好きなものなんです。一生、聴き続けるでしょうね。小さい頃からいろんな創作物に接してきた中でも、近くにあっていちばん格好良いものが音楽でした。その格好良さって、人の格好良さなんだなとも次第に思うようになったんです。だから、格好良い音楽をやっている人のことが好きなんだな、という感じになっていきました。そのうち、仕事にまでなっていった。

ぼくは、これまで仕事といえば、アルバイト以外ではいまのレーベル運営にまつわることしかしたことがありません。それでも、はじめから何か信念があって続けてきたわけでもないんです。

気がついたら、こうなっていた。そもそも、日本のインディーズ業界では、メジャーからの独立ではない形で長く続くレーベルが多くはないという状況があります。だからなのか、最近では「いいですよね、レーベルが続いていて」と好意的な声をかけてもらえるようにもなりました。これはもちろん、ありがたい言葉でもあります。

しかし、レーベルの継続に関しては、日本人特有の「長く続けることを良しとする風潮」の中で過大評価されているかもしれない、と感じる時もあるんです。定住、継続、忍耐を好む日本人に支持されやすい要素が「長く同じ仕事を続けること」なんじゃないのか。日本人は、駅伝、マラソンみたいなものでの頑張りを高く評価する傾向が強くないですか？　苦労した度合いを価値とするという基準から、そうなっているのかもしれません。

ぼく自身も日本人だし、同じことを長く続けるという姿勢を素晴らしいと思うし、なかなかできることじゃない。ただ、同時に、昔に好きだったバンドのいまの音楽を、「変わらないからいいよね」と感じる時もあれば、「うーん、ずっと同じことをやっているからこそ、もはや面白くはないんだよな」と感じてしまう場合も、正直あります。

やっていた期間が長いからいい、とも限りませんよね。ぼくは、パンク界隈の出身者のつもりです。聴いてきた音楽でも、関わってきた音楽でも。そのパンクのジャンルでは、なおさら、活動期間が長いからいいとは限らないんです。

長く続けている素晴らしいアーティストもいる一方で、鮮烈なアルバムをたった一枚出して解散するバンドだってかっこいいよな、という価値観がしっかりあるジャンルです。

ものを作る期間が長かろうが短かろうが、いい音楽はいいというだけ。だから、いまも、ぼくは継続だけを良しとしているわけではありません。音楽で食べ続けることだけをいいと思っているわけでもない。それは、ずっとそうです。もちろん長い経歴が生み出す格好良さ、長くやらないとわからない景色もあるし、それを見たいとも思います。

ぼくが二十代前半の頃にカクバリズムというレーベルを設立したきっかけは、「YOUR SONG IS GOODという大好きなバンドの音源を出したい」というだけのことでした。長期的な見通しはなかった。もちろん、小さい頃から、音楽は大好きでした。仕事でも音楽に携われたらいいなという感覚は、先ほどお話しした通りありました。でも、ビジネスをしたくて音源を出したわけではないんです。

それでも、YOUR SONG IS GOODの最初の音源を出すにあたってのアイディアは当時から持っていました。音源を出してもらいたかった。その時に、自分で音源を作ったほうが早いなと思ってレーベルを立ち上げたんです。

はじめたレーベルの仕事にしても、ぼくは、これまでそれほど年長者に相談して物事を進めてはきませんでした。相談する人も、まわりの友達ぐらい。若い頃は音楽業界の知り合いなんてほとんどいなかったですし、業界の人に「騙されないようにしなきゃ」なんて思っていた。自分で責任を明確にして背負う。それがいいと考えていました。それがぼくが十代から二十代の頃に影響を受けたインディペンデントレーベルの姿勢だったし、好きなレーベルもみなそうでした。そう思ってインディレーベルに携わってきたわけです。

音楽業界でのぼくの活動の中には、うまくいったものもありますが、ただ、インディでやっていたから目立った面もあったんじゃないかなとも思います。メジャーのレコード会社の社員の方には、同世代でぼくより結果を出している人なんてたんまりいますから。「ちゃんとした」メジャーの会社員の方たちに比べたら、ぼくなどのやり方は、アーティストへの対応も褒められたものではないなんて面もあるかもしれません。でもやっかいなのは、この「結果」っていうものが音楽的な評価を指すのか、ビジネス的な成功のことを指すのか一概には言えない。同時にこの二つは相性の悪いものでもあるんですよね。

だから一つだけ誇れるとすれば、ぼくが自分のレーベルで出してきた音源は「ある時代の流行りに過ぎない」というワクは超えて、先ほどの結果とは関係ないところにいるとは思います。そのつどの流行りものには乗っかりませんでしたから、それは良かったなって思います。

流行りと関係なくやってきたというよりは、時代の感覚を取り入れるにしても、あとで恥ずかしくなるようなやり方はしないという姿勢でやってきたんです。十年後に聴いても大丈夫と思える音源しか出してこなかった。そこだけは自負できます。

初期に作ったYOUR SONG IS GOODのアルバムも、いま聴いても、最高にかっこいいじゃんと思えますので。そう胸を張ってリリースしていけたらいいなと思ってやってきました。音楽ビジネスとの兼ね合いの難しさではあるけど、それを超えて胸を張りたい。でも両立もさせたい。アルバムにしても、いわゆる捨て曲と言われるものは作ってこなかった。そういうところが、ぼくのレーベル運営者としての音楽との関わり方のポリシーなのかもしれません。それが、見かけ上の継続よりも大事にしてきたことなんです。

上京して、西荻窪のライブハウスで働きはじめた

仙台にいた十代の頃のぼくには、「いつか会社に就職しよう」なんて考えはそんなにありませんでした。というかぼくが十代の頃って九〇年代的なものの全盛期で、未来に対して良くも悪くも期待している部分もあったしなとか思いますね。

親父は産業廃棄物の処理会社を経営してました。いま、仙台のその会社はぼくの兄貴が継いでく

れてます。東日本大震災のあとで事業は大変な時期がありましたけど、頑張っています。

ぼくは、上に兄と姉がいる末っ子です。上の二人が音楽好きだったので、ぼくも自然と音楽に興味を抱くようになりました。小学生の頃になりたかった職業は、プロレスラーやF1のレーサーでしたね。警察官や公務員などは、そもそも「将来の夢」のワクに入れるという発想もなかったんじゃないかな。漫画『MASTERキートン』の影響で考古学者にもなりたかったですね。

考えてみれば、好んでいたのは一人でやることばかりでした。テレビゲームも、『信長の野望』『ダービースタリオン』など、一人で進めるシミュレーションものが好きだったし、ぼくはチームワークって、あまり得意ではないかもしれませんね。

実際に、出身の中学からは、ぼく一人が進学するような高校に行きました。出身の高校からも、ぼく一人が進学するような大学を選んでいます。いま思えば個人的な動き方が好きだったかもしれないですね。

高校の頃には、親父に「古着屋をやりたい」と言ったこともありました。「そんなもんダメだ」と一蹴されましたが。で、食い下がりもしなかった(笑)。

東京の大学に行ったら、まずバンドをやりたいとは高校の頃から思っていました。そもそも、中学一年生の時にギターを買って、高校時代には友達とフリッパーズ・ギターのコピーバンドをやっていました。音楽だけに集中してはいなかったんですけどね。

中学や高校の頃は硬式テニスを結構本格的にしていて、朝、昼、放課後、夜、と、だいたい起きてから夜の十一時ぐらいまではずっとテニスの練習ばかりしていました。夜になったら照明がつくテニスクラブに行ってまでやってましたから。当時から音楽はたくさん聴いていましたけど、どんどん音楽にのめりこんでいったのは、大学でたくさん音楽を聴けたり、ライブができたり、友人ができたりしてからですね。

大学の学部は、将来、ものを売るお店でもできたらと思って、経済や経営の分野を選んだんです。ただ、学校の授業で教わったことは、自分にとっては実践的ではない知識に見えていました。

ぼくが学びたかったのは、八百屋さんや雑貨屋さんのような小規模な小売店のやり方だとか、商売を続ける上での税金の捉え方だとか。けれども、ぼくの通った大学はそういうことを勉強する場所ではありませんでした。講義で語られていたのは、例えばトヨタ自動車が採用している「ジャストインタイム生産システム」という方法についてだったり、まあ知っていたほうがいいでしょうけど、もっと街の生活を支えている仕事のあり方などを学びたかったなって思いました。たぶんそんな授業もあったんでしょうね。あ、経理、簿記に対しては相当手厚い大学でしたよ。

大学に入学して間もなく、ぼくは東京のライブハウスに通いだすようになり、大学の外で知り合う人なんかも出てきました。そのうち、「学生ってなんか格好悪いよな」と思うようになってしまった。それはいまもなんだけど（笑）、まわりの大人に比べたら、自分も含めて学生というのは社会性がなくて閉鎖的だ。それがいやだ。そう感じるようになっていきました。意識のどこかでは、年長者もどこか苦手でした。自分が十八歳の頃なんて、冗談ではなく、「三十歳以上なんて感覚がにぶっていてダサい」と思っていました。にもかかわらず、矛盾しているけれども、同時に「若さってダセぇよなぁ」という気持ちがあった。

その心境のせいか、十九歳の頃などは、年齢を訊かれてもいつも「二十歳」と答えていました。このクセは、三十代になるまで抜けなかったですね。いまはもう必要ないけど、二十代の後半までは、つい何歳か足して自分の年齢を上にサバを読んで伝えていました。

音楽好きの地方出身者としては、上京前から行きたい場所はたくさんありました。東京に行ったらバンドをやって、ライブを観に行って、とそればかり考えていましたから。

雑誌などで得た少ない情報で憧れを持っていたわけです。「下北沢って、とんでもないことになっているんじゃないか?」「下北のシェルターでライブできたら、人生変わるだろうな」とか。

実際、東京のレコ屋の数の多さには驚きました。自分の知らない音楽が世の中にはこんなにあるのか、と悔しくて倒れそうにもなりました。ぼくは仙台では「そこそこ音楽を知っているほう」のつもりでいたし、パンクはめちゃ聴いてると思ってましたし。

東京に来たら、大学のクラスの友達というぐらいの人でさえ、相当いろんな音楽を知っているんですよね。うわ、やべぇな、こいつ知ってるわ……。でもこういうやつに会えて良かった。勝手に

「ライバルたちと切磋琢磨している」つもりにもなっていました。

それでも、次第にさっき言ったように「大学のぬるま湯はいやだ」という感覚が出てきたんです。なぁなぁな時間には甘えたくないとか、勝手に大学生がなぁなぁだと感じてしまいましたね。いまは、勉強を頑張っている大学生は素敵だなとか思いますけども。

いわゆる「楽しいキャンパスライフ」みたいなものからは、どんどん距離を置くようになっていきました。

その頃のぼくが求めていたのは、青臭い言葉で言うと「ここではないどこか」みたいなものばかりでしたね。ライブハウスという現場ではめちゃめちゃ興奮する音楽が毎日鳴っている。こればっかりは嘘じゃないなって。普段通う大学には「ない」感じがここにはある。

そういう「ここではないどこか」的な表現に飢えた気持ちなら、その頃もいまも、ぼくの中ではずっと続いてるんです。「オルタナティブであること」は、ぼくの原点なのかもしれません。

大学の外に向かいたいという気持ちで、大学一年の頃に、ぼくは、西荻窪の「ワッツ」という一五〇人ぐらいお客さんが入るライブハウスでアルバイトをはじめました。ライブハウスで働きだしたら、前から好きだったバンドとの距離が近くなっていったんです。

半年ほど働いていたら、どのバンドをいつ出すかといったブッキング業務もやらせてもらえるようになりました。自分で企画したイベントを憧れのバンドのメンバーが観に来てくれた、なんてことにもなります。「ダメもとで頼んでみたら出てくれた」という出来事もいくつもありました。次第に、イベントを面白くしよう、とあれこれ考えるようになっていくんです。まずは、あのバンドとこのバンドが一緒に出ていたら嬉しいよな、と一般的なお客さん目線で考えて。あのバンドとこのバンドで一緒に出たらどちらにも刺激やメリットがあるだろう、とバンドやお店目線でも考えるようになって。

他のライブハウスにも観に行って、あのメンツにこのバンドを足したら、もっとお客さんが入るんじゃないか、なんてことも考える。小さなライブハウスの学生バイトにしては、このライブハウスをもっとよくしていきたいなと捉えていたと思います。

改めて考えれば、ワッツのように生々しい魅力のあるライブハウスなら、客の入りを必ずしも優先せず、もっと破天荒な考え方で運営していいんですけどね。まあぼくが入った頃には既に破天荒な運営でしたけど(笑)。ただ、ぼくはどこか真面目に考えちゃって、どうすればお客さんが入るかを真剣に考えてたんです。

すると、次第によそのハコでやってるのに近い、スタンダードなブッキングにもなっていった。確かに、お客さんは集まってくれるようになりました。

うまくいきはじめたら、今度は集客の悩みとはまた違う問題点も見えてきました。ワッツにはいい意味で「場末感」のようなものがあったんですけど、もしかしたら、ぼくはそれを利用しすぎなのでは、と感じるようになったんです。

憧れのバンドの人たちを、この規模のライブハウスに呼ぶのも失礼なんじゃないかとか。お客さんを五〇〇人でも集められる実力を持っているバンドには、それなりの場所に来ていただくのが礼儀じゃないのかなとか。

いつまでも「面白いから来てください！」と頼み続けても、長い目で見たらバンドにとっては実を結ばないライブにもなってしまう気がしてきました。

そこで、ぼくはそのうちにワッツだけにはこだわらず、違う規模のライブハウスでもイベントを企画するようになっていったんです。その頃には、もう十九歳、二十歳ぐらいにはなっていたかと思います。

ミュージシャンとしては音楽を続けられなかった

ライブハウスはいまもよく行きますが、二十歳前後の時期にワッツに毎日出かけて、違うバンドが出てくる様子を定点観測し続けた体験は大きかったです。

実際にいまの仕事につながるとかより何よりも、原体験として。「世の中にはこんな人もいるんだな」と教えられましたね。ワッツは本当の場末でしたから(笑)。

ワッツには十八歳で入って二十一歳まで働きましたが、いい時期にあそこにいられたかなと思います。もう、いまではあそこでは働けませんので。怖いもの、かわいいもの、きたないもの、修羅場。すべてを見させてもらいました。

ワッツという場は、インディの中でも流行っているバンドが出ているようなハコではなくて、もっとアンダーグラウンドなバンドが自分らの好きな感じを追求しているところでした。よりパンク、ハードコアにこだわったバンドばかりで、格好良くてぼくも好きなバンドが多く出演してました。メジャー的なあり方やそういったバンドがあんまり好きじゃないぼくの当時の趣向ややりたいことにも合っていた。個人的には綺麗なライブハウスだと居心地が悪かったので、いい居場所にもなっていたんです。

そこに出ていた若いバンドたち、先輩のバンドたちと面白がってやりとりをしていたからこそ、ぼくはのちにスティフィン・レコーズというレーベルを友達と共同で立ち上げるまでになりました。このワッツの体験がなければ、ぼくはレーベル運営に携わってはいないでしょうね。

ライブハウスで働きながら、そのうちイベントを企画することに力を入れるようになったのは、「自分には音楽の才能がない」とわかったことも大きかったような気がします。

バンドは、自分でもやっていました。でも、友達がふらっと部屋に遊びにきて、置いてあるぼくのギターを弾くと、これまで聴いたことがないようないい音が出たりもしてたんですよね。GやCだけの単純なコードでいいメロディを作れるような人が、世の中にはいっぱいいるんだなぁ、と思い知りました。

ぼくにはそんなことできなかった。努力も足りてないけど、それ以上に音楽を作る上での自分のそもそもの「引き出しのなさ」に気づいたって感じでしたよね。

その頃組んでいたバンドメンバーの四人全員が納得できる音楽をやる。それは、できる自信はありました。でも、友達以外の人にも聴いてもらう。自分たちならではの音楽を提案し続ける。そこは「できるのか？」と迷いがあったんです。

それから、やはり「自分たちの音楽をもっと聴いていたいな」という湧き出るような気持ちがなかったのかもしれません。その気持ちが強ければ、どんな形であってもバンドを続けていただろうから。

でも、結果的に活動は止まった。ということは、自分たちで作る音楽にそこまでの興味がなかったのかな、といま振り返ると思うわけです。ある時点まで、その頃にやってたバンドで売れて食えるようになったら最高だな、と思っていたぐらいには打ちこんでいたんですが（笑）。

当時、ゴーイング・ステディ（ゴイステ）という、赤坂ブリッツにお客さんを二〇〇〇人も集めちゃうような人気バンドにも出会ってます。一緒にツアーを回ったんですが、お客さんたちは、ぼくらのバンドの時間でも楽しそうにしてくれていました。

ぼくも十九歳や二十歳だから、「もしかして、おれらもゴイステみたいになれるの？」と勘違いしそうにもなったんです。ただ、どこかのところで「まぁ、違うだろうな」と冷静に捉えてましたね、それはわかりますよね。

おれは、ああはなれない。ゴイステのボーカル・峯田（和伸）くんには、その頃から既にカリスマ性があったし、まわりのスタッフにも大人がたくさん混ざってきていました。そういうのを見て、憧れながらもどこかで「おれたちはこうではないな」と気づくうちに、バンドマンとしてではないことをやりたくなったようですね。

バンドで食えなくても、違う関わり方があるんじゃないか。そんな思いでイベント企画に活動をシフトしていって、のちにレーベルを専業にすることにつながったんだと思います。やってみたら音楽との距離感は自分の中では取り立てて変わってないなって。

ゴイステのベース・安孫子真哉くん（アビちゃん）とは、少し話しただけで意気投合しました。十九歳の夏だったかな。「レーベルというものには憧れるよね」なんて話していました。当時のぼくもアビちゃんも、音源作りに関しては右も左もわからなかった。それでも、「コンピレーションアルバムを出したい」という話になっていった気がします。一九九六年にフルーティという素晴らしいパンクバンドが出していた『ミディアム・レア・コンピ』というコンピレーションカセットテープアルバムが、本当に衝撃的でしたから。このフルーティには、のちのYOUR SONG IS GOODのジュンくんがいたんです。

ぼくとアビちゃん、それから西荻ワッツで活動していておれらのこともわかってくれるような人たちで、一緒にコンピを出してみよう。そうなったのが、ぼくが大学三年生の頃でした。アビちゃんと二人で、それぞれ三十万円ずつ借金して、『スモール・サークル・オブ・ロック』というコンピCDを出したんです。

これが、おれとアビちゃんとでしばらくやった「スティフィン・レコーズ」というレーベルのはじまりでした。アルバム名は、ロジャー・ニコルス&ザ・スモール・サークル・オブ・フレンズの名盤『ロジャー・ニコルス&ザ・スモール・サークル・オブ・フレンズ』から僭越ながら拝借しました。

学生ローンで借金、レーベル「スティフィン・レコーズ」をはじめる

スティフィン・レコーズの活動が実質的にはじまったのは一九九九年の秋でした。ぼくが二十一歳になろうとしていた頃です。

アビちゃんと一緒にコンピレーションカセットテープアルバムを作ろうとしたものの、当時はインターネットにしても大学で少しやるぐらいのもので、まぁ情報には疎かったんですね。人から聞いたりしてカセットテープのダビング会社を調べたら、テープよりCDをプレスするほうが安いと知って、CDで出すことにしました。

九月から十二月ぐらいまでかけてレコーディングをしましたね。バイト先のワッツの系列でもある荻窪のミスティっていうレコーディングスタジオを安く借りました。

最初に問題だったのはお金です。ぼくはその頃は学生で、ワッツのバイト代もとても安かった。アビちゃんもまだ学生で、ゲームセンターの店員のバイトをしていました。二人ともお金がない中で、何とかやりくりしたんです。ぼくは学生ローンに走りました。

高田馬場の学生ローンで借りたんですが、結構スムーズに三〇万借りられて、それはそれで怖いなって思いました。学生で、親がちゃんと働いている、バイトもしているって感じだったら審査O

Kでしたからね。確かに文字情報だけ見ると貸せるなって思いますしね。一時間もかからないうちにいけましたけど、ちょっと気合い入りました。正直こういうお金の作り方は、あんまりおすすめはできませんけど（笑）。

CDが出来上がると、7インチサイズのジャケットにプレスされたものを詰めていきました。ジャケットは、大量購入した厚紙をケースにしてバンド名とアルバムタイトルを記した帯をつけて作りました。

コピー機で帯をコピーして、ハサミで切って、ノリで貼って、乾いてから厚紙につける。ジャケットをデザインした箕浦建太郎くんのアイディアで厚紙の色は何種類もあったから、色違いの何バージョンかのジャケットができていきました。厚紙に梱包する前に、CDを薄い紙のケースの中に入れる作業も面倒臭かったなぁ。

梱包は、当時の友人、知人、みんな総動員で手伝ってもらって進めました。アビちゃんはもちろん、他のゴイステのメンバーや収録バンドのメンバーたちも手伝ってくれて。ほんとみんなで作りました。

そうやって作ったCDは、二〇〇〇年の春、大学四年生になった頃に販売することができました。小さいながら界隈で話題になったり、ゴイステも参加してくれて彼らの全国ツアーでも販売できたこともあって、五〇〇〇枚も売れたんですよね。大変だったけど、いきなり通帳に二〇〇万円もの売り上げが入ってきました。

このお金は自分たちでは使わず、コンピに参加してくれたバンドのアルバムを出していくのが筋だよな、とアビちゃんとは話してたんです。当時は、音楽レーベルで食っていこうなんて、本当に思ってもみませんでした。

だから、その後はとにかく友達のバンドのファーストアルバムとセカンドアルバムをどんどん出していくことにしたんです。方針はそれだけでした。

スティフィン・レコーズ発の音楽って、その軽快さ、あと身近さがウケていたと思います。同世代のバンドが多かったから、メンバーが大学を卒業する時期に活動がゆっくりになる、アルバムを一枚出して終わりってバンドも多かったですね。

ぼくが大学生だった二〇〇〇年になる直前の時期って、ハイ・スタンダード（Hi-STANDARD）を中心としたパンク、ハードコアのインディブームが確かにありました。ワッツの集客も満員になることがよくあって。ただ、盛り上がってはいたけど、西荻が当時の日本や東京の音楽シーンの中心だったかというと、もちろんそうではない。

そこは、冷静に見ていました。実際、自分たちで作ったCDを売り込みにタワレコなんかに出かけて「いま、西荻のシーンが盛り上がっていまして……！」と興奮気味に伝えてみても、お店の人はキョトンとしていましたから。高円寺のベースってレコード屋さんや全国の個人レコード屋さんはすごく親身になってくれて応援してくれましたけど、大きなお店はほんとぼくらのことを知りませんでしたね。って当たり前ですよね。

でも、ぼくたちの携わった音源が、ライブハウスに来てくれる人たちの間で口コミで広がって、結構な枚数が売れていたことは明らかでした。その時期、ぼくたちのまわりのバンドは局地的ですが「西荻系」なんて言われるようにもなったんです。この「西荻系」という言葉は、「ハードコアパンクを基調にしつつも、あまりに重すぎはしないポップな音楽」といった意味で周知されていたと思います。

イベントに関しても、その頃は毎週何かしら濃いイベントがあったから、ぼくもアビちゃんも忙しかったですよね。面白いバンドのメンバーに出会う。「じゃあ、うちでCD出そうよ!」「やるやる!」みたいな感じで話がすごく早かった。

ぼくにはぼくの、アビちゃんにはアビちゃんの人間関係の中でそういう話が出てきていたんです。お互いに違う方針で決断してはCDを作って出しまくってました。だからぼくはカクバリズムをやりはじめる前にも、そうやって既に共同出資によるレーベルオーナーではあったんです。

スティフィン・レコーズの売り上げは、ぼくの個人名義の銀行口座に入ってきていました。だから、確定申告はぼくがしていたんです。経理の業務もはじめてのことで、なかなかうまくできませんでしたね。

その頃に住んでいた部屋は売りもののＣＤとレコードで埋め尽くされてたし、作業場でもあったから、毎月の部屋代を経費でも落とせただろうけど、そんな発想もないまま真面目に申告していました。

支払いや請求書のことなども何も知らずに事業をはじめちゃっていたわけです。だから、取引先に「締めはいつですか？」と訊かれても、「いや、別にないですけど」とか、へんな返事をしていて。「入金されてません」と電話がかかってきたあとに「すみません、バイトに行ってて今日は振りこみできてませんでした」と銀行に走ったり。

いまなら、こういうことって、若い人でもウェブでつながった人の輪で訊いたりもできるんだろうけど、当時のぼくにはそういう大人の取引に関して相談できる人もまわりにいなくて、全くもってのんびりしてました。パンク雑誌「ドール」にはじめて広告を掲載する際も、大学のＭａｃ室ってのがあって、データをそこで作ってましたし。あんまりにも入稿手段がわからなくて、Ｍａｃ室の人に手伝ってもらったりしましたね……。知らないってのはほんと怖いです。

スティフィン・レコーズの時から、音源は地方にも流通させていました。アビちゃんとぼくが山形と仙台の出身というのもあって、そこは二人ともぜひともケアしたい部分でした。

そもそもバーコードが入っているだけでダサいと思ってましたし、でかい流通がかっこ悪くてきらいだったというのはあったけれども、って当時は流通会社にもかっこいい、かっこ悪いがあったんですよ！　地方にいた時のぼくみたいなやつらにも届けたかった。仙台で言えばディスクノートというレコ屋に、おれらの作った音源がないのはいやだよな、みたいに思ってたんですよ。

もともと、ぼくたちは「どこでも語られるような存在がダサい」という考えではありました。格好良いと思った人だけが来ればいい、ぼくらと思いを共有できるわかっている人だけが来ればいい、格好良いライブは人がいなくても格好良いよ、と思っていたんです。でも、それでもなんとなくは成立していたんですよね。

いまだと音源を一〇〇〇枚売るのはほんと大変ですけど、当時はＦＡＸ一枚の告知だけで二〇〇〇枚とかオーダーが来ていたんですよ！　学生なのに、こっちの店は二〇〇枚、あっちは五〇〇枚、よしよし！　って思っていました。恵まれていましたよ。でも、一枚一五〇〇円とかなんで、大した売り上げではないんだけど。二十一、二歳の学生がやっているレーベルとしては、そのレスポンスだけで十分でした。

大学卒業、時給七五〇円のレコ屋でフリーター生活

大学の同級生が就職活動をする頃には、レーベルで食えていたわけではないけど、レーベルをはじめて既に何タイトルか音源をリリースしてはいました。三ヶ月に二枚とかのペースですね。そういう状況もあって、ぼくは特に会社を回ったり面接を受けたりはしませんでした。頭の片隅では、フリーター全盛期ということもあり、バイトで食いつなぎながら、レーベルやバンドを続けていけたらいいなと思ってました。ほんとゆるかったですね。

既存のレコード会社に入ろうとは、全然思いませんでした。大学時代はライブハウスでアルバイトをしていたし、音源を流通させるための業者の人たちを知ってはいました。でも、メジャーメーカーのことは何も知らなかったんです。そもそも、メジャーに対しては「アンチ」という態度でしたからね。「メジャーって、マジダセェよなぁ」とは本気で思っていました。ただ、あれは就職活動と言えるのかな、一社だけ、広告制作会社を受けてはいるんです。仕事をさせてもらうことは可能なのでしょうか、と。そうしたら、電話口で「いいよ、来てよ、合格だよ」。面接も何もなしで言ってもらった出来事がありました。いま思うとすごい会社ですね。

同じ時期に面接を受けていたレコ屋のディスクユニオンのバイトにも受かってたとあとでわかっ

た。そこで、音楽と関わっていける!!　と広告制作会社の会社員にはならず、レコ屋の店員になりました。

　実家の両親は、そりゃあぼくに「ちゃんとしてもらいたい」みたいなところがあったんですけど。つまり、合格と言われた広告制作会社に入って正社員になって欲しいという。でも、いまから考えたらユニオンで良かったんです。バイトではあるけど、いまの仕事にじかにつながる業務で、音楽を売り出す面でもものすごく勉強になりましたから。

　大学時代、会社員になることをイメージしたこともありましたけどね。スーツを着て、受付の女の子とどこかに飲みに行く、みたいなことも想像したし。実際にはそんな簡単に受付の女の子と飲みになんて行けないだろうから、これはほとんどファンタジーとしての会社員像ですが……。

　親父も自営業だし、サラリーマンの人たちには会ってきていないからリアルなイメージがほとんどなかったんです。いわゆる会社員の方々が何をしているのかは、実はいまでもわからないままではありますね。

　大学を卒業したのは二〇〇一年のことです。就職氷河期と言われていたし、フリーターは普通の存在になっていた時代でした。二十一世紀になった直後に社会に出たんです。これは小学校の頃ぐらいから、校長先生の挨拶なんかでいつも言われていた話でしたよね。君たちは、大学受験が順調に行ったら二十一世紀になったその時に社会に出る人たちなんだよ、と。そんな時期に、ぼくはディスクユニオン下北沢店で働き出しました。

バイトの時給は、当時七五〇円でした。週五勤務で月給は十一から十三万円、家賃は六万円ぐらい。当時、携帯電話代がレーベル業務で使っていることもあって二万円ぐらいかかる月もありました。そこから電気代、ガス代を引いたらいくらも残りませんから、お金は、全然なかった。

フリーターで行くと決めたぼくに、その後数年してからかな、『自分の仕事をつくる』(西村佳哲著／晶文社／二〇〇三年)という本を贈ってくれた人がいました。将来のことも考えなさいよという気持ちでくれたんだろうなと思います。この本は普段本をあんまり読まないぼくにも読みやすくて、ぼやっとした未来に対して、少し胸を張って行けるような気持ちにさせてくれましたね。いまでもたまに読み返している。

フリーターというと「将来が不安」と感じる人も多いでしょうが、ぼくにはそういうのはあんまりなかったんです。音楽の近くにいる仕事がしたかったから、むしろ「毎日レコ屋に行けて嬉しいなぁ」と明るかった。貧乏どころの騒ぎじゃなかったけど、楽しかったですね。

スティフィンは定期的に音源をリリースし続けていたから、レーベル共同オーナーのぼくが売り上げから月に十万円ぐらいもらう形でも運営はできていたと思います。でも、そんな発想もなかったし、それをしていたら、もっと商業主義的で上昇志向の強いレーベルになってたんじゃないかな、と思います。

レーベルをやる上では、スティフィンにしても、のちのカクバリズムにしても、初期には「仕事として意識してはいなかったこと」が自分では重要だったと思ってます。

もちろん、人間は食って生きていかなければなりません。それに、レーベルは続いたらいいなとも思っていました。もし本気で続けるつもりなら、どこかの段階で仕事にしなければならないだろうともわかっていた。それでも、すぐに稼ぐことばかりを意識するのは、「違う」と思っていたんです。矛盾しまくっているけど、当時はそういうバランス感覚で生きていました。

このあたりは、学生の頃から仕事で食うことを意識していたとか言ったほうが逸話として綺麗かもしれません。自分は学生時代から自分のレーベルをやり、はじめから周囲と違うビジョンがあったとかね。感心してくれる類の人もいるかもしれない。でも、実際には全然そうじゃなかった。大事なのは、もっとこう「いかに仕事っぽくせずに、良い音楽を作って売り上げを立てられるか」みたいな価値観でした。

いま思えば仕事にしていないほうが、愛情を持ってやれる気がしていたんじゃないかな。でもそこまでも考え切れてなかったかもしれないし。ただ次の音楽が聴きたいだけだったかもしれないし、明日も友達と音楽で遊んでいたかったからかもしれないし。楽しくやっていたレコードの詰めこみなんて徹夜になることが多々あったりで、実際にはものすごい量の単純作業も続けていたけど、それでも音楽って、例えば平日の九時から五時までの決められた時間で「こなす」ようなものではない、とはずっと思っていました。

だから、夜通しでレコードの詰め込みをしていても、それは楽しい遊びだった。でも、仕事という義務にした途端、ともすれば楽しくないものになりそうで、それはいやだったんです。じゃあ、いまは仕事だから楽しくないかといえばとても楽しいのですが、その感覚って少しは伝わりますかね……。要はちゃんと意識して「仕事」にしなかったんですよね。自分の中では仕事じゃないと言い聞かせているというか。つまり、その頃はただただ「仕事で音楽やってるなんてダサいよな」と思っていたんだと思います。仕事という重みを理解してないから、尊敬できる仕事というのも意識されてこないというか。メジャーのレーベルがきらいだったのも、偏見ですけどそんな考えから来ているのかもしれない。恥ずかしいですね。音楽を仕事にしている人たちは、本当は音楽がそんなに好きではないんじゃないかな、とも勝手に思っていたんです。

ぼくもお金をもらいはじめたら変わってしまうんじゃないか、という恐れがありました。それもあって、ユニオンのバイトで食っていたのは、ぼくには精神衛生上、とても良かったわけです。

サイトウ・ジュンくんへの憧れが、カクバリズムを生んだ

カクバリズムは、いまではレーベル名ですが、最初は「ぼくが大学を卒業する直前にやったイベントのタイトル」だったんです。

YOUR SONG IS GOODというバンドのために企画したイベントでした。レーベルとしてカクバリズムでいちばんはじめに出した音源もこのバンドのものだから、活動のはじまりとしてもレーベルとしても、カクバリズムは本当にこのYOUR SONG IS GOODがあってこそ生まれたんですよね。いまも、うちのレーベルの中心にいるのはYOUR SONG IS GOODですし。ここからしばらくは、時間を再び大学時代に戻し、このバンドとの出会いについて語らせてもらいます。

YOUR SONG IS GOODの前身としては、さっきチラッと触れたフルーティというバンドがありました。これはセンスが爆発していたとしか言いようがないすごいバンドでした。当時のUSスカパンクと同期しながらも明らかに作り方が違う。これは音源を聴いてもらえたら明白なんですが、とにかくかっこいい。自分に青春時代があったとして、それは本当にフルーティなしには語れないというか。

ライブを二回、三回と重ねるうちにライブをして欲しいというオファーが殺到して、五回目のライブでは既に7インチのアナログレコードが販売されているような格好良いバンドでした。

ぼくが最初にフルーティの音楽に触れたのは、まだ仙台にいた高校三年生の頃です。当時は仙台の友達と一緒に、ランシド（アメリカのパンクバンド）とかオペレーション・アイヴィー（ランシドの前身にあたるバンド）などの情報をパンク雑誌「ドール」で読み漁っていたんですが、スカパンクのブームが入ってきたその時に、国内のスカパンクバンドであるフルーティの名前も知りました。一枚しか出ていない7インチ『ROCKY, COLT AND TUM TUM』をはじめ、数々のコンピレーション盤やVHSビデオのコンピ『生』は本当に繰り返し、繰り返し聴きまして。特に『生』のライブは衝撃的で。狭いスタジオにお客さんがめちゃ入っていて。お客さんといっても友達で、これがみなかっこいい。そこで踊り狂いながらも最高にクールなアレンジのジミー・クリフの「ユー・キャン・ゲット・イット・イフ・ユー・リアリー・ウォント」のカバーを演奏して、後半スペシャルズの「リトルビッチ」の部分をマッシュアップするという。とてつもなく格好良かった。いま振り返るとヒップホップ的な手法も取り入れていて、つくづくクールなバンドですね。

大学に入ってからは、同じような好みの友達が夜間部にたくさんできました。ぼくは昼間通っていたんですが、教職課程を取っていたこともあり、授業が遅く終わるので、バイトがない時は夜まで残って、夜間部の友達とフルーティを中心に音楽の話ばかりしたり、スタジオ入ってフルーティのコピーとかもしてました。バイト先であるライブハウス・ワッツもフルーティ好きなバンドやその周辺のバンドがたくさん出演していたので、刺激的な日々でした。ボーカルのジュンくんには多大な影響を勝手に受けていて。メンバー全員の細かなことばかり調べていたんですが、ネットもまだダイヤル回線だったし、そもそもネットに情報も少ないので、友達どうしで教えあったり、フルーティ情報はかなり積み重ねていきましたね（笑）。

ジュンくんの真似は、もう、さんざんやりました。コピーバンドで学祭とか出たってのもありますが、かなり研究できていたと思いますよ。

ジュンくんのような服が欲しい。ジュンくんのような歌い方をしたい。ジュンくんのように音楽を聴いていたい。すべてが格好良かった。

音楽はもちろんですが、それ以外のことも、それこそ、何を着ているのかから、どんな鞄を持っているかまで、全部を知りたかったんです。こうして言葉にするとあぶないですが、ジュンくんにはめちゃめちゃ引き出しがあったんですよね。このあたりの話はもう尽きないというか、ほんと余談というか側道に入ってしまうので、ここまでにしましょう。

高校生だったぼくでも、フルーティの音楽には、日本の他のパンクバンドにはない驚きがあるように感じていました。例えば先述したジミー・クリフのカバーも、そもそもジミー・クリフ自体をその頃のぼくは知らなかったけれどもすげぇと思ったし、オリジナルの音楽を聴いた時も「ここからなんだな」と切り取り方のセンスに驚くというか、音楽の世界のページを広げていく面白さがあったんです。パンクのみならず他のジャンルもいろいろ教えてくれた。

ぼくが当時聴いてた他のバンドでは、そういう体験はあまりなかったんです。特にパンクは衝動的な発想を良しとする音楽ですから、表現のバリエーションとしては一ページで終わるようなものも多いんです。あ、クラッシュとかは違いますけどね。その中で、次のページも、その次のページもある奥深い音楽をやってるのがジュンくんなんだっていうのが、ぼくにはとても魅力的に映りました。当時好きだった国内のインディバンドの中でもひときわ音楽との接し方に雑味があって、センスが多様で圧倒的に良くて、音楽としての厚みを感じたのがジュンくんのバンドでした。

このベースラインはボストン・ハードコアのリフじゃん、とか。他ジャンルからのかっこいい引用も駆使していて、そういうところが最高じゃないか!! と思っていました。それで夢中になっていたんです。

で、フルーティのライブをそれこそ生で観れたかというと、観れてないんですよね。フルーティの解散後にジュンくんは、ナッツ&ミルクのメンバーとスクールジャケッツというこれまた最高のバンドをはじめた。そのスクールジャケッツはライブをやっていたものの、こちらも見に行く前に解散してしまいましたが、同じメンバーでYOUR SONG IS GOODになっていました。そこで「最近JxJx（ジェイジェイ／ジュンくんの愛称）はYOUR SONG IS GOODというバンドをやっているらしい」との情報を得て、高円寺の２０００Vというライブハウスに観に行ったのが、たぶん二〇〇〇年か一九九九年かな……。ウォータークロゼットという好きなバンドの企画で、会場は満員でした。みなフルーティとか大好きな感じで、友達にも数人会ったりするくらい。当日のYOUR SONG IS GOODはいま振り返ると、中期ディスコードサウンドからシカゴ音響系への移行期になっていて全編インスト、ジュンくんが鍵盤を弾きはじめた頃だったんだと思います。フルーティ的、スクールジャケッツ的なものを期待していたお客さんはみなキョトンとしてました。ジュンくんのライブを見たという興奮と、自分の素養にない音楽を聴いた興奮と、どこか寂しい気持ちが混合して混乱している感じで帰宅した記憶があります。まずジュンくんが座って演奏していたのが印象的ですね（笑）。２０００Ｖで座っちゃうとステージが低かったので、客席からは演者がほぼ見えないですからね。パンクやハードコアばかり聴いていた身としては、また少し世界を広げてもらった感じがあって、なんとも言えない感覚に襲われてました。ずっと残っている感覚ですね。いまYOUR SONG IS GOODが出している音楽をもっと知りたいって思ったり、ジュンくんがいま何を考えて、今後どうしていくんだろうって考えたり。よく覚えてますね。

YOUR SONG IS GOODの高円寺のライブを観に行ってなかったら、ぼくはカクバリズムというレーベルはやっていなかったと思います。そもそも、スティフィン・レコーズにしても、ジュンくんのやっていたフルーティの音源を出していたレスザン・ティーヴィーというレーベルに憧れてやりはじめましたからね。少し上の世代に憧れて、ああなりたいなぁっていうことでやったんです。

ぼくは、いまもそうですが、少し上の世代の「自分の好きな人たち」に憧れる。兄貴と姉ちゃんの二人が音楽好きだったので、自然と音楽に興味を抱いた。それと同じで「憧れの人のようになりたい」ってだけで動いているところがあります。

自分で「こうしたい」ということももちろんだけど、どっかで、好きな人たちに喜んでほしいというのも大きい。だから、ジュンくんという、若者時代に好きだったパンク界隈の中でも唯一ポップミュージックやダンスミュージックに通底する世界の広さを感じさせてくれた人を好きになったことは、ぼくの視野を変えていきました。

YOUR SONG IS GOODの音源をスティフィンからは出さなかった理由

ジュンくんは、ぼくの視点からは、パンクやハードコアのジャンルの中で活動していながらも、他のジャンルの音楽を取り入れている唯一の人に見えていました。正確に言うと、他のジャンルの音楽を取り入れたパンクバンドもあったけれども、ダサいやり方ばかりだった。

でも、ジュンくんの取り入れ方は、とてもセンスが良かった。何でセンスがいいのかといえば、ものすごく広いジャンルの音楽のマナーを、表面的ではなくしっかりわかっているからなんです。ジュンくんは、音楽をちゃんと聴いてきた人なんですよね。それは、のちに深く知るようになって、さらによくわかったんですが。

ジュンくんのネタの取り入れ方は、デザインにしても何にしても、他の人とはかなり違いました。当時、ジュンくんが出してくるネタって、われわれは知らなかったんです。

ジュンくんがインタビューで音楽について固有名詞を絡めて喋っていたり、あとはレビューを書いていたりすると、その音楽を探してはそればかり聴いてたんです。貪るように記事が載っているフリーペーパーを読んでました。話題に出てきた音源はすべて買う。「ブロードウェイジャズの何とかのカバー」とか、また、当時はわからない言葉がそれはそれは出てきていたんです。でもそれに食らいついて、そうして少しずつ音楽を知っていく。とても楽しかった。

ぼくが音楽にずっと関わろうと思ったのは、ジュンくんの影響なんじゃないのかなと思います。ライブはずっと観に行っていたけど、最初にジュンくんに声をかけたのは、渋谷にあったギガンティックというライブハウスでライブのあとに「YOUR SONG IS GOOD の人ですよね？」という感じで。ぼくは武蔵野美術大学（ムサ美）の友達も多くて、ぼくのバンドも出演することもあってムサ美の学祭の企画を手伝っていたんです。ジュンくんはムサ美出身なので、学祭にYOUR SONG IS GOOD を呼ぼうって話があって、友達と一緒に最初に声をかけさせてもらった時にその話をしました。緊張しましたね。その後学祭に出演してもらったりするうちに、ぼくらのバンドまわりのシーンにも顔を出してくれるようになって、YOUR SONG IS GOOD の他のメンバーとも急激に仲良くなりました。アビちゃんやスティフィンから音源を出しているバンドとも交流が生まれ、たぶん二ヶ月とか三ヶ月くらいの間でドバーって仲良くなったんじゃないかな。もともとこちらはみなジュンくんたちに底知れぬ興味を抱いていたわけですし。そこから、ぼくの部屋に遊びに来てくれるくらいの間柄にまでなりました。

二〇〇〇年のエアジャム（ハイ・スタンダードが主催した千葉マリンスタジアムでの大きなパンクイベント）の前の日にもジュンくんたちと朝まで遊んでいて、肝心のエアジャムそのものも眠くて眠くて……っていうような記憶のほうが多いですね。その後ぼくが大学を卒業して、下北沢のディスクユニオンでバイトをはじめます。二〇〇一年ですね。当時ブレックファスト（二〇一七年解散）というバンドの岡（亨）くんともすごく仲良くなっていて、岡くんはぼくの三歳年上、ジュンくんたちより二歳年下の長崎出身のベーシストです。いろいろなバンドでベースを弾いていたので、ライブハウスで会う機会も多かったんですが、怖い先輩が多い中で岡くんは優しく、ぼくらのことを面白がってくれたので、やたら遊ぶようになりました。岡くんもハードコアパンクが中心ながら、昔の日本の音楽もすごく好きで、様々な音楽を教えてくれました。岡くんのバンド、ブレックファストの当時のメンバーは酒井（大明）さんというジュンくんの親友でもありぼくも大好きなギタリスト、ボーカルの森本（雑感）くん、ドラムの（添田）陽くんというメンバーからなる、もうカクバリズムにとっても大変重要な、最高のファストコアバンドです。カクバリズムから日本脳炎とのスプリットのアナログ盤『SPLIT EP』も出しています。

カクバリズム名義での最初の活動は二〇〇一年三月のイベントなんですが、それはブレックファストとの共同開催だったんです。岡くんと出演バンドの相談をして、YOUR SONG IS GOOD、ストラグル・フォー・プライド、ブルービアード、ブレックファスト、ワタルバスターでワッツで開催しました。いま思ってもめちゃいい企画だなーって自画自賛してます。当時は「KAKUBA-rhythm」って表記なんですが、ブルービアードのベースのたっくんが命名してくれたんですよね。そこから「KAKUBARHYTHM」になりました。

　そういった流れがあって、アビちゃんと二人でジュンくんに「フルーティのベスト盤をスティフインからリリースさせてもらえないでしょうか？」と相談してみたら、非常に前向きに考えてくれて、7インチを以前リリースしていたレスザン・ティーヴィーの谷口さんやコンピのリリース先のレーベルにもすぐに話をつけてくれたんですよ。各所からOKももらえて、リリースできることになりました。これはぼくのレーベル人生でも忘れられない快挙だと思ってます。アビちゃんと「やった！」って本当に喜んだものです。

FRUITY『SONGS』
CD ALBUM　2001年11月22日発売

　フルーティのベスト盤のリリースは本当に多くの方から歓喜の声をもらいました。フリーペーパーの表紙も決まったり、お店からも展開についての提案など次から次へと……。体験したことない盛り上がりで、ぼくらも興奮しました。で、発売は二〇〇一年十一月二十二日で、店頭入荷が前日の二十一日なので、ぼくの誕生日だったんですが、勝手に嬉しかったですね。二十三歳。ディスクユニオン下北沢のレジで、次から次へと売れていくフルーティのお会計をするという幸せこの上ない誕生日でした。ぼくが働いていたお店だけで一五〇枚くらいはオーダーしていて、これは普段ありえない数なんですが、それもすぐさま売り切れました。ユニオン全店で一五〇〇枚オーダーしてくれて、当時の上司である長嶋さんには本当に世話になりました。初回オーダーだけで五〇〇〇枚を超えていて、発売直後すぐさま全国で売り切れ、品切れの嵐。当時はそこまで急なバックオーダー（追加注文）に耐えうる生産の流れを作れていなかったこともありますが、本当に一瞬で売り切れました。それだけフルーティの音源は手に入らなかったし、みな聴きたくてたまらなかった音楽なんですよね。いまだに多くの方に愛されている名盤となっています。ありがたいことです。ベスト盤だったので制作費もあまりかからず、メンバーにも売り上げの半分を渡すという配分にして、お互いにいい感じになった形だったと思います。こうしたリリースを通して、ジュンくんとはより親密になっていき、YOUR SONG IS GOOD 初の単独音源のリリースへと話は進んでいきます。二〇〇一年、YOUR SONG IS GOOD 結成既に四年目にして、まだ音源リリースは一枚もない時でした。

フルーティのベスト盤の発売前後に、YOUR SONG IS GOOD の音源を出しませんかというのは、ジュンくんたちに対してぼくから話を持ちかけました。

二〇〇一年三月にスタートした、YOUR SONG IS GOODにトリで出演してもらうイベント「カクバリズム」はワッツから下北沢シェルターに場所を移し、だいたい四ヶ月か五ヶ月に一回開催するという流れを作っていきました。まだシェルターは平日しか貸してもらえませんでした。当時、土日を借りるには動員数などそこそこ実績がないとダメだったのです。マイペースながらも、そうした活動の中にYOUR SONG IS GOODをリリースするレーベルをやりたい、という青写真を見ていたんでしょう。いま思うとちょっとしたマネジメント作業がはじまってますね。

既にスティフィン・レコーズというレーベルをやっていたし、フルーティのベスト盤の音源も出していたので、YOUR SONG IS GOODの音源をそこから出すという選択も、もちろんできました。でも、そうはしなかった。

なぜか？　スティフィン・レコーズはレーベルカラーがかなりコンセプチュアルだったからです。基本的にはポップパンクかハードコアパンクバンドの音源をリリースする場であり、どこかでローカル性を重んじていたりしました。しかも、音源を出すだけのあくまでレーベルオンリーだったんですね。ここのところはいまのカクバリズムとは大きく違います。

レコ発（レコードなどの音源発売）時のライブも組んだり、組まなかったり。いまでも、インディレーベルにはそういうやり方のところも多いですが、リリース後のフォローもしなくて宣伝も弱いから、ファースト、セカンドと音源自体はリリースできても、バンドを取り巻く環境はあまり変化しないという状況がよく見られました。

レーベル側のぼくらとしては、一〇〇〇枚でも二〇〇〇枚でもリリースできたらそれでいいじゃないかという考え方もあったんです。あんまり欲がなかった。ただ、バンド側はかならずしもそうは思っていません。こっちの現実とあっちの期待との間にギャップが出て、それが可視化された時期でもありました。バンドが活動を通して成長することにレーベルがついていかない感じでもありました。

ぼくの中でも「本当に音源を出すだけでいいのか？」と疑問に思う場面はいくつかあったんです。自分たちが音源を出したバンドが、シェルターを満員にしている。お客さんはワーワー騒いでる。でもそれだけで、音源の売り上げ枚数やお店での展開も、何も風景が変わってない、と。

それから、共同でレーベルをやってるアビちゃんが、自分でやってるバンド（ゴーイング・ステディ）で忙しくなっていった。そうなると、ぼくがリリースしたいバンドとアビちゃんがリリースしたいバンドとで、リリース後のフォローにも差が出はじめていたんです。

バンドのメンバーからしたら、同じレーベル内では発売後のケアも同じであるべきだろう、アビちゃんが動けないなら角張が動いて何とかすべきだろうと思うわけだけど、音源への関わり方が、そもそもそういうスタイルではなかったですから。難しい状況もあったんです。このあたりが仕事の意味合いの狭間というか、言い訳を生む土壌でしたね。

アビちゃんとの趣味の差もはっきりしはじめていました。アビちゃんはスティフィンのコンセプトを意識したリリースを心がけてました。でも、ぼくはいろんなシーンに顔を出したくなってしまっていて。

西荻ワッツを中心としていたので、西荻系とか言われながらも、ぼくは音楽的に西荻ではない場所に行きたくもなってしまっていた。そのあたりも含めて、ちょっとやっていることに手詰まり感があった。アビちゃんと一緒だからやれるのがスティフィン・レコーズではあるけど、そろそろ藤子不二雄のFとⒶみたいに、別れて音源作りをやらないといけないんじゃないかと思いはじめていたんです。

そういう思いもあって、YOUR SONG IS GOODとは、まずはさっき言ったカクバリズムという名前のイベントを一緒にスタートさせました。その後、ぼくはイベントを企画する側にまわって、そこではモッズパンク、スカやレゲエバンドというように、これまであまり共演したことのないジャンルの人たちを呼ぶようにしたんです。とはいえこの時はまだ、ぼくはただいろんな人たちに観てもらいたいと思って企画していただけで、のちにリリースする音源の広報のために計算をしたつもりではありませんでした。

けれども、結果的には、そこからYOUR SONG IS GOODの影響力は広がっていってくれました。

スティフィンの時のような「バンドとしてパンクやハードコアというコンセプトあり」という方針であるというよりは、「バンドの作り出す音楽の伝え方、広げ方という面でコンセプトを重視」することに意識的になってきてました。その中で、音源をリリースしようかという話にもなってはじまったのが、カクバリズムというレーベルでした。

ジュンくんやメンバーはぼくの五歳上で、パンクやハードコアを経てきているからこそ、別のラインで勝負したいという話も出ました。そういった意味合いも持たせつつ、カクバリズムをレーベルとしてスタートさせようとなりました。二〇〇一年の十一月から十二月にかけて最初の録音を開始しました。と言うと、すごい大仰な感じですが、メンバー六人と、スタッフはぼくだけ。

そうして、カクバリズムはYOUR SONG IS GOODのためだけのレーベルとしてスタートしました。最初の記念すべきリリースは、昔から温めていたというか、カクバリズムを7インチオンリーのレーベルにしたかったというのもあるんですが、7インチシングル『BIG STOMACH, BIG MOUTH』です。二〇〇二年の三月にリリースしました。もともと発売は年初の予定で、そのレコ発が二〇〇二年三月のシェルターでのイベント、カクバリズムだったんです。しかしながら当時はチェコでレコードをプレスしてまして、当たり前のように納期

YOUR SONG IS GOOD
『BIG STOMACH, BIG MOUTH』
7INCH EP　2002年3月発売

が遅れる時代でした。ギリギリ三月にレコードが到着して、発売日がレコ発の日という感じでしたね、ほんとギリギリ。この日のシェルターでのライブはまた、はじめてチケットが売り切れた日なんですよね。嬉しかったなー。初回プレスはなんと二〇〇〇枚。こちらもすぐに売り切れました。いま思い出してもすごいですね。レコ発の会場でも一〇〇枚くらい売れてましたしね。

仲間うちで「わははは」って笑いながら作っていたらすごく売れちゃった、という感じ。フルーティのベスト盤からの流れもよかったと思うんですけど。いま考えると7インチで二〇〇〇枚売れるって当時でもなかなかないと思います。ましてやバンドはじめての音源で。たぶん、パンク界隈中心ではありますが、それ以外のところでも少し売れたのが良かったんじゃないのかな。ぼくとジュンくんも、作りながら「まだまだYOUR SONG IS GOODはパンク界隈の活動に留まっているので、違う場所に持っていきたいね」とは相談してたんですけど。

やっぱり最初に作った二〇〇〇枚がすぐなくなったのは、元フルーティ、スクールジャケッツの人がひさびさに音源を作ったぞ、とまずはパンク界隈の人たちが買ってくれたのがメインでしょうけど、もともとファンだった人たちにしても、いま振り返るとよくあんな激シブな音源を買ってくれたよなって思うような音楽でした。音もこもっているんですけど、いま聴いても独特などこにもない感じで。すごく7インチ向きな音源。

反響は、少しずつですが嬉しいものがいくつも重なっていったんです。0152（オイゴニ）・レコーズというレゲエからロックステディ系の音源を扱うウェブショップの武田さんには、「イギリスのスキンズレゲエの音楽に近いものがある」と言っていただきました。これはマジで嬉しかった。スカやレゲエとも関わりがあった、一九六〇年代後半から七〇年代前半にイギリスの労働階級の若者で流行ったジャンルの一つに重ねて好意的に捉えてくださったわけです。これは作っている現場にもない捉え方だったので、意外な突破口があるものだなとありがたく思いました。大貫憲章さんには、確か「練習したほうがいい」ってレビューをされて、本当にその通りだなとは思いましたけど（笑）。ちなみに0152はカクバリズムのひとつの指針になってまして。いまはもうない0152のウェブの最初のページに「オールジャンル聴く人のためのレゲエ」って言葉があって、あ！って思いました。ぼくもカクバリズムをオールジャンル聴く人のためのレーベルにしたいと思って、その商品の紹介の仕方やアイテムの作り方など非常に影響を受けました。いっとき、0152で売っているTシャツが友人どうしでめちゃ被るって時期もありましたね。

その反響を受けて、徐々に次の音源リリースに向けて、時間が進んでいきました。

アナログの話なので、その流れで限った話をすれば、二枚目の7インチ『GOOD BYE』という音源は人気DJのMUROさんが買ってくれたんですね。二枚買ってくれて、ぼくがレジを打って。この音源ではアレンジを四つ打ちにしていて、ジュンくんはダンスミュージックを意識していたと思うんですけど、ライブでも非常に人気ある曲で、ユニオンの店頭でかけたら、お客さんが誰かしら「これなんて音源ですか？」って訊いてくれるんですよね。しかもヒップホップやソウル、ダンスミュージック界隈のお客さんが。あれ、めちゃ嬉しいんですよね。レコード店員がいちばん嬉しい瞬間じゃないですかね。そういう内容もあって、徐々にクラブ界隈で売れるような感じになってきましたね。

三枚目の7インチの音源『SUPER SOUL MEETIN'』は、最初に二〇〇〇枚作ったんじゃなかったのかな。最終的には再プレスを含めて二五〇〇枚は売れました。すごいですね。ぼくの経堂のめちゃ狭いアパートの外の通路に、7インチのパッケージが一〇〇〇枚以上ダーッと並んでいた景色は、よく覚えています。管理会社から、火をつけられたら塩化ビニールはよく燃えるから勘弁してくれって言われましたもんね。流通会社に置くことができなかったので。手伝ってくれる何人かの仲間と一緒に梱包して、深夜に経堂の二十四時間開いている郵便局に持って行って発送していました。楽しかったなぁ。

音楽の世界の「ヨコの人間関係」を感じさせてもらう

いろんな人に会ううちにまずわかったのは、レーベルに面白い特色さえあれば、音楽業界の大人たちは、いわゆるタテ社会ではない感じで接してくれるようだ、ということです。出来上がった音源を持っていくと、レコ屋の諸先輩方は音楽を介したヨコの人間関係のつながりみたいにして接してくれました。あれは若輩者としてはありがたかったです。

例えば、渡辺俊美さんがやっていたズート・サンライズという千駄ヶ谷のレコ屋にYOUR SONG IS GOODの『GOOD BYE』を持っていったら、下北沢で超かっこいいクラブをやってた山下直樹さんがレジにいらした。すると、超先輩なのに、まぁ座りなよって言ってくれた。「アナログ盤、出してるんだ。知らないけど聴いてみるよ」「へぇ、かっこいいじゃん、うちで扱わせてよ」みたいにトントン拍子で決まって。

ぼくは緊張しちゃって、納品したレコード数枚に出してもらった水をブシャッとかけちゃったんです。それはさすがに納品できないですよね。「でもいいよ」「良くないです！」……とかとか。すごくあちこちの人がぼくのことをフラットに扱ってくれた。「面白かったらいい」という感覚が、まずはありました。格好良いことをやっていれば、面白がってくれるもんなんだな、と思うようになったんです。

当時、ぼくのまわりの友人たちは、メジャーシーンには関与していなかった。おれらの世界の中心は下北沢シェルターでしたから(笑)。これほんとにそうなんですね。シェルターと恵比寿みるく。カクバリズムをスタートさせていたけどスティフィンはパンクロックのハードコアを聴いている友達向けにレーベルをやっていたようなものでしたし。

ただ、友達レベルのその範囲でさえ、当時は西荻界隈だけでも音源が一〇〇〇から二〇〇〇枚近く売れていたり、いまとは違ってまだ二〇〇〇人とかが注目するシーンではあったんですけど。だから、たまにそこから外に出た時にはびっくりすることばかりだったんです。友達に連れられていったバンドのライブなんかは九〇〇人や一五〇〇人なんて規模ばかりで、お客さんのあまりの多さに唖然としていました。「えー!」って。当時はまだ新宿にあったリキッド(ルーム)とか大きすぎてテンパったものです(笑)。

自分が体験してきたライブは五〇人とか一五〇人とかでしたからね。そういうパンクの情報って、いまならネットもあるだろうけど、当時はウェブが普及しきっていなかったので、友達の作っているフリーペーパーでチェックしていて。

故意に情報を遮断していたつもりはないんです。むしろ、いちばん豪華な情報としてハードコアのイベント情報を頭の中にインプットしていましたから。友達が今度やるイベントについて、「あのヤバいやつ、九月だよねぇ?」みたいにして。自然と、メジャーな音楽の情報はスルーすることにはなったけれども。単純に入ってこなかったかな。

いわゆるメジャーのヒット作にはじめて触れるようになるのは働きはじめたユニオンの売場だったけど、ぼくがいたのは、またそういうのをあんまり熱心には売らない店だった(笑)。だから、ぼくの基準はハードコアパンクの世界のまま、そんなに変わりませんでした。

ただユニオンで働いていることによって、他のジャンルでかっこいいなと思える音楽が増えていきましたね。ジャンルごとに狭い世界ではあるけど、そこのお客さんにとって何が格好良いのかが、こうやって売り場にいるだけでなんとなくわかってくるようになるのかな、なんて単純に思っていました。若いって怖いですね……。逆にジャンルのワクから少し外れる格好良さを出すなら、どんな塩梅でやればいいのか、とも。ここで大事なポイントは、「しかも、それが例えばダンスミュージックのような外のシーンから見て面白い動きならなおさらいい」みたいなことですよね。

ぼく自身はジュンくんに出会うまではハードコアパンクしか聴いてこなかったんだけど、ジュンくんはヒップホップはじめ、いろんな音楽を聴いたので、めちゃイイよってソウルからレゲエからロックからいろいろ教えてくれて。そうやって勉強というか楽しく音楽が聴けるようになったのも大きいですね。ぼくみたいにひとつに絞らずにいろんなジャンルに興味を持っている人は、YOUR SONG IS GOODがジャンルを超えた動きをしていると面白がってザワつくんです。ジュンくん今度はこう来たのか、次は何をやるんだろうと。「ジュンくんファン」が狭い世界の中でしっかりできていったから、それが、われわれの活動のスタート地点の足腰を作ってくれたんです。

ユニオンでYOUR SONG IS GOODの音源をあちこちに置いてみた。すると、ソウルコーナーに置いても売れる。ヒップホップやレゲエのところに置いても売れました。やっている音楽の内容からしたら、もはやパンクのコーナーに置いてあるほうがおかしいんですが、もちろんパンクでも確実に売れていったんです。

そうやって、パンクからしたらフレッシュ、しかも別のジャンルから見てもどこかへんで面白いという、YOUR SONG IS GOODが他と違う「売り」ができていくようになりました。

レックもフライヤーも、何もかも手作り感が満載だった

振り返ると、初期の録音の時も、この世界の大人の方々にはお世話になったなぁと思います。YOUR SONG IS GOODのアナログ盤を最初に録ったのは二〇〇一年ですけど（二〇〇二年の三月に音源発表）、いまはもうないトライトーンという下北の駅前のリハスタ、そこの二階にあったレコー

ディングスタジオでやらせてもらったんですよね。トイレが二階にあって、スタジオを借りてなくてもトイレだけ借りに行くこともよくありました。ジュンくんもよく行っていたな。懐かしいな。

そこのエンジニアの北村さんって人は、そもそもスティフィンの音源をずっとレコーディングしてくれていて。YOUR SONG IS GOODを聴かせたら面白がってくれたから「一緒にやってくれませんか？」とお願いしたんです。

当時、ディアンジェロの『ブードゥー』ってアルバムがYOUR SONG IS GOODの中で本当に流行っていたんです。ヒップホップで、ぼくもその頃にはじめて聴いたんですが、ジュンくんやメンバーはディアンジェロみたいな音にしたいとずっと言っていました。当時のぼくからすれば、ちょっとリズムが渋いかなって思ってた。いま聴くとすごくかっこいいんですけど、その頃は「もっさりしている」と思ってたんですね。でもまぁそういう音にしようってなって。

でも、バンドはドラムセットも何にも持っていない。YOUR SONG IS GOODは当時、自分たちでは機材をほとんど持ってなかったんです、ジュンくんのオルガン以外には。ドラムチューニング一つにしても、理想的な音に近づけるにはドラムテックさんという楽器に詳しい優秀な人がいたりするとありがたいんですが、そういうのも、ぼくらはわかっていなかったし、そもそも自分らのドラムもないし。

ぼくからすればバンドメンバーたちは二十七歳とか、少し年上だから知っているもんだと思ってたんですけど、YOUR SONG IS GOODのみんなも、ちゃんと録音するのははじめてだったんです。パンク的な録音はやっていましたが、それもみんなで練習スタジオでやっていただけでしたから。エンジニアと一緒にっていうのは経験がなかった。

だから、苦労しましたね。正直いま聞くと、すごいこもった音になっていて、それはそれでいまは絶対出せない音だし、非常に独特の感じで面白い。で、録音、ミックスときて、最後にマスタリングという作業があるんですが、そのマスタリングの方にもお世話になりました。もう亡くなってしまったけれども加瀬竜哉さんという、本来はメタルのジャンルで活躍している人でした。アニメタルでギターを弾いていたような人がマスタリングエンジニアだったんです。

普通だったらエンジニアに頼む費用って、一時間一万円とか二万円するんです、いま使っているところで言えば。でも、加瀬さんは一時間二〇〇〇円とかでめちゃめちゃ安かった。「加瀬さんごめんなさい、本当にお金がないんです……」「じゃあいいよ、やってやるよ」。そうやって、どこの馬の骨ともわからない連中のマスタリングをやってくれて。

加瀬さんのところでやると迫力が出るんです。おいしい部分、いい部分が削れていることもあるけど、単純に迫力はある。当時は迫力さえあれば嬉しかったから（笑）、みんなで「これでしょ！」って言ってやっていました。

加瀬さんは、それより前にフルーティの音源をやってもらった時にはテープとかMDとかを持っていっても快く対応してくれて。当時もテープやMDを録音には使っていなかったからめちゃくちゃびっくりしていたけど。そうやってYOUR SONG IS GOODも初期は大変お世話になってました。このこもり具合いや渋さが、先述した0152に褒められるきっかけになるんだから面白いですよね。

二〇〇二年当時、7インチっていまと違ってみんなあまり出していない時期でもありました。それでなんか面白いなって、いわゆる渋谷系の先輩方のDJたちがちょっとずつ注目してくれたんですよね。

カクバリズムというレーベルがYOUR SONG IS GOODのファーストを7インチのアナログ盤で出した。カクバリズムって言われても何のことかわからないから、ユニオンとかではパンクの棚に置かれてたんですが、馬鹿売れしましたよ。

レコ発のライブでもすごく売れた。アナログを三月に出して最初の金曜だったんですよね。リハなしのライブだった。というのは、みんな働いていたから。直前までアルバイトがあったんです。

当時、YOUR SONG IS GOODのメンバーのシライシくん（ギター）は鞄屋さんで、モーリス（ギター）は焼き肉屋かな、ジュンくんは会社で働いていたけど上がってこれて、でもライブが終わったら帰社するみたいな感じでしたね。ハットリくん（トロンボーン）は歌舞伎座の弁当屋のバイトをしていて、レイジくん（ドラム）はまだ学生だったんじゃないのかな。タカダくん（ベース）も学生だった。

フライヤーの作り方なんかも時間をかけて工夫してもらっていました。当時はジュンくんが全部デザインしてくれていたんだけど、文字だけ、配置のやり方で魅せるものだったりしたんですよ。それは、結構いろんな人に褒められました。「カクバリズムのお知らせ」というやつ。取引先の偉い人にも「あの広告、いいね」って褒められたんです。「伝えたいことがたくさん書いてあって、シンプルで良かった」と。

音源を出すまでは、YOUR SONG IS GOODとぼくたちがやっていたのって「カクバリズム」という名前のライブイベントでしたが、それを伝えるフライヤーに関してはジュンくんがコンセプトを考えてくれて、ぼくの文章を校正して作ってくれていました。できるまでには、かなり時間がかかっていましたね。一枚のフライヤーのデザインを三日とか四日とかかけて作っていたんじゃないのかな。あの時間がいま思うと重要で大切な時間だったと思います。意識の共有を蔑ろにしない感じを自然にやれるってのは本当にいいなって、振り返ってニコニコしてます。

レコ屋に対しては、初期のアナログ盤が効果的だった

二〇〇二年の三月に最初の7インチを出した時にレコ発イベントで一〇〇枚ぐらいすぐ売れて、その後全国に流通させようとなりました。ここで少しインディーズの流通システムについてお話ししますね。

そもそも流通とは？　ですよね。音楽業界にも、洋服や食べものと同じで、流通会社というものが存在します。全国の小売店からの注文を取りまとめて、商品の発送もしてくれます。レーベルからすると商品を全国の小売店にそれぞれ送る手間は相当なものなので、ありがたい存在です。

スティフィンの時は、方針として「地方にいる時の自分のような人のために」というのがありました。だから最初から全国流通できる流通会社を使うことにしたんです。ぼくもアビちゃんも東北の生まれで、やっぱり欲しいCDとか売ってないケースもたびたびだったので、これはクリアしたい条件でした。

もちろん流通会社を使うからには手数料というものがあり、例えば一〇〇〇円のレコードなりCDなりを一枚売った場合、小売店にはだいたい二五〇円から三〇〇円が入り、流通会社の手数料が一〇〇円から二五〇円、残りがレーベルの儲けという塩梅です。小売店の業種によって卸値が違っ

たり、流通会社によって手数料に差があったり、返品に対する規定によってそれもまた違ったりと流動的だったりするので、一概には言えないのですが、大まかにはこんな配分です。アナログはそもそも制作費がCDに比べてべらぼうに高いので（ここも大まかな計算ですが、二・五倍くらい）、売れても利益は全くないとは言いませんが、ほとんど出ないってのがあります。

そうなるとライブなどで物販する形と、流通会社を使わずに小売店と直接取引する形のほうが利幅を確保しやすいやり方になります。なので、おのずと自主流通的な感じで、全国のアナログのお店へ取り扱いをお願いして、オーダーを取りまとめたりすることをはじめるようになりました。このあたりはユニオンで毎日お店に注文書（インフォとも言います）がFAXで流れてきますので、そのあたりを参考にする感じでした。ほんと毎日何十枚ものオーダーインフォが届くのです。ベーベーベーベーって。いまじゃウェブで注文ってのも当たり前ですが、当時はFAXにペンで注文数を書きこんで返信するのが主流でした。ただユニオンの場合はPOSシステム上でのデータ管理も進んできていて、だんだんとオーダーもウェブ上で取りまとめるようになっていましたね。

カクバリズム初期もスティフィン初期も、タワー（レコード）など大きなチェーンからのオーダーであっても各店ごとの意向をかなり反映した感じの数だったので、一店一店、一枚でもいいので置いてください！　って営業の電話をしてましたね……。いまは店舗の裁量も小さくなってきて本部が取りまとめて各店に置く数も決めることも多いんです。

アナログ専門店に関しては、やはりハードルが高いお店もあったり、憧れのお店があったり。ぼくらの時代だとシスコ、マンハッタン（レコード）、ダンスミュージックレコード（DMR）ってのはやはり置いて欲しいお店でしたし、注文来て、めちゃ売れた時とかすごく嬉しかったですね。最初の取引のやりとりとか、懐かしいですね。

DMRとかシスコとかマンハッタンとかに置いてもらうのはファーストのほうは、そこにはチャレンジできていなかった。でも、セカンドの7インチ、『GOOD BYE』からは置かせてもらいました。そういう店頭のセレクションをしているお店も、いまはもう数が少なくなっちゃったかもしれないですけどね。いま話題に出したDMRとかシスコも、リアルな店舗としてはもうないですから。マンハッタンぐらいしか残っていないです。

むしろ、タワレコとかに置くにはどうしたらいいんだって悩んでいるインディレーベルもあったんですよ。でも、それはぼくはスティフィンの頃から置かせてもらっていました。ぼくにとっては、むしろ独立系の、例えばダンスミュージックを扱っているような専門店でかっこいい扱われ方をするのがなかなか難しかったんです。

ハードコアなパンクの専門店の一つであった西新宿のオールマンの佐藤さんには「おれ、こういうソウル、家で聴くぶんには好きなんだ、でも、売れるのこんなの？」と言われていました。売れますよって答えたんですが、驚いてましたしね。初期はぼくだってそんなこと本当にはわかっていなかったから怖かったなぁ。

でもこれもクラブとかで出会った友達が教えてくれたり、バーで紹介された人がレコ屋の人だったり、先輩のライターさんが紹介してくれたりとか、いろいろな協力があって、カクバリズムの初期のアナログの販売網が広がっていく感じでした。燃えましたね。流通会社を使って、全国でも取り扱ってもらう窓は開けておくんだけど、やっぱりギュウっと濃縮された販路ってのは、いまも昔もあるじゃないですか？　そういうお店にわざわざ出かけて行ってアナログを買うほうが、「ファン」な気持ちになるというのかな。意識的でもないですが、当時はぼくの好きなお店にまず置いてもらうことが、ちょっとしたブランディングだと当たり前に思っていましたし、実際そうだったとも思いますね。先述した０１５２もそうですが、パンク・ハードコア界隈のレーベルの音源を０１５２やＤＭＲが扱うってことはその当時なかったので、それは他のお店へのプレゼンとまで言わないけど、影響は少なからずあるなって思ってました。

やはりレーベル初期ってできる限り自分たちでやっていくってのが基本概念としてあって。当たり前ですが、お金もないし。この感覚っていまも地続きですね。でもアナログに関しては、限られた場所でしか買えないこの感じが、その後、お客さんたちにもじわじわ浸透して行くのに一役買ってくれたなとも思います。ダンスミュージックだったりレゲエだったりのジャンルの専門店に関してはお店の基本理念がしっかりあるから、主観的にいやなものは置かないですから。そこに関しては、アナログで持っていったってところがまずは入り口として良かったのかもしれません。

メンバーもこの感じで良いよねと思っていたんです。でも、本当はバンドだってすごく不安なわけですよね。目の前にいる仕事の相手ってぼくだけで、その二十四歳の若者が、「いいっすね!」って言っているだけだから。誰も、本当にいいのかどうかは判断できていなかった。

マネジメントもしっかりやるレーベル、が運営方針に

カクバリズムが成長していったプロセスでは、ぼくがYOUR SONG IS GOODの主要なメンバーたちに比べて五歳くらい年下だったというのも重要だったように思います。メンバーたちは年上で、人生経験もぼくより豊かだった。そこに追いつきたい中で工夫や動きが出てきました。

YOUR SONG IS GOODのメンバーたちは、平日はそれぞれいろんなところで仕事をしていました。平日仕事が終わった夜か土日にならなければ集まれません。

じゃあ、自分は平日の間にメンバーができないような作業を積むしか、認めてもらう道はないんじゃないか。そう考えていたんです。とはいえ、右も左もわからない状況なので、ただ足で稼いだ

り、いろいろなシーンに顔出したり、いろいろ聞いたりって感じではありました。

初期には割と焦っていたことを覚えています。レーベルをやれば、憧れの存在だったアーティストたちと距離が近くはなります。でも、自分にはそのアーティストたちの音源を扱えるだけの何かがあるのか。自分の芯はないんじゃないのか。そんな焦りがありました。

YOUR SONG IS GOODのことは心から大好きなわけですよね。そういう人たちの音源を自分のやってるレーベルで出す。それって、尊敬している人たちに、いちばんやりやすいプレイグラウンドで思う存分音楽をかましてもらって、楽しんでもらうことでもあるから、どうしたらぼくを信頼してもらえるのかな、そしてさらにそこに成長というか、尊敬する人たちにとってやりやすい環境を作ることができるのかな、とは考えていました。

音楽シーンの中でYOUR SONG IS GOODの存在感が成長していったのは、もちろん、何よりもバンドそのものの音楽的な才能と素晴らしいライブがすべてだったと思います。二〇〇二年には、音源を三枚も出していました。

それまでもともと稼働が少なかったバンドでしたが、ライブをシェルターで三ヶ月に一回、定期的にやることにした。その上さらに立て続けに音源を出すものだから、さすがに音楽好きの人たちの間では「このカクバリズムというレーベルは、何だろう?」とはなりますよね。

そうなると、おのずと連絡もいただくようになって、リリース前後、ライブ前後を管理運営するマネジメント業務が発生していったんです。どこかでライブやイベントを企画している人たちの中で「あのバンド、いいよね、オファーしてみようか？」となった時に、音源を出しているぼくのところに話が来るようになりました。

パンク関係者たちからのオファーなら、みなさんジュンくんの連絡先は知っていたからぼくを通さないんだけど、別ジャンルの方からのオファーは、ぼくのところに来たんですね。刺激的だったのは、そうして出会ったヒップホップやスカ、レゲエ、クラブ界隈の人たちがマネジメントの存在を重視していたところでした。ぼくのまわりにはあまりそういうのがなかったから、新鮮だったんです。むしろ「マネージャーがいたら不自然」みたいな感じがあったんですよね。マネージャーって存在自体見たことないみたいなね。だから、ぼくがそのうちライブのギャラ交渉なんかしはじめたのは、そういう外の世界の人たちの影響もあってだと思います。

それまでは「その日の客の入りによって」なんとなくで、ギャラがいくらとかも事前には決めてなかったんです。ライブ当日の上がりをみんなで割ればいいんじゃないの、みたいな感じだったし、バンドによってギャラに差があることさえ、ぼくははじめは知りませんでした。

レーベルの主要な役割は音源を作って販売することだけど、それ以外のこまごましたこともやるようになって、アーティストたちをどう売り出すのかのマネジメントも意識的に行うようになっていきました。

そもそもはある人に怒られたこともきっかけの一つだったんです。ザ・ドゥードゥーズというバンドのファーストアルバムを、二〇〇〇年にスティフィンから出したんですよね。バンドの中心はぼくより五歳上ぐらいの先輩で、ぼくもアビちゃんも高校生の時から好きなバンドをやっていた憧れの存在でした。

そのバンドのファーストがとても好評だったので、二〇〇二年にはセカンドミニアルバムも出しました。ただ、その時、ぼくはここまで話してきたような流れでカクバリズムをスタートさせていて、相変わらずスティフィンのほうでも良い感じでリリースが続いていたし、バイトしながら、さらに自分のバンドも忙しくなっていたりと、なかなか普段通りの時間を取れなくなってきていた。カクバリズムの運営そのものはまだ大変というほどではなかったものの、いかんせんアルバイトしながらの活動でしたから、休憩時間に打ち合わせをしたりと、毎日が必死でした。

ザ・ドゥードゥーズのツアーは、日本全国のライブハウスでいろいろなバンドを集める「セッチユーフリー」というイベントを企画していた千葉ちゃんという人に組んでもらったんですが、その時にお客さんが全く入らない日ができてしまいました。

実力も人気もあるバンドなのに、何でだ、と千葉ちゃんに訊かれたんです。チラシでの告知は都内のライブハウスではもちろんしていたけれど、お客さんが入らなかった宇都宮近辺ではまけていなかったり、相当なムラがあった。

当時は、あくまでレーベルなんだから、リリースだけやっていればそれでいいという意識もまだどこかに残っていました。そうしたら、千葉ちゃんにものすごく怒られたんです。「いろいろやって、それでもお客さんが入らなかったらイベントとバンドのせいだろう。でもちゃんとお客さんを呼べていたバンドなのに二十人しか入ってなかったら、告知をちゃんとやらなかったレーベルのせいにされても、仕方がないんだぞ」。必死でやってはじめてみんな納得するけど、そこまでやってないいんじゃ全くダメでしょと。聴いてもらいたくてリリースしているんだったら「音源が出ました」ってだけじゃダメなのかと猛省しましたね。

レーベルだからこそ、音源を出した先を考えないといけないって、確かに千葉ちゃんの言う通りだよな……と。そりゃそうだ。そう気づきまして。そこからは、音源を出した後先みたいなものを考えるようになりました。怒られたことは、すごくショックでもありましたし。

その時期ぐらいになると、スティフィン・レコーズでは年十枚ぐらいの音源を出していて、リリースすることに慣れてもいたんです。いま考えるとすごいハイペースでリリースしてましたね。そんな中でセカンドアルバムを出すバンドも増えてきていた。でも、その段階に入ったからこその新しい問題に直面していました。

売り上げが一枚目と二枚目でほとんど変わっていないんです。どちらも一〇〇〇枚だったみたいな現象がリリースでよく起きていて。それはなぜかと言えば「リリースの前後にしていないことがあったから」とわかったわけですよね。

バンドが音源を作りたいと言っている。それを出す。それだけでは足りない。バンドの活動ともっとシンクロしたリリースをしなければダメだと思うようになったんです。レーベルのダメなところが見えてきた気がして、マネジメントについても考えはじめました。

レーベルとしては、それはまぁファーストアルバムもセカンドアルバムも一〇〇〇枚なら一〇〇〇枚出してそれが全部売れて元が取れれば、売れた枚数が同じでも十分なのかもしれません。でも、バンドのほうは当たり前ですが、一枚目より二枚目のほうが制作環境や音質も向上していてほしいし、人気もできるなら二枚目を出すことでより出てほしい。売れてほしい。そういったニーズに応えきれてないなと。ただリリースして、「音源を出したい」というバンドのニーズに応えているのみという状況だったんですよね。二枚目が一枚目より少しでも売れるための努力を、おれは全くできていなかったなぁと思いまして。もちろん一、二年だけどレーベルを続けていたので、上手になっている部分も実はたくさんあったと思うんですが、それが数字的な売り上げに結びつくほど甘くはなかったですね。

だから、レーベルとして宣伝もマネジメントもちゃんとやらなきゃ、となった。いまなら当たり前なんだけど、当時の自分はほんと気づいてなかったわけです。YOUR SONG IS GOOD のマネジメントも、そんな出来事があって、より力を入れるようになっていったんですよね。

バンドの魅力を伝えるために

　そうしてはじまったマネジメント、ぼくの場合はレーベルマネジメントともいえますが、こういうとなんだか大仰な感じだけど、当時は仕事の幅が全くもって狭かったんですよね。びっくりします。ただ、だからこそ、なんかレーベルだからここまでとか、マネジメントだからここまでってのは取っ払ってやるようになりました。先述しましたが、できる限り自分らでやるってのはなんとなく自然にそうなってしまって、いまはその良い部分も悪い部分も出てきているなって考えてますが、それはあとでまた話します。

　仕事の幅を広げるってのが、スティフィンをはじめて二年目くらい、カクバリズム最初期にぶち当たった壁ですね。知識もないのにスタートしているので、いろんなところで、ぶつかっていくんですよ。ただ全部知らないことなので、面白いもんで、わかってくると興奮していくんですよ。それまでとは違う手法でいけるんじゃないかってアイディアが出ます。これはバイト先がユニオンだったのが本当に大きいんですが、入社前から、ユニオンに入ったら商品管理、流通、販売、展開、宣伝など全部学ぼうって思っていたので、他のレーベルの宣伝方法含め勉強になったんですよね。比較対象がたくさんあって。カクバリズムはジュンくんがデザインのハンドリングをしてくれていましたが、ユニオンにはそういったデザインのネタがいっぱい転がっている。マネジメント、レーベルのリリースタイミング、販売員としての感覚、お客さんのテンション、もう吸収の毎日でした。昼前のレジ時間は店内BGMを比較的自由にさせてもらっていたので、自分のレーベルのデモ音源をかけてみたりもして、先輩店員の反応をみたり。そこで褒められたりすると「あ、これはいいぞ」って思えたり。マネジメントを意識することで、ユニオンで経験することにも細かく目を向けられるようになって。朝下北沢で降りるのがやだな……ってくらいになっていた時期も多々でしたが、これは全くもっていい時間なんじゃないか?! と。POP（店頭宣伝文）の書き方などもめちゃいろいろ参考にしましたね。当時はHMVがクールな感じで、ぼくはそれがすごい好きでしたが、ヴィレバンの手書きPOPが少しずつのしてきていた時期でもありました。あれをただ真似するんじゃない感じで何かできないかな？ と模索したり。京都のレコード店・ジェットセットのPOPやDMRのPOPも参考にしましたね。どれもみな丁寧で工夫されていました。

マネジメントという、バンドやアーティストのリリースに関わる後先を考えはじめると、様々な物事の流れをより意識するようになりました。リリース時期やそのライブのありかた、共演バンド、シーンとの距離感などなど、なんだか規模が小さいながらも必死に考えていたなって、思い出して恥ずかしくなりますが……。

そういった意識の中でもできる限り、ぼくが友達と遊んでいる時のテンションと変わらない感じでっていうと伝わりにくいのですが、興奮している時はそれをそのまま出してましたね。レコードを聴いて「わ！　最高！」ってなった時のまんまでした（笑）。そんなインフォはいままでなかったというか普通送らないのですが、ユニオンのバイトや社員全員が見られる、掲示板というかメーリングリストみたいなのがあって、そこにカクバリズムのリリースの時に高いテンションで書いていたら、みんな面白がってくれたんですよね。各店でも応援してくれて。あれはありがたかったですね。電話でのやりとりだけの人とか本部の先輩とかも。あ、このぼくらのノリでもいいんだ！ってなって。

ジュンくんが宣伝文も整理整頓してくれたのもでかいですね。あまりに乱雑な文章だったりもしたので。でもそういった他と少し違うというカクバリズムのマネジメントの基礎みたいなのが、少し意識的にできてきましたね。文章やデザイン、ライブのやり方など。ほんと細かくて忘れてしまったこともたくさんですが、レーベルとして、マネジメントとして、少しでもプラスになるなら、って思ってやっていたんでしょうね。

YOUR SONG IS GOOD のライブの受付にいてお客さんを見ていたら、これはいまもよくやっているんですけど、スカやレゲエ界隈の人たち、ユニオンで音源を買ってくれた人たちなんかも来てくれていたから、これはいいぞと思ってました。

これは最近になっての話ですけど、二〇一三年に野音で YOUR SONG IS GOOD のライブをやった時にも、この時のシェルターに来てくれていた人もいて、それは嬉しかったんですよ。喋ったこともないような人たちだったけど、「あの頃から来てくれていましたよね」と挨拶しました。当時、「この日のシェルターの二五〇人のお客さんが、ずっと来てくれていたら良いな」と感じていて、何だかそれを思い出しました。

きっと二十五歳ぐらいのお客さんが多かっただろうと思います。それが十年後、三十五歳になっても来てくれたらいいなって。奥さんや子どもと一緒に来てくれたり、そういうライブを年に一回でもいいから続けていけたらなって思っていたんです。

レーベルによる音源のリリースというのは良くも悪くもタイミングでできるんです。でも、マネジメントは毎日のことですから、そこは毎日やり続けなければ、とも考えてきたんですよね。だからこそ、実際に十年後に同じ人たちが来てくれたこの出来事が感慨深かったなって。

レーベルをはじめた頃には、いまと比べてみれば、考える時間がものすごく多くありました。いつも、いろんなアイディアをゆっくり転がしながら歩いていたんです。ユニオンのレジとか、帰りの電車とかで、常に考えていました。みんなで遊んだりしていても、それがカクバリズムの次の活動にすごく役立っていたりしたし。明日までに答えを出さなければいけないということもあまりなかったですから。

いまは、ぼくがすぐに返事をしないと進まなくなる案件も多いから、昔みたいに考えられる時間が少ない。だから、当時はもらった案件をどういうふうに面白く見せるのか、フライヤー一枚にしても、どんなふうに誰にイラストを描いてもらおうとか、まぁ、たくさん考えていました。一つひとつを、ちょっとでも面白くできないかなと。忙しいを言い訳にしちゃいがちですが、これがほんと重要なんですよね。

一人でやりはじめてわかるようになったのは、やることもやらないことも、すべては自分の責任なんだということです。やらなければ自分のクビが締まることは、はっきりしていました。だから、結局は「じゃあ、やればいいんだよね」ってことにはなったんです。

カクバリズムは一人ではじめた分、楽な部分と苦しい部分があって。ただやればやるだけ進むし、やらないとやらないでクビが締まるだけ。ほんと明快でわかりやすかった。YOUR SONG IS GOODは飛び抜けて、ぐぐーーと上昇する瞬間ばかりだったし、やればやるだけってのは本当にそうで。

ただぼくらのペースを作っていきたかったし、ぼくらがダサいと思うことはやらないし、つまり少しでもかっこよく、かつ面白くやっていきたかった。そのために時間は惜しまないというか、一人だと制限をかけなくていい。でも一人だとできることも限られてきますけど。意識すればするだけ、跳ね返りも多かったですね。

音楽で食うなんてダセぇよなと思っていた

音楽以外の他のジャンルから見られた時、音楽の面白さをちゃんと出せるようにしよう。それは、はじめから考えていたわけではなかったんです。レーベルをやりだした頃は、そもそも自分がすごく好きな音源を出すってだけで楽しかった。誰からどう見られようが構わなかった。もちろん格好良くあろう！　という気持ちは当然ありましたよ。

最初に強く思っていたのは、本当にこのレーベルはかっこいいなという先人たちの仕事に少しでも近づきたいってことでした。ぼくの二十代前半の頃のレーベルの活動というのは、単にそれだけだったと思います。

ただ、二十三歳とか二十四歳とかになります。すると、先行するトガったレーベルに対して憧れる気持ちも保ちながらも、憧れの深さが更新されることはなくなっていきました。それで、うーん、この先どうしようかなと思うようにもなったんです。その時ぐらいからですかね。自分が少しずつ変化していったかもしれないのは。

時代も変化していました。もう既にレコード、ＣＤが売れないとさかんに言われる時期にも差しかかっていたんです。新しく出てきたウェブを通した音楽配信に業界はどう向き合うか、なんて議論も出てきた頃でした。

そういう岐路を迎えた時には、内に向かうようにすれば、本当は楽ではあるんですよ。自分たちのレーベルが扱っているミュージシャンたちはまだまだいいライブをしている。いい音源を作ってくれている。それでいいんだ。

仲間うちで「おれたち最高」と言ってそう整理してしまえば、変わらずにいまのままいられます。でも、そんな仕事のやり方もちょっと違うよな、とぼくは感じていました。

でも、もう少し何かないのかな、と探しはじめることにしました。自分がいま、十代の若者だったとしてもかっこいいと思えるものを、改めて追い求めてゆく。カクバリズムというレーベル名に関係なく買ってくれる音楽にするにはどうするかを考えて、実行する。

そういう挑戦をすぐにできるのは、個人でレーベルをやることの面白さでもあるんです。ぼくのイメージですが、メジャーレーベルでは組織が大きいがゆえに、新しい枠組みで何かを試す前には、たくさんの人の許可を取るだとか、話し合いの時間だとかが必要だったりするケースも当時は多かったと思います。

自分のレーベルで音源を出しはじめた時に念頭に置いていたインディレーベルは、国内ではレスザン・ティーヴィーやスナッフィー・スマイルといったところでした。前に出てきた０１５２レコーズというところもそう。ここはレーベルでもあると同時にレコ屋さんで、お店の機能が前に出た場所でしたけどね。

海外では、アメリカのディスコード・レコーズやマタドール・レコーズ、ストーンズ・スロウといったインディレーベルに憧れていました。ストーンズ・スロウってところは現在はもうインディと言っていいかわかんないほど大きいんですけど、いつの時代もかっこいい。二十二周年ですかね、今年で。ヒップポップ、ソウル、ファンクを中心にリリースしているんですけど、モダンソウルやAOR、それこそいまどきの旬なアーティストの音源もたくさんリリースしています。一貫したコンセプトが感じられるし、レーベルセンスともちゃんとコンセンサスが取れている。新人のリリースも後手に回さず、風通しも良さそう。カクバリズムをはじめた時もでしたが、長く続ければ続けるほど、ストーンズ・スロウの偉大さがわかるようになりました。格好良さや自分らの好きなものへの探究心はほんと感服してます。二十年を越えているのに、なんというかレーベルに少年性があるんです。まだまだ音楽に興奮している感じがレーベル全体からしている。これは理想ですよね。意識して体現できることではないですが、音楽が好きってだけでやってる。それでいて、世界的に商売としてしっかり成立させているという。ほんとすごいですね。

で、さきほどいった国内外の伝説的なレーベルって、ぼくと同じ時代にパンク界隈の音楽を聴いていた人たちなら「なるほど」ってところばかりです。ぼく自身は、その中で最初はとにかく、憧れているからマネしたいという距離感で接していました。レスザン・ティーヴィーがこんなやり方をしてるから、おれたちもそうしたい。スナッフィー・スマイルがこういうのを出してるから、おれたちもそういうのを出したい。はじめはそれで満足してたわけです。

思い出すもので言うなら、例えばレスザン・ティーヴィーがアナログで出してた音源のジャケットがすごく格好良かった。そうしたら、そのまま踏襲したようなものを出したいってだけでやってたんです。スナッフィー・スマイルからは7インチのアナログレコードがよく出ているんですが、レコードの中に過去作のカタログが小さな紙で入っていました。そのフォーマットも絶対真似したい、とか。

海外だとストーンズ・スロウの昔のソウルやファンクの再発ものなんかにも興奮したので、日本国内の古いジャズでそういうのできないかな？　とか考えたり。

あとは、スナッフィー・スマイルではCDをプラケースに入れずに、ちょっと硬めのビニール袋に入れて一〇〇〇円や一五〇〇円ぐらいと、少し安く売っていた。それもかっこいいからやりたいんだけど、さすがにマネするだけではあまりにスナッフィー・スマイルのままだから、何か違うのはないかって探して紙袋にしてみたり。

レスザン・ティーヴィーの場合は、音源自体というよりは場を運営していく上でのノリに、本当に影響を受けましたね。音楽で食うことなんてダセぇよなっていう、ぼくの音楽に対しての初期の姿勢なんて、まさにこのレーベルから学んだことでした。

食うことを考えてリリースするよりも、そもそも誰も食うことなんて考えてなくて、やりたいことを瞬間的でもやりゃいいんだよってみたいなところで影響を受けたんです。生活と音楽が同じ線上に当たり前にあって。ぼくはまだなんだか音楽に非日常というか、夢を見ている部分もあったけど、そうじゃなくて。インディペンデントの基本みたいなものを知り得たんです。

しかも、パンク界隈の中でも、特にハードコアな方たちが集まっては音楽を生み出していた。ぼくなんか、その迫力あるメンツに比べたらまぁ平凡というか、世の中のちょうど平均的な場所にいる。レーベルをやってる、商売をやってるとは言っても、いまだにポンと東京に来てポンとやっているままではある気がする。レスザン・ティーヴィーに集まるような人たちの醸し出すノリってのは絶対に出せない。そこは仕方がないんです。

お金をもらうことで、胡散臭くなりたくはなかった

YOUR SONG IS GOODのファースト7インチは、すごくいいものが作れたなっていう感覚がありました。すぐ売り切れて、数ヶ月後にはミニアルバムも出した。さて、そこからどうしよう、と

考えたんです。にわかに盛り上がってきたという手応えはありました。マネジメントも意識的に動くようにしていました。

ただ、その後の二〇〇四年にYOUR SONG IS GOODのファーストCDアルバムをリリースしたぐらいの時にしても、純粋に「最高のファーストアルバムを作ろう」ということしか考えていませんでしたね。レーベルをどう運営するかとか、そんな将来の展望なんて、この頃になっても全然なかった。マネジメントへの意識はありながらも目の前のことばかりというのが実情でしたね。

同世代のパンクバンドは、当時、まだみんな二十四歳、二十五歳ぐらいで、CDを一枚出せるか出せないかという瀬戸際なところにいました。ファーストを出して解散するっていうバンドも多かった。三枚、四枚とアルバムを続けて出しているバンドなんて、身近にはいなかったんです。みんな、続けていこうっていう感覚もそんなにはなかった。まわりにもぼく自身にもプロ意識なんてない環境にいたということです。音楽で食えるなんて、考えてもいなかった。

ぼくもそういう中で、裏方でも何でも音楽と関わっていければいいんじゃないかとはぼんやり思っていました。もちろん、スティフィンやカクバリズムが続いていけばいいなとはどこかでは思っていたけど、それで食っていきたいという意識はずっと明確じゃないままだったんです。メジャーに対してアンチ的な意識を持ちながらも、否定したいけど、中身のない否定というか。音楽とはどうあっても関わる形で生きて行こうと思っていました。プレイヤーではなくてもずっと音楽をやっている人ではありたかったんです。音楽がいちばん格好良く見えていたので。だから、どんな形でもいいから音楽と関わっていられたらいい、それは会社員やフリーターをしながらでもいいと考えていました。

しかし、実際にファーストアルバムを出してみたあとには、「次のアルバムではもっとこんなことをやりたい」という気持ちがにわかに湧いてきました。これはおいおい話そうと思いますが、スティフィンでできなかったことをやれるかもしれない、と思いはじめたのもこの頃です。

規模を大きくしたいと言いきると語弊がありますが、彼らの音楽をよりたくさんの人に広げるためにも、ぼくができることってあるんじゃないかと考えるようになっていったんですね。

ただ、自分が関わっていることの対価としてお金をもらうことには、まだ抵抗がありました。レーベル運営って、バンドもレーベルもお互いに負担がないほうが純粋にかっこいいんです。おれも食わなきゃなんないから給料出してくれないかというのは、やっぱりかっこ悪く感じていました。リリースまでの意味合いが少し変わってくるというか。お金をもらうためのリリースになると流れが変わると思ってました。

だって、汗を流してライブをやっているのはバンドメンバーだし、お金をもらっていないほうが純粋な気持ちでやれると言うか。何より、お金をもらうことで胡散臭くなりたくなかったんですよね。優先順位が変わってしまう恐怖というのかな。そんなことないのに、やたらそのあたりに敏感でしたね。

音楽に関わってお金をもらうなら、人並み以上、バンドの一人ひとり以上に何かをやって、それが自分の中だけではないところで評価されてはじめて、と思っていました。それでようやく、音楽の仕事をしています、と言っていいんじゃないのかな、と考えていたんです。

最初はぼく一人しかいなかったから、このあたりは結局は自己判断になったんだけれども。角張は頑張っているからこのぐらいもらっていいよ、と誰かが言ってくれたわけではない。もちろん、年齢的に大人になっているからもうもらっていいとかいう問題でもないですし。

ただ、やり続けるうちに、意識は変わってきていました。音楽で食うことのダサさというのも、さらによくわかってきたんです。自分も、少なくとも音楽レーベルだけで食っていくことの格好悪さは思い知っていなければなぁ、とは思っていました。

だから、おれだけなら食っていけるなみたいな体制にはしなかったんです。ずいぶんあとになって、なんですよね。これは自分ももらっていいんだって思えるだけの仕事をした時に給料をもらいはじめて、事務所を借りることにしたのは。事務所の家賃が月に八万、ぼくの給料が月に十二〜十五万円、合わせて二十万ちょいってぐらいの感じでした。

2 音楽家を支える苦と楽

YOUR SONG IS GOODの大躍進がはじまった

ユニオンで働きはじめた時点で、それまでのレーベルの活動によって、ぼくの通帳には一〇〇万円ぐらいの資金はありました。レーベルの運転資金だからそれには手をつけず、ぼく自身はアルバイトで暮らしていた。これがまた厳しいんです。だいたい給料が月に一二万五〇〇〇円くらいでしたね。

当時は若いから、なんとなくこのままいけると思っていたか、何も考えてなかったかでしょうね（笑）。音源が売れてすごいことになるとも想像してなかったし、その後、例えば三十代なかばになってお金がなくなったらどうしようとも想像していなかった。基本的には楽しければそれで良かったし、音楽と関係した仕事がしたいなとだけ思っていました。ただその一方で、矛盾するようですが、あと何年でカクバリズムをこのくらいにしたいっていう野心みたいなのも漠然とありました。

二〇〇二年に出したファースト7インチとミニアルバムがとても好評だったので、YOUR SONG IS GOODとは「来年（二〇〇三年）にはファーストアルバムを出しましょう！」と話してはいたんです。でも、メンバーはみんな音楽以外の仕事に就いていて、動けるのが週末だけだったこともあって、なかなか録音ができないまま二〇〇三年は過ぎていきました。

結局、待望のファーストアルバム『YOUR SONG IS GOOD』の発売は二〇〇四年の秋まで延びることになりましたが、これはいまに至るまでのカクバリズムの歴史の中でも、当たり前ですが特に印象に強く残っている音源の一つなんですよね。当時、「これを売って終わりでもいいかもしれない」とさえ思っていたぐらいでしたから。

その頃、インディの、特にぼくの視界に入るシーンでは、二枚、三枚と続けて音源を出しているバンドはあまり見当たりませんでした。「いいね、名盤ができたじゃん！」ってこれまでの活動を総括する一枚、みたいな流れで出たものも多く、リリース後は活動がゆっくりになることが多かった。

YOUR SONG IS GOOD『YOUR SONG IS GOOD』
CD ALBUM　2004年10月6日発売

ぼくは二〇〇四年の二月末から事務所を借りはじめました。事務所を借りるようにしたのも、なりゆき上のことだったんです。二〇〇三年の秋に写真家の平野太呂くんに持ちかけられて、でした。当時は太呂くんともいまほどには仲良くなかったんです。格好良い先輩だなと思っていて、ギャラリーにできるいいビルがあるんだけど、一緒に借りないかとライブハウスで会った時に言われました。これは普通に嬉しかったですね。

太呂くんは当時、ギャラリーと暗室が欲しかったんですよね、確か。それをアビちゃんに伝えたら、すぐさま、いいじゃん、借りようよ、そんな場所があったほうが楽しいよ、と乗り気でした。アビちゃんは事務所の図面もよく見てなかったから、え！　とは思ったんだけど、それで、何だか借りるようになったんですよね。二〇〇四年にはYOUR SONG IS GOODのアルバムをリリースするぞ！　とやっぱり気合いもどこかで入っていたのと、7インチの在庫が自宅の廊下を占領していたことを考えると……必要なのは明らかでした。

事務所の家賃は八万円で、ぼくの当時の住居より高かったので足かせには感じたんですよ。事務所を借りるってことは家賃を払うためにレーベルを機能させ続けないといけない。そこにいつもぶつかるんですよね。あくまでぼくの中では稼げるイコール仕事という認識だったということ。当たり前だけど、そこを追求しても「良いレーベル」になるとは思ってなかったので。そんなことをアビちゃんに相談すると、彼はバンドの稼ぎも増えていたし、もしもレーベルのお金がなくなったらおれが出すからいいよ、と言ってくれていました。かっこよかったですね（笑）。

二人でやってたスティフィンからは、その時期にもたくさん音源を出してはいたけど、あまり売り上げが立ちにくくもなってきていたんじゃなかったかな。より趣味的な、よりぼくらしかリリースできないような、と言うと語弊がありますが、「ならでは」なリリースが続いてました。一方、一人でやっているカクバリズムのほうでは「次はYOUR SONG IS GOODのアルバムだ！」って意識で盛り上がっていたんです。

その頃ぐらいになると、ユニオンにバイトに行けるのは週二になってました。その時期あたりから、いまではカクバリズム一の古株社員の全哉くんにも週二、三で来てもらってたんじゃないのかなぁ。にわかに忙しくなってきていたんですよね。

バイト先でそれを相談したら、ユニオンの店長は「週二日出勤して、新譜のＰＯＰ書きや、企画、商品管理の仕事をしてくれたらいい」と言ってくれて、本当にありがたかったんです。このあたりからですね、レーベルに食わせてもらっている時期がはじまったのは。つまり、ぼくは二十四歳ぐらいの頃から音楽でお金をもらいはじめたんですね。

スティフィンのやり方ではどう考えても食えないけれど、カクバリズムでは食えるかもしれない。そんな冷静な判断も、当時、どこかであった気がします。それでも、別にどうしてもレーベルで食っていきたいと思ってもいなかったんですけど。

事務所を借りても、最初は部屋の壁を白く塗って机を一つ置いといただけで、二ヶ月ぐらいは何もせず放置していました。結局自宅で作業したりで、なかなか事務所として動き出せなかった。YOUR SONG IS GOODのファーストアルバム『YOUR SONG IS GOOD』は十月六日にリリースしているんですが、当初は八月発売予定だったので、四月くらいから事務所として機能しだしたんですよね。アビちゃんはゴイステ解散後にはじめた銀杏ボーイズの活動が異常に忙しくなってきていて、レーベル作業はあんまりできない感じになっていました。

YOUR SONG IS GOODへのライブオファーも増えてきていて、そういったのもぼくが対応するようになってましたが、いまから思えば働きながらでもやれるレベルでしたね。ボーイズ・ナウというう自分のバンドだってまだやってて、スティフィンからその音源を出してもいましたし。もちろんバイト中は連絡など折り返せませんので、だいたい休憩時間に全部電話で話したり、休憩時間に漫画喫茶のPCでメール確認したり、休憩時間に打ち合わせしたり。レーベル仕事で携帯代金が嵩んで、お金はほんとなかったですね。それでもレコードやCDを買っていたもんだから、なおさら。ゆえにユニオンというレコード店でバイトってのはよかったですね。ただでいろいろ聴けるので(笑)。

ただ、この頃いちばん大きかったのは、ジュンくんが昼間していた仕事を辞めたことだったんです。神楽坂にある会社でウェブデザインの仕事をずっとしていたんですが、そこを辞めて。カクバリズムの新しい事務所に机置いて、前の会社の仕事をフリーとしてやりつつ、カクバリズムのデザインやウェブまわりをやってくれることになったんです。いまはリニューアルしましたが、二〇一七年春までのカクバリズムのホームページのデザインもジュンくんによるものです。十年以上変わっていなかったんですよね。

会社を辞めた時にジュンくんが言ってたことはよく覚えています。いまの仕事は正直なところ片手間でやっている。まわりはみんな必死に働いている。その中で本気にならず、ずる賢く働いているのが申し訳ない。だから辞めて音楽を本気でやろうと思った。そう聞いて、そうだよなぁと思いました。ジュンくんは当時三十歳ぐらいで、その年齢で生活を変えた気概も伝わってきていて……。もちろんぼくも本気でやってましたが、なお一層気合い入りましたね。まさか憧れの人と毎日顔合わせて働くとも想像してなかったですけど（笑）。ジュンくんのでかい机を運びこんで、冷蔵庫とかもジュンくんがいた会社がその後畳むことになったっていうのでもらってきて。いろいろ動き出してきたってのを感じたのが二〇〇四年の春。やはり太呂くんに背中押されたんでしょうね。太呂くんも当時三十歳くらい。

そんなこともあったので、いよいよアルバムができた時には「よし、これでスタート！」という気持ちが特に強かったんですよ。制作の話はもう少しあとに話しますが、ほんと「はじまる」って思ったのをとても強く覚えてますね。

当時のぼくは、ジュンくんやYOUR SONG IS GOODの躍進を見て、ただただ興奮していたんです。ライブには常連さんが多くて、受付で確認しながら、「また来てくれてありがとう！」といつも思っていましたし、口に出してましたね（笑）。

ライブは、毎回充実していく一方でした。いまじゃ考えられないくらいリハーサルの時間とか少なかったけど、それでもライブハウスとバンドがシンクロするというか、お客さん含め、「いい空間」ってのがほんと自然にできていて。シェルターがはじめて満員になった時には、下北沢の本多劇場のほうまで入場を待つ列ができていて興奮しました。

あれは、普段下北沢で働いていて、シェルター前をよく見ている人間としては人気が出てきているバンドでしかならない光景だと知っているから、単純に嬉しかったですね。

とにかく、かっこいい音楽のために

少し話を戻すと、その頃のぼくらのシーンに日常的にあったのは、「スタジオライブ」と言われるものでした。五、六十人がドリンク代なしで五〇〇円ぐらいで入れるんだけど、明るいリハスタでガーッとライブをやるんですよね。初期はそういうところにばかり行ってたし、そういったライブが格好良かったし、単純にかっこいいバンドがそういった活動をしてましたね。もちろん普通のライブハウスでもやるんだけど。

当時のお客さんの典型的な格好というのは「黒いTシャツ」「黒いジーンズ」「ブラックコンバース」。あとは「黒ぶちメガネ」とか。まぁ、このファッションは厳密に言うと「エモ」シーンなんだろうけれども、そういう服装の人たちがやってきてライブを観て、「出てる物販をチェックしていく」というのがよく見かける風景だったわけです、ぼくもそうでした（笑）。

お客さんの年齢層は二十代前半。大学の上級生か社会人の一、二年目みたいな人たちばかりだった気がします。十八歳のお客さんがいたら「若いねぇ！」ってなっていましたから。そこに来ていた女性のお客さんがいつのまにか友達の彼女になっていたりというような狭い世界でもありました。こういったコミュニティがあって同じパンク界隈の中でも細かく棲み分けができていたんです。ハードコアな中でもさらにマニアックなところに観にいくと少し肩身が狭かったり、でも超かっこいいじゃんと思うからには頑張って観に行ったりというような距離感がありましたね。

その後、YOUR SONG IS GOOD の成長に合わせてお客さんもいろいろ変化していくんですよね。お客さんもバンド同様に聴く音楽の幅が広がっていっているというか。

シェルターのイベントで当時カクバリズムに入った MU-STARS のＤＪブースを入れたら、開場から開演までの間に少しずついい感じになってきていて。雑多な音楽がかかるもんだから、棒立ちだった人たちもほんの少し揺れながら聴いてくれるようになったりもしましたね。楽しかったし、演者も観客も一体になって楽しんでいる「時間」が確かに流れていた。よく言うじゃないですか、一体感とかって。でも、けっしてみんな同じ気持ちであることなんてない。それは当たり前なんですが、みんながそれぞれ楽しんでいる空気があった。それが最高だったんですよね。

ＤＪブースそのものはクラブなどでは日常的な存在だったけれども、ぼくがよく行っていたライブハウスではそうではなかった。そんなところにいたわれわれがブースを入れることで音楽を楽しむ、というのがフレッシュでした。当時のシェルターって世界でいちばんかっこいい場所だったよなぁ、とさえ主観的には思っているんです。ほんとにそう思ってましたから（笑）。

YOUR SONG IS GOODを観にくる人は、じわじわと増えていきました。二〇〇二年三月のファーストのレコ発の際は二五〇人がシェルターに入って満員になった。あれはオイスカルメイツが出演してくれたってのもあったけど、そのあたりからじわじわと数年かけて自然と人気が出てきました。そうしていろんなイベントに呼ばれるようになった。ちょっとずつスカバンドやレゲエバンドからも呼ばれるようになってきていたと思います。当時は、イメージ戦略なんて全く考えていません。企画も「面白そう」という気持ちを優先していただけでした。体を張ったギャグとかも含めて、「やれるんだったらやったほうがいい」って言葉がよく出ていましたね。「おれらしかやれなくないか？」「あぁ、やれるんだったらやろうよ」みたいにして。ただ自分らが比較対象としている範囲が狭いのにも気づいていない時期ですね。

金銭的には恵まれていたわけでもないけど、そうやって、他の事情よりも面白さが上回っていたらやるという傾向は、その頃には、いまよりも強かったかもしれません。

このへんはぼくらならではのことなのかもしれませんけど、「売れすぎていない格好良さ」もあったんです。セルアウトしていないか、媚びてないかってところは重要だったんです。

もちろん、売れていてもかっこいいバンドもミュージシャンもいたんですよね。小さいライブでもやるギターウルフとか。媚びていないと言えば、イースタンユースは、いつだって格好良かった。レーベルだけで食っていきたいという気持ちも、厳密にいつからなのかはわからないけれども、ある時期からはきっとぼくにも出てきていたんだろうと思います。ただ、何度も言うようですが、同時に、「レーベルで食うだけでは、ダサい」という考えは、これは十九歳ぐらいの時から強固にありました。

その相反する、矛盾する気持ちとの戦いが仕事になっていくみたいな時期で、右も左も音楽業界のことはわからないし、教わろうともしないので、なかなか大変というか。でも音楽の仕事、レーベルで食べていきたい気持ちもある。だからこそ、「とにかく格好良くするしかない」というのが命題になってきているというか。

いまのカクバリズムぐらいまで大きくなればいい、みたいなことは当時は思ってないんです。とにかく自分の目線に入ってくるレーベルの中で、友達クラスのレーベルの中でかっこいいレーベルでありたい、それだけでした。

いくら稼ぐという気持ちなんて全然なかったし、バンドにたくさん稼いでもらおうとも思っていなかった。ただただ、かっこいいものが出せて、続けていけたらいいじゃん、とだけ考えていました。

メジャーのシーンは特に気にしていなかった

時間が経つにつれ、レーベルやマネジメントの存在意義が変化していくのは付きものです。バンド、アーティストとの距離感含め、ぼくが言うのもおこがましいですが、ＳＮＳを通じてだったり、クラウドファンティングだったり、その制作過程含めてお客さんを巻きこめる時代です。九〇年代的なやりかた、二〇〇〇年代的なやりかた、そして今日、未来のレーベルのありかた。ぼくがはじめた二〇〇二年あたりにできたもので、いまだに続いているレーベルもありますが……もっと前からあった老舗レーベルを外しちゃうと、近しいジャンルでは続いているレーベルは十個くらいなんじゃないでしょうか？　もちろんレーベルにこだわらずに音楽とつながっていくやり方もたくさんあるので、一概には言えないのですが、二〇〇〇年代以降はレーベルが続けにくい状況ではあるのでしょう。ぼくがレーベルに特化しだしたのはいろいろな状況に背中を押されてカクバリズムに専念するようになったというのが本当のところだろうと思います。自分で「ここからやるぞ」と決めたわけではなく。

つまり、まわりも自分も忙しくなってきて、やりたいことの優先順位をつけざるを得なくなった。いまはレコ屋でＣＤやレコードを売るよりも、YOUR SONG IS GOOD の躍進を手伝いたい。そう思うようになったんでしょう。でも、それをやりはじめたら時間がなくなる。ユニオンにバイトで通わなくなるからバイト代ももらえなくなる。レーベルも時間をかけたぶん売り上げが上がり、ぼくが多少給料をもらえるレベルになってきていた。そういう経緯でいまのような働き方に至ったんでしょうね。ここからスタート！　って意識はあんまりなくて、ただ事務所を借りたし、まわりの人たちの気合いある選択を見たりしているうちに、これは！　って動いていったんでしょうね。

当時のぼくはメジャーレーベルに対して、異様なほど偏見を持ってまして、たぶん嫉妬？　なのかわからないですが、自意識過剰だったんでしょうね……。ただすべてってわけじゃないけど、一部の好きなメジャーアーティストを除けばかっこ悪いバンド、アーティストばかりでしたし、ある一定の売り上げをキープできなきゃ契約も解除なんだろとか、当時は知ったか振りして、偏見ばかりを育ててましたね。いまは経験もいろいろさせてもらって、「なんであんなに偏見ばかりだったんだろ？」って冷静に思いますが、メジャーに行くと良い部分もある反面バンドやアーティストがダメになっていく感じも痛感しているというか。ユニオンでもメジャーレーベルのアイテムは当然扱ってますから、自然とその売り方や雑誌への掲載のされ方なんかも意識的に見てました。

YOUR SONG IS GOODがぼくらのシーンの中で、ですが、躍進していくかたわら、相変わらずぼくと全哉くんと、(林)さやかちゃんという昔から手伝ってくれている女の子の三人でレコードを詰めて発送作業をしていました。量は多いし面倒臭いし、いやだ〜とか口では言いながらも、あれはとても充実した時間でしたね。飛ぶように売れていくわけで。いま思えば、若くて羨ましい時間だよなぁとは思います。何をやったっていいわけじゃないけど、何をやるにも自由なんだもんね。あんまりうまく行かないようなら普通にユニオンに戻りゃあいいんだしとか甘い考えで（笑）。

環境が良かったんですよね。恵まれていたんです。もしも実家の両親が病気になったりしていたら、こんなことできなかっただろうから。ただ、そんな自由に見える時期にも、ちゃんと勉強して一般企業に入ったりした人たちはそれで別の経験をして成長しているのだから、そこには負けないようにしなければとも思っていたんです。自分の仕事を作っていくというのを意識的にしつつあったのかなって思います。ライブハウスにも当たり前ですが、めちゃめちゃ観に行ってましたね。

それで、高円寺の２０００Ｖに友達のメロディックパンクを観に行ったりする。すごく好きだったので、最前列でウォーッと興奮している。一方で、そんなに演奏が良くもないのに売れているミュージシャンがいることもわかるわけです。「それは何でなのかなぁ？」と思いながら過ごしていました。自分の好みの押し付けでもあるんでしょうけど、自分らがいいと思えないものがある一定の売り上げがあったりする。ふむ〜〜って風呂とかで考えているわけです。

いま考えてみたら、当時はぼく自身の格好良さについての尺度も相当限られていたんでしょうね。狭すぎるというか。演奏がいいとか、ノリが自分たちと一緒だったらいいとかいう。でも、その尺度を共有している人は、当時でも結構たくさんいたように感じていて。と言っても二〇〇人から三

○○人ぐらいだったと思います。行くライブハウスでは、いつも見たことあるなっていう感じの人ばかりでしたから。
当時は、若くて、自分たちの格好良さを提示するためにそれ以外をダセェなって思いこんでいたのかもしれないですが、でも、ちょっと、「あまりにもセンスがねぇよな」ってバンドも多いとは思っていましたね。アー写にしても、たくさん写真を撮っただろうに、これを選ぶのか、おれらのセンスとは違う人がいるよなっていうミュージシャンたちがいたのは確かです。いま、歳を取ってくるとそういうものも何だか許容できはじめてしまうのもおかしい話ですけれども。なんかみんな頑張っているんだったらいいよね！　みたいになってきていて（笑）。

要するに、ぼくはそういう小さいシーンにいたということです。気づいてなかったですけど。小さいシーンで勉強になったことや、小さいシーンでやっていく上で参考になることならいくらでもありました。いまから思えば、当時は大きいシーンのことを一切参考にしていなかったから良かったのかなとも思います。

メジャーはこうだから自分たちはこうしようという考えは、まるでありませんでしたから。むしろ、小さいシーンの中でどう目立つのか、ということしか考えていなかった。

ぼくが言っているシーンには、ハイスタも入っていないぐらいなんですよ。ハスキング・ビーがギリで入っているぐらいですかね……。

バックドロップボムもスキャフルキングも売れていて、西荻の人たちであるオイスカルメイツも売れていたけど、売れてるっていう基準にしても、七〇〇人キャパの渋谷クアトロとかでライブをしたら「超売れている！」って感じでしたよね、当時は。

いちばんの基準は、「シェルターが埋まるか埋まらないか」でしたから。その感覚が、時間が経つごとに少しずつ変わってきました。例えば二〇〇三年にはみるくでオールナイトのイベントをよくやりだすんだけど、あそこのキャパはなんだかんだ四〇〇だから。そう思うとシェルターの倍近くですもんね。集客の規模感については、ほんと少しずつ変化していきました。ライブの良さや面白さなんかの感じ方も徐々に変わっていったんでしょうね。

バイトの休憩時間に、レーベルの打ち合わせ

スティフィンというレーベルをやっていた経験から、レーベルのお金がいかにすぐになくなるものなのかはわかっていました。

例えば、音源が売れて一〇〇～二〇〇万円ぐらい入ってくる。でも、何だかんだでその後の一年

に五枚ぐらい音源を出しているうちに、すぐになくなるものなんだなぁということは肌感覚でわかるようになりました。まぁ、このあたりは最初は原価計算や値段のつけ方も間違っていたのもありますね……マジでわかってなかったですしね。あと会社じゃなくて、個人だから支払いをその場ってのばかりで、それがいちばん大変でしたね。いまは請求書を送ってもらって、一ヶ月後や二ヶ月後に支払うという流れだったりするのですが、当時はスタジオ代金やジャケット代金やプレス代金も全部その場。流通会社から売り上げが入るのは大体発売後二ヶ月後で。でも払うほうは発売の二ヶ月前くらい。これはきつかった。マルイから借金もしてましたね（笑）。支払いと入金のペースが四ヶ月も違うので、すぐになくなるという。

ただ、こんなにあっというまのペースでなくなるのがお金というものなんだ、と知れたのは収穫でした。だから、三〇万円とか五〇万円とかの単位であくせくしている場合じゃないんだ、といつも思っていたんです。目先の資金に執着するのではなく、長い目で貯金と運営をしていかないとやりたいことができないなと。貯金っていうとしみじみしますね。運営資金ですね。

YOUR SONG IS GOOD のイベントで得た売り上げも、録音で使おうと思ってちょっとずつ貯めていました。スティフィンの資金には頼らずカクバリズムというレーベルの中だけで進めていこうと思って。

シェルターが満員になると、だいたい二〇〜三〇万円ぐらいギャラとしてもらえました。満員にならない場合でも一五万円や二〇万円の上がりになっていました。そこから五万円をレーベル資金に回して、一〇万円をバンドにバックする。このあたりはメンバーにも話していたことでした。最初の7インチの音源の制作費にしても、そうやってイベントのお金をコツコツ貯めて作ったような気がします。

ジュンくんが前にやっていたフルーティやスクールジャケッツが好きな人たちのおかげでYOUR SONG IS GOODのリリース音源が順調に売れたところもあったんです。既に解散していたけど、それほどフルーティの人気はすさまじくて、いい流れができていたんですよね。フルーティのことが好きな人たちが「ジュンくんはいまは何をしているのかなぁ」と思っているところに、YOUR SONG IS GOODが出てきたという感じでした。

だから、前にも話しましたが、最初の頃のYOUR SONG IS GOODの目標は、まずはフルーティを超えることでした。

フルーティはシェルターを満員にしていた。それは、YOUR SONG IS GOODも最初の7インチの発売の時に満員にして、達成できました。その時、「ようやく（フルーティと同じところに）来たよね！」とジュンくんたちと話したのは覚えています。

じゃあ、次にフルーティ以上の展開をするにはどのライブハウスでやるのか。シェルターは大好きな場所だけどあくまでもロックを中心としたライブハウスだから、もう少し一般の人が来やすい場所でもいいんじゃないか？　とか。あとやっぱりフジロックに出るぞ……なんて、ぼくは根拠もないのにあれこれ言っていましたね。

ユニオンの店頭でレジをやっている時でも、そんなことばかり考えていました。

いま思えば、バイトの時間ってすごく良かったんです。あ、この人はこういうのを買うんだ、という反応が見られましたし。それに、当時はギリギリ、店内で中古レコードをかけても良かったんです。そのうち怒られて新譜しかかけられなくなったけど（いまはまた中古もかけていいっぽい）。知らない音源をかけて売れたりしていく様子が、また勉強になっていました。

ユニオンには、YOUR SONG IS GOOD 関連の仕事の電話もかかってきていたんです。角張くん、電話だよ、なんて言われて話させてもらっていたから、それはユニオンはもう寛大な会社でしたよね。

トイレに行って内緒で電話したりしていたけど、絶対バレていただろうなぁ……。で、休憩時間に下北から三茶方面に走って打ち合わせに行って帰ってきたりもしてた。本当にユニオンで良かったです。

YOUR SONG IS GOODと一緒だから、音楽で食おうと思えた

YOUR SONG IS GOODとは、スティフィンの時とは違う音源の作り方を模索してもいました。

スティフィンの場合はどちらかというと、その活動期間中にできた楽曲のまとめというか、新作のために作った楽曲というより、これまでの活動でできた曲をアルバムとしてまとめるってのがレーベル初期は多くて。アルバムに対して、レーベルとしても明確なディレクションなんてものはなく、「ライブもいい！　楽曲もいい！」からリリースさせてもらっていた。いま考えると何もしてないような気がするけど、当時は何の気なしなこの感覚が大切だと思っていたし、いまもどこかで大切だなとはもちろん思っている。もちろんレーベルを数年もやると「リリースするなら」という感覚が芽生えるので、って当たり前ですが、ディレクションとまで言わなくても、こうしたら？ってのが出てきたりします。そこで、カクバリズムとしては、アルバム制作の流れの中で、レーベルとして、より意見を細かく擦り合わせるようにしました。これは昨今もはや当然のことですが、当時は数年後のことや一枚目をリリースしたあとのビジョンなどを考えて音源を作っている人がまわりに全然いなかったのです。

なので、YOUR SONG IS GOODとは、7インチでリリースしようとか次のアルバムにはこうい

ったアイディアはどうだろう？　など投げたりしていって、そういった制作のはじまりから関わるようになっていったんです。収録曲の全体のバランスにも意見を言うようになっていった。アーティストに意見を言ったり、話し合ったりしながらアルバムを作ること自体、当時の自分にとっては新しかったんです。これってめちゃ楽しいけど、責任もほんとあるので、アーティストよりも考えていないといけないことだなって。

シングルになった7インチ『GOOD BYE』（セカンドシングル）とか『SUPER SOUL MEETIN'』（サードシングル）とかにしても、定期的にシェルターでやっていたカクバリズムのイベントでお客さんの反応を見て人気があったもののリリースになっていたんです。考えてみると、お客さんのレスポンスを自分たちで吟味して音源を作るという動きは、カクバリズムらしさになっていきもしたんですよね。このお客さんのレスポンスって非常に重要で、二〇〇二年から二〇〇四年当時って、SNSもないし、ネット上の反応って言ってもまだBBSとかだったから、フロアでの熱量というか、お客さんが「おお!!　いい曲！」って感じた時にでるワクワク感みたいなのを肌で感じると、「あ、これは絶対シングルだ」と思うんですよ。とてもいい楽曲を初披露したあとの客席の高揚感ったらないんですよ。SAKEROCKの「会社員」も最初に

YOUR SONG IS GOOD『GOOD BYE』
7INCH EP　2002年12月発売

やったあとの「うお～！」ってざわめきを覚えているし、ceroの「Orphans」の代官山ユニットでの初披露もだし、片想いの青山CAYでの「Party Kills Me」もだし。その感覚って絶対重要というか、お客さんの反応がやっぱり正しい気がしますよね。「待望」ってよく宣伝文句で使いますけど、誰が待っているんだろうってものも多いじゃないですか。やっぱり一度フロアで聴いて、早く音源で聴きたいって思ったもののほうが待望じゃないですか？　もちろんこれは局地的な考えだし、「現場」もいまはウェブを含めるところまで解釈が拡がっているので、なんともですけど。単純にレスポンスの大きさってやっぱりスタッフとしては当時からすごく気にしてました。あ、あと何よりぼくが「うお～！」ってなれるかどうか？　ではありますね。

YOUR SONG IS GOODの音源の流れでいうとファースト7インチシングル『BIG STOMACH, BIG MOUTH』、ファーストミニアルバム『COME ON』（二〇〇二年八月リリース）という、どちらかというとしっとりめでゆっくりな感じで、ロックステディ、スキンズレゲエっぽいものだったんです。ライブよりもBPM遅めで、大人びた感じでした。音源を出したあと、ユニオンの先輩から「ライブを見ている人はもっと躍動感ある音源も欲しいかもね」って意見もあったりで、それを『GOOD BYE』（二〇〇二年十

YOUR SONG IS GOOD『COME ON』
CD MINI ALBUM　2002年8月9日発売

二月リリース）と『SUPER SOUL MEETIN'』（二〇〇三年八月リリース）とで試してみました。それらがファーストCDアルバムの制作につながる非常に重要なプロセスになった。

「GOOD BYE」のアルバムへの収録や7インチリリースにしても、ライブでとにかく反応がいいから、とぼくはメンバーに推薦しました。で、やっぱりリリースしてみたら反応がすごく良かったんです。全然違う分野のイベントに誘われるきっかけにもなりました。一つひとつのリリースに熱がありますね。

誘われると言えば、二〇〇二年の冬にロッキング・タイムのライブに誘っていただいたのはよく覚えています。

ロッキング・タイムというのは、当時、ジュンくんが超聴いていたロックステディ・スカレゲエバンドです。ジュンくんよりも五、六歳上の方々ですごく人気がありました。そのマネージャーの新井さんという方が、もともとライブハウス・新宿ロフトの店員さんでもあったんだけどYOUR SONG IS GOODを面白がってくれて、呼びたいって言ってくれた。

ジュンくんは憧れの先輩でもある彼らの音源ばかり聴いていたから、光栄ですって言って、スケジュールにしてもとにかく無理矢理にでも調整して出たんじゃなかったのかなぁ。その時に勉強になったのは、ライブがすごく良かったので「めちゃくちゃ良かったです」と楽屋に言いに行ったらメンバーが既に反省会をしていたんですよね。「今日のライブじゃダメでしょ!!」って。

すごい良かったのに、本人たちは納得できていない。お客さんには、すごいと思わせて帰らせているんです、ものすごく盛り上がっていた。でも、観ていたおれらがいくら良くても、彼ら的には良くない、これがプロだよなって話をジュンくんとした気がしますね、帰り道で。それは結構、思い出ですね。

その新井さんは、YOUR SONG IS GOODに対してのアドバイスもくれました。ぼくは業界の人とあんまり二人で飲みにいったりしたことはなかったんだけど、新井さんとは飲みにいきましたね。ついこの間のようにも思えるから、時間の流れは早いですね。いろんなことが目まぐるしく動いていました。

ただ、まぁ、当時の音源ではお金はあんまり入ってはこなかったです。何せアナログなので。そこはもう、7インチシングルを二〇〇〇枚売っても販売価格は九〇〇円にしてましたから。売り上げは一八〇万円でしょう？　で、七がけで卸しているとしたら一二〇万円がこちらに入ってくる。でも、確か制作費が一枚三〇〇円とか四〇〇円とかかかっているから、録音代や送料など経費を入れると利益はほとんどなくなっていました。メンバーに金銭的に還元はなかなかできていないんです。確か、できたレコードを五十枚あげて終わりって感じでした。ＣＤは還元できているんだけれども、アナログに関してはいまもそんな感じです。それでも7インチでしっかり聴いてもらいたいし、カクバリズムのスタート地点としてこれからも大事にしていきたい気持ちなんですよね。やっぱり7インチで最高の曲を聴くと相当上がりますよ。アナログのシングルは安くってのは絶対ですよ。買いやすくしないでどうする？　って思いますよ。

徐々にカクバリズムの「音」は変化していきました。MU-STARSが入ってきた影響もあるかもしれないけど、ヒップホップやダンスミュージックの要素がより音源に入ってきているんですよね。いろいろMU-STARSの二人が風通しをよくしてくれましたね。

MU-STARSが来たことでさらに良かったのは活動の場も増えていったことですね。恵比寿みるくとかでクラブイベントをやりはじめたりしたのもその影響だったりします。

それから、さっき言ったロッキング・タイムに呼ばれたことで、スカ界隈、レゲエ界隈の人からも声がかかるようになりました。「ロッキング・タイムが一緒にやっていたバンドでしょう？」って。いまのようなジャンルをまたいだ活動をしていくようになっていきました。

MU-STARSのリリースをはじめることで、どこのレコード屋に置いたら受けるのかもさらにわかっていきました。いまはなくなっちゃいましたが、前も話したＤＭＲはヒップホップの12インチとかがバーッと置いてあったレコ屋で、当時マンハッタンレコード、シスコレコードなどと並んでポイントにすべきところだったんです。ブラジルものの再発や、ヒップホップのネタものがずらずら置いてある。そこでうちのレーベルの7インチを取り扱ってもらったら即座に馬鹿売れしたんですね。これはとても嬉しかったです。急に二〇〇枚とかオーダーきたと思ったら三日後に再度二〇

○枚きましたからね。ＤＭＲはＦＡＸでオーダーくれるんですが、「お！」って毎度なってましたね。レビューもとてもいい感じに書いてくれて、それを他のレコード店が見て、連絡くれたりもして。当時、ジェットセットという京都に本店があるレコード店が下北沢にお店を出して、YOUR SONG IS GOODのセカンド7インチシングル『GOOD BYE』から取引を開始したんですよね。関西圏でも徐々に売れて、イベントで大阪、京都と呼んでくれたりして、それこそ新たな付き合いが生まれはじめてました。ＤＭＲやジェットセットにとってもぼくらみたいなのは珍しかったようで、お互い新鮮だったというのもあるんでしょうけど、扱うジャンルが異なるお店でも置いてもらえて、それが売れたってことが結構重要で。レーベルとしても作品としても自信がつきましたね。営業も興奮してできた。ＤＭＲの人に営業して、取り扱ったら速攻で売り切れたりするんだもん、そりゃあ興奮しますよ。幸せなことですよ。

一方では、パンクの世界の人たちのほうを裏切らないようにしっかりやりたい、そこのお客さんは離さないように、と思っていました。棒立ちだったパンク、エモキッズたちも、だんだんジャンルを超えて「こういうのが面白いんだね」って踊る感じにはなってくれているんですから。そのへんには、同時代性がありますよね、お客さんにも。

バンドの音楽への欲求の成長が、お客さんの欲求の成長と同じ動き方をしていた気がします。それってシェルターにいる二五〇人ぐらいが限度の、狭い世界での動きだったのかもしれないですけど。でも渦中にいて、面白かったです。ここが世界の中心だと思っていたし、いちばんかっこいいと思っていた。

フルーティ、スクールジャケッツというめちゃくちゃかっこいいバンドをやっていた人たちがはじめたYOUR SONG IS GOODが、カクバリズムというレーベルではじめての音源を作ってくれた。それに応えたい、進めたい。そう考えて動くこと、これは、いま思えば「音楽で食おうとする選択」とも言えるのかもしれない。勝手にぼくが思い込んでいただけかもしれませんが、YOUR SONG IS GOODと一緒にだからこそ、音楽で食おうと思うようになったのかもしれません。

キウイロールの解散、スティフィン・レコーズを終わらせる

YOUR SONG IS GOODがいるからこそ、カクバリズムをはじめた。その逆とも言える動きもあったんです。スティフィン・レコーズに限界を感じていた時期でもありました。あるバンドの解散という出来事が大きかった。

スティフィンで音源を出していたキウイロールというバンドが解散すると決まった時に、ぼ

くはスティフィンを進める意味合いをどこか感じられなくなってしまった。キウイロールには、一つの大きな可能性を感じていました。

YOUR SONG IS GOODを良いと思っているのと同じように、この人たちはとても素敵だなぁと思っていたんです。将来、この人たちはずっと音楽でやり続けるべきなんじゃないか。そういう可能性を勝手に感じていたんですね。

スティフィンで音源を出してきた他のバンドも、もちろん最高だと思っているし、とても好きです。だけど、スティフィンはなんとなくレーベルカラーがはっきりしてきて、コンセプトもしっかりしてきた。そんな中で、「広がっていく音楽」だと感じたのはキウイロールなんです。

キウイロール『その青写真』
CD ALBUM　2003年12月発売

例えば、一つのモチーフがある。あるバンドに対してのオマージュだったりする場合もある。ぼくだったら、フルーティが好きだったからということでスノッティというバンドをやってもいました。もう一つやってたボーイズ・ナウっていうバンドは、あまりモチーフがないバンドだったんですね。音楽性がちょっと停滞してしまうと、それだけで動かなくなるバンドでした。産む苦しみって普通に大変じゃないですか（笑）？　それを越えられない。スノッティなら、フルーティっぽさや、その他ぼくが好きなバンドと近ければ近いほどいいというバンドだったんです。そういうのって、どちらにしてもすぐ終わるんですよね。バンドが終わる時も、そこまでって感じだった。もちろんやり方次第でやり続けることもできたでしょうけど、面白いかは、やってみないとですよね。
でも、キウイロールはそういう範疇のものではなかったんです。オリジナル作品でメジャーに行ける可能性もあるバンドだと思っていました。いろんな人に聴いてもらうべきバンドだ、とぼくは判断していました。それができなかったのは、当時のぼくの力不足でもあったなぁといまは痛感しています。
YOUR SONG IS GOODはのちの二〇〇六年にメジャーデビューします。キウイロールは二〇〇四年の終わりに解散しています。キウイロールがもしメジャーデビューしたとしても、売れたかどうかはわかりませんし、解散していなかったかどうかもわかりませんが、そこには勝手ながら一つの後悔というものがあったんです。キウイロールのみんなはいまだに音楽を続けています。解散の理由は様々だし、高校から続いていたので、バンドとしてはやりきっていたのかもしれないし、最後のアルバムもシングルも最高の出来栄えだったし、いまだに支持されているので、なんにも間違ってなかったかもしれない。ただ、勝手に後悔している。ぼくにもっと能力があればとか、いつも考えてしまいますね
可能性ははっきりあったバンドでした。それを伸ばせないという自分の無力を感じた。自分で勝

手に、スティフィンでやる範囲はこのぐらいと決めつけていたのかもしれません。

いま思うと、当時のぼくの限界はそこだったというだけだと思います。だからこそ、いまはマネジメントに力を入れているような気がします。マネジメント能力があれば、音源を出す前後にやることについても考えられるし、もう少しいろいろできたかもしれない。

レーベルだけをやっているなら、ドライに言うなら、出して終わりというところもたくさんあるんですよね。「それじゃダメでしょ」って言ってくるバンドもいます。それ以上やらないとダメでしょ、とレーベルに期待するような風潮もあった。ただ、スティフィンをやっていた当時は、熱意はありながらも「ここまでしかやれない」っていうか、「できない」し、そもそもやり方が備わっていなかったというのもありますね。当時は「ここまでやればいいんじゃないか」という思いもどこかであった。そのラインに気づきはじめた時期でもありました。

マネジメントとは？　レーベルとは？　その垣根を気にすることなく動くべきだと思うようにもなりながらも、ぼくの頭の中にはマネジメントっていうのはまずレスポンスやオーダーが先にあって、その対応をするという普通の捉え方もあった。能動的に反応を取りに行って、その反応を次につなげるように組み立てていかないといけないんじゃないか。そういう視点で見ると、ぼくはスティフィンのリリースの仕方に限界を感じたんだと思います。ただ、別の角度から見たら全然限界なんてない。そこには気がつけていなかったのかもしれません。でも自分でも知らず知らずのうちに、新しいこと、広がっていくこと、自分の大好きな音楽がより多くの人に聴いてもらえるかもしれないという可能性が高いほうに寄っていったのかもしれない。だからといっていきなりメジャーがいちばん、という考えになるわけでもないですから。自分らで自分らのことをできる限りスムースに、無力さを感じることなく続けていって、新しい気持ちで「仕事」をできないだろうかと。その方法を模索していました。

するとおのずと、アビちゃんも忙しくなっているのもあって、スティフィンは徐々にリリースが減っていくことになりました。リリースするとしてもこれまで以上にパーソナルなものだったり、金銭面でもぼくの個人貯金でリリースするようなものだったりと、意味合いを変えていきました。

いろいろな視野が増えていくと同時に、どこか区切りをつけたというか、そう言い切っていいのか自分でもわかりませんが、感覚的にはより「レーベルマネジメント」という選択を、アーティストのマネジメントもレーベル運営も、垣根なくやれるように仕事をしていくことを目指していたと思います。

アルバム『YOUR SONG IS GOOD』が状況を切り拓く

YOUR SONG IS GOODにとってもカクバリズムにとっても転機になったのは、『YOUR SONG IS GOOD』（二〇〇四年十月リリース）というファーストアルバムでした。

ライブハウス界隈でバンドの音楽性が徐々に浸透し、盛り上がっているところで間を置かずに7インチ三枚、ミニアルバム一枚という音源をリリースしたこともあって、クラブや、それこそカフェなどでもやたらかかるようになって、まわりからも評価されはじめてからの、満を持してのファーストアルバムリリースになりましたし。その前に出した7インチのアナログもそれぞれ二〇〇〇枚ぐらい売れていたというのには、勢いを感じていました。二〇〇〇枚って当時としてもめちゃ多いですからね。

アルバムは本当は二〇〇三年がいいのでは？　と思っていました。ミニアルバムが二〇〇二年だったから、翌年がいいのでは？　となってましたが、なかなか進まず。そして二〇〇四年。収録曲は既に七割はできていたけれども残り三割はできていなかったから、録音の最後は結構ギリギリだったんですよね。メンバーは録音直前にジュンくんが仕事を辞めたってのがあったけど、他のみんなは全員働いていたから、平日の夜にみんなで吉祥寺のゴックサウンドというスタジオに集まって、夜の八時から十二時ぐらいまで録音を進めていきました。

このアルバム以前に既に音源を作っていたから、録音もその数だけやっていたわけだけど、当時は、まだわからないことがたくさんありました。この『YOUR SONG IS GOOD』も、録音してみたらゴックサウンドならではの天然リバーブ成分が多くなっちゃって、ロカビリーみたいな音質になってしまったんです（笑）。当時はジャジーなヒップホップも流行りだしていたからクールでデッドで格好良い音にしたかったんだけど、それはなかなかうまくいかなかった。全く真逆に近いというか（笑）。でもエンジニアの近藤さんにお任せしていたのもあって、いい演奏は録音できていた。そこは自信あったんですよ。

音質に関しては「さてなぁ」と思いながらも作りかけの音源をユニオンのスタッフに聴かせてみたら、予想外に反応が良かったんですよね。「すごくいいじゃん」「いま、こんな音でやってるやつ、いないよ」って。それを聴いてから改めて音源に当たってみたら「本当だ」と思った。めちゃ新鮮だった。これは面白いなって視点になったというか。あそこでヒップホップっぽい音に寄せていたら、逆にダサかったかもしれないですね。ぜひいま聴いてもらいたいですね、当時から十年後も新鮮に聴ける音楽ってのもテーマであったので、現在もいけるってのは、ほんと間違いじゃなかったですね。ユニオンっていう音楽好きが集まる場でいろいろ試させてもらったのもありがたいし、その「試してみる」って感覚で臨む現場を積み重ねてここまで来たから、それはいまも信じられる感覚です。

で、YOUR SONG IS GOODのみんなにもそのまま「いま、こんな音でやってるやつ、いなくないですか?」って訊いてみたら、メンバーからもオーケーが出たんですよね。

『YOUR SONG IS GOOD』は試行錯誤の痕跡がにじんではいたけど、どの曲も粒揃いでした。その内容と発売のタイミング……これ大切なんですよ! ジャンルレスな活動が面白がられて、雑誌などのプロモーションもこれまで以上に動いていたんですよね。そんな中タワーレコードが発行しているフリーペーパーの「バウンス」の表紙も決まったんです。学生の頃から熟読していたフリーペーパーだったので、めちゃ嬉しかった。「バウンス」の表紙って本当にすごいことなんですよ!! 表紙でお願いしたいんですけどいいですか、と電話がかかってきて。渋谷パルコの交差点で電話を受けたんですが、覚えてますもんね。ガッツポーズというか、拳を握りましたね。あとは、「インディーズ・イシュー」の表紙をやったのも忘れられません。スティフィン時代も合わせたら、レーベルをはじめてここまで来るのにたぶん五年くらい経っているんです。はじめての表紙——フルーティはユニオン発行のフリーペーパー「エクストラ」の表紙はやってましたが——です。

もちろん、「バウンス」の表紙をやるのにも広告を出したりするから結局お金はかかるし、タワレコ全店で展開してもらえたんですがそこでも販促費のお金がかかることにはなりました。しかしながら、ここで萎縮するより、当たって砕けろの姿勢でいこうと思い、流通会社にもいままで以上の販売促進費をかけても売ろう！　と打ち合わせを重ねて、少しでも広がるように、でも絶対かっこよく売ろうと思って動きました。これってユニオン基準ではありますが、スペシャルなバンドだから、お店でもスペシャルに扱ってほしかった。こうしたこれまでよりも大きな売り方や動きに対して、これまでカクバリズムのイベントに来てくれていた人たちが、バンドやぼくたちと同じように喜んでもくれていたんですよね。

アー写にしても雑誌の表紙写真にしても、アーティスト然としたのはどうも格好悪いから、いつもよく行っている中華料理店で撮ろう、わははは、とおれらが面白ければいいやって感じで進めていきました。いま思うと面白い側面ばかりな気もしますが、「バウンス」の表紙の写真はいまでもすごく気に入ってます。

ユニオンでレジに立っていても、アルバムはすごく売れていました。

当時、タワレコ新宿店には樋口さんという、ぼくと同い年でこのアルバムをたくさん売ってくれたパンクの担当の人がいたんだけど、「YOUR SONG IS GOOD を全然知らないお客が試聴して買ってくれていますよ」って連絡してくれもした。これほんとにそうで、バンドを全然知らないＯＬさんとかが買って行ってくれてました。インストアライブを屋上でやったり、特典も各店舗違ったりと試したことがなかったこともしてみたんですよね。これまで以上に規模感を大きくもしてみた。やっていたことが広がっていくのを実感したはじめての瞬間でした。友達、バンド仲間もすごく褒めてくれた。

徐々に伝わっていきそうなモチーフがたくさんあったんです。インストバンドの売り方にしてもできることはありました。ちょうど、日本でもインストバンドが徐々に増えてきていて、そういった気持ちのいいものに対しての需要はパンク業界から見ても既に感じられていました。

CDのジャケットはメンバーのモーリスによるものです。彼がイラストレーターなので、いろんなパターンがあるよなぁってずっと相談をしていました。店頭ではいちばん白が目立つね、とか、文字が大きく目に飛びこむようにするにはどういうフォントにするのがいちばんいいのか、とか、さんざんあれこれ試しました。

CDの中に入っているジュンくんのライナーノーツも良かったんですよ。ジュンくんはアイザック・平蔵という変名を使っていてね。そのバンドについて紹介するテキストがジャケットの裏面に入っているという、六〇年代のレコードによくあるネタです。自分たちに突っ込みを入れなきゃ、かっこいいことなんてやり切れないっていうのがあるんですよね。いまも変わらないですね、これ。

CDをリリースしたあと、YOUR SONG IS GOOD のライブにも数社のメジャーメーカーの人たちが観にくるようになりました。

振り返ると、二〇〇四年ってのは個人的にも重要な年でした。大学を卒業して三年で、二十五歳から二十六歳になる時で、そろそろ結果じゃないけど、経緯も含めそれなりの「何か」があってほしかった。これ、そこまで当時焦っていたわけでも、欲していたわけでもないけど、前にもぼくを怒ってくれたセッチューフリーの千葉ちゃんが「二十五歳越えて音楽なりレーベルなりを続けるなら、それなりの結果がないといけないんじゃない？」って言っていた時があって。そんな一概には言えないってわかっているけど、聞いた時心が揺れ動いた言葉で。音楽にとって結果というのは、あんまり着地点にしたくないものですが、必要なものでもあり、見ないと進めないものでもある。でも、結果がすべてではないと言えてしまうのも音楽だし、その通りだと思っていて。そこに至る経緯を含めて自分が納得し、そして「前向きな考え」という名のもとに結果に向かうならばと考えてました。そんな二〇〇四年。プライベートもそこそこ大変だったんですが、その大変さが、YOUR SONG IS GOODのファーストをしかと売りたいという気持ちを支えていたとも思いますね（笑）。

『YOUR SONG IS GOOD』って意識が変わったアルバムでもあったんです。発売前に思ってた以上に売れたし、聴いてくれた人たちのレスポンスも大きかったし、パンクとは違うシーン、ヒップホップ、ソウル、スカ、レゲエの方々からも声をかけていただけるようになりました。想像以上でした。

ライブをやった時も物販でＣＤの売れる勢いが、すごいんです。それこそＯＬさんや若い女の子をはじめ、男の子もおじさんも、といろんな年齢層の人が買ってくれていました。

客層がほんと幅広くなったというのを目に見える形で実感できる感じでした。いま振り返ると、そういう変化ってウェブだとあんまり拾えないレスポンスと言えますかね。現場でちょっとずつ時間かけて起きる変化だからかな。

そしてようやく二〇〇四年、大変な年が終わったなーと思って、二〇〇五年はより良い年にしたいと思っていた矢先に、イベント制作会社のスマッシュから電話がかかってきたんです。すぐに打ち合わせさせてほしいと。「はぁ？　わかりましたー」と何がなんだかわからないのですが、すぐに出向くと、人気のない地下室に打ち合わせスペースがあって。特徴のある洋館っぽい建物なんですよ！　そこでスマッシュの栗澤さんから「YOUR SONG IS GOOD、今年のフジロックへの出演をお願いします」と。「え！！！」って。「ホワイトステージです」「え！！！」という流れでした。あれはびっくりして、帰りは駅に向かわずに歩いて、天現寺の歩道橋の上で一人泣いてましたからね（笑）。

フジロック出演、メジャーデビュー、順風満帆なはずだった

二〇〇五年のフジロック出演が決まった時、ぼくは何かこれまでのことをいろいろ思い出して、事務所でも嬉しくてつい泣いてしまったんですよね。

その時、近くにいたジュンくんも、自分もグッと来ていたからこそ照れ隠しみたいに、「……泣いてんの？」「うわ、泣いてる！」ってぼくをからかって。

まぁ、その時には最終的にぼくがそのイジり方にちょっと怒った(笑)。そんなこともあったなぁ。みんな嬉しかったと思います。モーリスは電話した時寝ていて、対応が素っ気なかったりしましたけど。誰もフジロックには行ったことなかったけど、単純に嬉しかった。ぼくは状況がわからなすぎて関係者に迷惑をめちゃくちゃかけたんですけどね。宿泊のことも移動のこともよくわからない。でも現場のスタッフの人たちには大目に見てもらっていて。ほんといまじゃ恥ずかしくて申し訳ないんですけど、だからいまだに頭が上がらない人たちばっかではありますけど。

その後、レコード業界のいわゆるメジャーメーカーのうちの三社から「うちと契約しませんか？」という話があったんです。インディペンデントレーベルとしてのプライドがずいぶん前から勝手にあるもんだから、メジャーの話は「う〜〜〜ん」という気分でした。声がかかったことは素直に嬉しいけど、さてなーという感じ。いいところで言えば、やっぱりバンドの知名度、認知度が上がる可能性が高い。ＣＭや映画の劇伴などの音楽仕事が増える可能性がある。いま以上の営業含めた宣伝の規模感も向上するし、そして何より動く人数が多い。

メリットもデメリットも踏まえてみんなでほんと半年以上話しましたね。そもそもサラリーマンがバンド内に二名いるので、リハにしてもライブにしても楽曲作りにしても他のバンドよりスピードがゆっくりだし、そこまで多作なバンドでもないので、二〇〇四年にアルバムを出して、二〇〇五年はライブ三昧でした。そんな中、そのライブ三昧にずっと付き合って遊んでくれたのがユニバーサルミュージックの米山さんだった。米山さんは当時三十八歳で、ドリカムとか山崎まさよしとかも担当していたけど、すごく音楽が好きで、ぼくらのノリにできる限り付き合ってくれてました。いま思うと、相当我慢強いですよね、一年くらい一緒にいてくれましたから（笑）。ぼくらがあーだこーだ言って決めないもんだから。長い時間話してて、メジャーのお話を受けることになりました。と文章にすると短いですが、みんなで相談し尽くしましたね。メジャーに対する勝手なイメージもあったし、YOUR SONG IS GOODがメジャーでどういった活動をしていくべきなのか？　インディでやっていけるんじゃないか？　と思いながらも、YOUR SONG IS GOODをさらに多くの人に聴いてもらいたいという気持ちがあり、個人的なエゴはとりあえず考えずに、メジャーでやってみようと思ったんですよね。海外にもつながっているユニバーサルミュージックと契約したから、インストだし「もしかしたら、アメリカでも聴いてもらえるようになるかも」なんて、夢も広がっていたんです。それに何よりバンドとして、生活を音楽にシフトすることができるんじゃないかと思ったんです。これがいちばんだったかもしれません。

二〇〇一年ぐらいからずっとYOUR SONG IS GOODと一緒に走ってきたわけじゃないですか。フジロックの依頼やメジャーからのお誘いは、それまでやって来たことが認められたんじゃないかって気もしていたんです。ただひたすら小さなライブハウスでみんなで楽しみながらも切磋琢磨していたYOUR SONG IS GOODに一つの道が開けたんじゃないかってね。大げさですが、右も左もわからないもんだから、やっぱりお客さんの反応もそうですけど、こういったレスポンスがあるとへんに嬉しかったですね。音楽って別に売り上げとかは数字になりますけど、楽曲の良さとかライブの良さが数字で出せるわけでもないから、反応ってマジで大切なんですよね。友達が反応してくれたってだけで全然違う。ほんとそう思います。

なので、多くの人が観てくれて楽しんでくれた結果なんじゃないか、と肯定的に受けとめていました。いままで感じてきたパンクとかハードコアの世界の純粋さやライブの格好良さ、それから音楽の純度の高さには、偽りはなかったな、と思いましたね。なんら変わらないなって。

ただ、YOUR SONG IS GOODのその後のメジャーでの活動については、もちろん一生懸命挑戦したものではあったものの、もしも当時のぼくに経験値がもっとあって、事務所としても体力がもっとあったら、違う展開があったなぁと思うことはいま現在多々あります。メジャーデビューしたとはいえ、ぼくが現場から離れてしまうわけではありませんでした。制作、マネジメントとしてバンドに関わり続けられていた。ユニバーサルの人たちから言われたことに対しても、当時のぼくとしては精一杯、数年後のバンドのことまで考えて対応していたはずだけど、もしかしたら、もっと違う仕事のやり方ができたのかな、とも思うんです。

メジャーの人からのちにぼくが言われる「売れない」という言葉と、ぼくが見てきた「売れている」という感覚とのズレを埋めるつもりもなく、メジャーの人たちに対して親切な説明をしなかったところがあった。

ぼくは、根本的にはインディレーベルでやっていくみたいなあり方がかっこいいと思っていたから、YOUR SONG IS GOODには、むしろ、「メジャーでやったあとでもちゃんと戻って来られる場所をインディに作っておいてあげることが美学」みたいにして構えてもいたんです。

ただ、これって、もしかしたら、そもそも「退路を絶って、メジャーで一発かまして成功する」という可能性を考えていなかった姿勢のあらわれでもあるんですよね。意識的には、もちろんそんなつもりはなかったけれども、無意識のうちに、インディに帰ってくることを想定していたのかもしれないんですよね。セルアウトせずに、いい感じで売れるためには……って思っていました。これはいま振り返ると本当によくない部分ですね。反省材料です。いまなら、メジャーでマイペースにリリースを続けていくにはそれはそれでやり方もあったとは思いますが。ただそのせいで、メジャーでダサいことはしないって選択をするようにはなるので、そこは良かったなって気がしています。

YOUR SONG IS GOODがメジャーデビューしたのは二〇〇六年ですが、その前年には、うちにSAKEROCKが来ています。YOUR SONG IS GOODのメジャーデビューのあと二〇〇七年一月には、キセルがうちに来て活動しはじめている。インディレーベルとしてのカクバリズムは、考えてみれば順調だったんです。

メジャーとの契約が終わったキセルを、うちでその後にはっきりとリカバリーできた。悪い言い方をすればメジャーから「落ちた」と言われたバンドをカクバリズムのやり方で精力的に活動できるように支え、メジャーの頃以上に売り上げや評価、そして存在感を高めることができた。これはあとで詳しく話しますが、ぼくもディスクユニオンのバイトを徐々に離れて、レーベルとマネジメントのみを仕事にしていけていた時期だったので、いろいろと時間をかけられるようになってました。

実はキセルが復活していくその渦中にいながらも、ぼくは正直なところ、「これって、YOUR SONG IS GOODが戻って来る時にも使える方法かもしれない」なんて思いながら仕事をやっていたところもありました。これはレーベル・マネジメントとしても一種の自信になりました。当時メジャーから契約を切られるバンドが増えていて。そこまでセールスがよくないと、ある程度の時期をすぎると淘汰されていきました。つまり契約が延長されないんです。音楽業界もちょうど変換期だった気もします。もう十年以上前になりますね。iTunesが二〇〇五年から、iPhoneが二〇〇八年に日本初上陸。配信によってCD販売店が減るとか言われはじめて。まだ野外フェスはいまほど定着してなかったけど、これからはライブだなんだ言われて、ライブ人口が増えはじめた頃です。My Space、YouTube（二〇〇五年二月にサービス開始）などの登場もあって、よりDIYな形で音源を発表できるとみんなが思いはじめた時期です。インディペンデントなやり方に追い風が吹いている感じもあった。だから、キセルをカクバリズムでやらせてもらうことになった段階で、メジャーじゃなくても、という肌感覚はどことなくあった。

これまでやってきた仕事の中で、やらなければ良かったなぁ、とぼくが後悔していることってほとんどないんです。でも、後悔って言葉とは少し違うんだけど、もしあのタイミングでこういう選択をしていたらとか……とモヤモヤしていることはいくつかある。そのいちばんが、YOUR SONG IS GOOD のメジャーデビューなんですよね。

もしも、メジャーデビューをせずに、いまよりもさらに「他にない存在」というままでインディのバンドであり続けて、いまのハウスミュージックをやっている状態にまで進化してきたら、シーンの中でどんな位置にいたのだろう。

メジャーデビューした時には、アロハを着てレイをかけるというメンバーのアイコンを作って、のちにその服装の縛りはすべて排除したりもするんですが、もしあの服装のまま粘って、いまの音楽をやっていたら、どんなミュージシャンになっていたんだろう。

そんな「もしも」の数々を、ふと考える時はあるんですよね。何かがあったのかもしれないところを、その後に諦めざるを得ない状況になってしまったわけだから。

これ、言っている意味、なんとなくわかりますかね……。誰を責めているわけでもないんだけど、疑問に思うと言うのかな。「メジャーに行かずに、インディであと一枚、音源を頑張って出していたら、風向きは変わっていたのかもしれない」とか、大好きなバンドだから「もしも」が尽きないんです。実際にはそうではなかったわけだから、「もしも」が実現していた時のことは、誰もわからないことなんですけど。

ただ、正直なところ、メジャーに行くかどうかでいろいろ話し合ったり考えたりしたことは確かですが、当時のぼくたちは、「もしメジャーに行かないとしたら、それでメジャーデビューに代わって何をするのか」という問いに対するビジョンは持っていなかったわけです。

ぼくはその頃、二十七歳になるぐらいの年齢でした。当時は「まだ若い」って思っていたけど、まぁなかなかの年齢ですよね。YOUR SONG IS GOODのみんなも三十代前半でした。自分たちでは盛り上がっていたからわからなかったんだけど、実はそんな歳でインディからメジャーにデビューしてうまくいったモデルケースもいなかったわけです。身近にビート・クルセイダーズ（二〇一〇年解散）がいたけど、音楽性もちょっと違くて。

そういったメロコアやミクスチャーの友達のバンドの行く道はさんざん見てきたけれども、そもそもYOUR SONG IS GOODはインストバンドだから、単純に他の人たちの活動と比較検討できるわけでもなかった。

しかも、ぼくは根元はメジャーに対しては「本質的にアンチ」という立場を取ってきていた。大事なバンドが商品として扱われることには疑問もありました。もちろん、YOUR SONG IS GOODがインディにいた時には自分でも商品にしていたんですけど、それとは多少違うニュアンスがあったんですよね。

インディでは、好きなアーティストの音源を自分の手で渡したいし、自分の手で売っていくという考えでやっていましたが、そういう手売りというか小商いというか、手塩にかけさせてもらってきたみたいな要素は、なくなっていくように感じられていたというのが正直な印象でした。

カクバリズムのやり方とメジャーでのやり方とはやっぱりどこかで根本的に相反するものがあった。ただ、そうでありながらも、メジャーに行けば行ったで新しく面白いことができるんじゃないかとも期待していたんです。メジャー行きを一〇〇パーセントでは肯定できていなかったからこそ、メジャーというステージをうまく活用できなかったのかもしれませんね。前にも話した通り、ここが本当に反省点ですね。もっとうまくやれるやり方がいまだったらたくさん浮かぶ。ただやれなかった、やらなかったから、いまのいい形があったりするのも確かだからこそ、なんだか考えてしまうんですよね。

もう、YOUR SONG IS GOODはメジャーアーティストなんだよなぁ……

ユニバーサルの人たちは、「インディ出身ならではのやり方で、好きなことをやってみてよ」とは言ってくれていたんです。でも、それはもちろん、「売れて欲しいけれども」という但し書きが入る範囲の中での「好きなことをやってみてよ」だったわけですけれども。まぁ当たり前ですよね。大人の話。仕事です。

ただ大きなレコード会社のアーティストの中では、ある意味では「文化的なワク」として採ってくれたので、YOUR SONG IS GOODにとって、ユニバーサルという会社の居心地は良かったんです。例えばフジロックに出演するのは当時はユニバーサルの中でぼくらしかいなかった。ユニバーサルのスタッフのウケもすごく良くて、可愛がってもらっているなーって感じでした。みんな前向きに動いてくれるというか。

音源作りの予算や契約金などはカクバリズムよりももちろん潤沢でした。これはとてもいいところで。だから、うまくいったらいいな、メジャーでダセェことにならなければいいな、と思っていたわけですけれども、さっきも言ったみたいに、その姿勢自体がそもそも弱腰なんですよね。これじゃ突き抜けない。もちろん突き抜けないメジャーのやり方も全然あり得るんですよ、いまならば。

ただ当時はメジャーって、「何をしてもいいからここで生き抜くんだ」と食おうとして攻めている人がたくさんいる世界ですよね。その環境で、自分たちならではの格好良さを維持して、自分たちのわがままを貫き通して音楽をやっていくのって相当なパワーと知恵、努力が必要で。それなのに、「セルアウトしないように」っていうのは、これはちょっと上品すぎだったかなと思います。

チャンスの打順はなかなか回ってこないから、回ってきたら遠慮しちゃダメだなと。ただこれもバランスで、「セルアウトしないで売れる」やり方も確実にあるし、のちに源くんがビクターでソロとしてメジャーデビューしてマネジメントを大人計画から引き継いだ際には、じっくり腰を落ち着けて、マネジメントということを存分に踏まえてうまく展開できていたりしましたし。ただそれでも必死でした。一人でも多くの人に聴いてもらいたいという意味を考えて行動すると、やっぱり当時はもう少しうまくやるやり方があったんじゃないかというね。そんなメジャーでいちばん苦戦したのは、やはり制作のスピードでした。YOUR SONG IS GOOD はそんなに楽曲制作のスピードが早いバンドではないので、これがいちばん苦しかったですね。土日しかライブもできないので、時間が限りなく少なくて。平日をもっとうまく使いたいってストレスはメンバーもぼくもユニバーサルの人もありましたね。ただそういう形でもって決めてメジャーにいったので、この制作スピードとの戦いでしたね。それに、メジャーと仕事をするのがはじめてなもんだから、ぼくはちょっとしたことで傷ついたりもしていました。音源のサンプルができたら、制作として仕事に入っているおれよりも先にそのサンプルを持っている業界関係者がたくさんいたことなんかも、そうです。

これ、メーカーが作っているんだから、配り方にしても会社の自由なんですけどね。でも、できた音源のサンプルをはじめて聴くのは他の誰でもない自分で、そこから発送したり「送りますね！」って連絡したりするやりとりが当たり前だったぼくからしたら、「関わっているからCDにはカクバリズムのロゴも入っているけれども、もう、あっち（メジャー）のものなんだよなぁ」と思わざるを得なかった。本当に勘違いだったんですけど、気持ちではYOUR SONG IS GOODと同化していたから、そんなふうにまで感じてしまっていて……。軟弱すぎるというね。

さっきも言った通り移籍先のユニバーサルミュージックの担当の人たちは、理解のある人たちばかりでした。

YOUR SONG IS GOODの活動のコントロールもハンドリングも、自分たちでさせてもらえていたんです。音楽が好きな人たちだから、夜に一緒に遊んでもいたし、「絶対これにしなさい」なんてこともなく、自由にやらせてもらえていた。たまに「ボーカルをフューチャリングしない？スカパラみたいに」って言われたりしたけど。いやです！って（笑）。でも、メジャー一年生のバンドであるYOUR SONG IS GOODと、メジャー一年生のマネジメントのぼくだから、結果的には迷子になってしまった部分がありますね。

メジャーの中のインディ性ってあるから、それをやったほうが目立つよなぁと思っていたんだけど、ぼくたちはメジャーの中で、あまりにもインディ的なことをやろうとしすぎていたのかもしれません、いま思えば。

せっかく音楽を伝えるための出口がいっぱいあったのに、自分たちで自分たちの活動を制限していた気もするんです。ぼくも、バンドマンみたいな姿勢で「これ、ダサいですよ、やめましょう」みたいなことばかり言いすぎた気がするんです。

そのくせ、目標が高かった。ジュンくんとぼくとの間には、メジャーと契約している期間にある程度売れて、それでメンバーにサラリーマンを辞めさせたいという考えがあったんです。でも、そのためには、例えば月に三〇万円ぐらいの利益をメンバーそれぞれに渡すには、これは六人もいるバンドでは一八〇万円の利益を毎月出さねばならないわけで、相当がっつりやりきらないとダメでした。

人数が多いバンドって結構金銭面で苦労することは多くて。スリーピースバンドなら音楽の売り上げだけで生活できるというケースはあります。でも、そのスリーピースでも、メジャーに在籍していてもなお、一人一〇万円とかしかもらっていなかったりしましたし。場合にもよりますけど。

メジャーレーベルと専属契約をしていても、月に二〇万円もらう人って、なかなかいないんじゃないですかね。「あんなに名前が売れていても、給料はそのぐらいなんですか?」と、普通の会社員なら驚くぐらいのささやかな収入になるというのが、一概には言えませんが、バンドで飯を食うってことなんですよね。ちなみに音源の印税やライブのギャラなどもあるので、いま話したのはあくまで給料の場合です。

バンドの動きに対応しにくいマネジメントをしていた

YOUR SONG IS GOODがメジャーに行くことが決まり、カクバリズムのマネジメント業務が本格化していく中で、徐々にカクバリズムの方針みたいなものができてきました。何よりかっこいい音楽を作ることを優先するために、制作環境の整備が基本軸になりました。しっかりとした環境で録音できたり、バンドが希望する機材やスタジオでの作業ができる。これまでは制限が多々ある中での制作だったので、できるだけストレスなく音楽制作に集中して欲しいなと思ったんですよね。もちろん予算の上限はあるけど、音楽制作を最優先しても成立するマネジメント。方針ですよ、理想というか、こうなればいいなっていう指針ね。「かっこいいミュージシャンを支え、音楽を作る環境を整える」という単純明快な気持ちです。だから、彼らの活動のサポートのやり方というのは、YOUR SONG IS GOODが音源を作りたい、ライブをしたい、こういうふうにしていきたいってなった時などに、それをフォローしたり、より良いやり方を考えて動いたり、バンドだけでやっていたら制限や限界が出てくるところをなくしていくことでした。

ミュージシャンがやりたいことをやれる場所を作る、すぐにはできないことも多いので、徐々にみなで作っていく。というのがぼくの主要な役割の一つでした。それで最終的にみんなが納得する良い音源を作ってもらうための流れというか。それが、ぼくのやりたいことでもあったんですから。ただこういった活動全般のフォローはするけれども、具体的なナビゲーションというかディレクションをマネジメントをはじめた当時はあんまりやらないできていたというか、やれてなかったんだと思います。

もちろんメンバーと一緒に諸問題に立ち向かっていたので、細かい意見交換やディレクションってのはやっていたんですけど、根本にはメンバーの意向を最優先にしていたし、どこか「かっこいいことや面白いこと優先」という考えばかりでした。だから、アーティストに、「次のシングルはディスコ調でいきましょ〜」とか盛り上がって調子よく言うことはあるけれど、できてきたものを「これは、売れなそうだからやめようか」とはジャッジしない。バンドの三年先、五年先といった未来図はどことなくしか考えられてなかったなって思います。あくまでメンバーのやりたいことをフォローさせてもらうというのが当時は頭にあって。年下ということもありましたが、YOUR SONG IS GOODが好きなことをやってほしいがゆえにそういった感じになっていて。より良い活動のためにしなくてはいけない我慢というものもありますよね。例えば、やるのは大変だけど状況を打破する突破口となり得るようなアイディアだったり。ぼくはそれをメンバーに強いるのではなく、なるべくメンバーがやりたくないことはやらせないようにするマネジメントをしていたなって思います。

つまり、バンドにはやりたいことがあって、それをやるべきなんだというのがぼくの考えのそもそもの前提なんですよね。基本的には音楽活動とは何よりも本人たちの動機によって進めていくものである、という。

これが間違った姿勢とは思いません。これでうまく回っている例もあります。ただ、こういったマネジメントのやり方は、いまも悩んでますが、優しいようで優しくない。一種の思考停止なんですよね、実は。例えばマネジメント側が「こうだ！」とディレクションをして、それが失敗だった場合。バンドやアーティストのイメージや売り上げがダウンして、損するのはバンドやアーティストである。この時、その選択をしたマネジメント側が悪いのか。もしくはその選択を許したバンドが悪いのか。そして失敗した時に責任を取ることができるマネジメントなのか。たとえ失敗があったとしても、一緒にやっていってほしいとなるのか。そもそもこういった話はよくある普通のことなのかもしれないけど、その時にどうみなで立ち向かっていくのか。どこをいちばんベストな着地点や目標にするのかによってその判断も変わってきます。日々の生活と直結しているものでもなく、会社の利益や社会的な意義みたいなものがあるからというわけでもなく、そういったわかりやすい正解から多少距離があるのが音楽の仕事だったりする気がしています。そう、これも音楽の仕事だったんですよねって気がつくというか、向き合い続けて答えが出てくるのが数年後だったりするんですよね。メジャー移籍後に思っていた売り上げに届かないリリースが続き（といってもいま考えると相当良い売り上げなんですが、メジャーの場合そうでもない数字になってしまう）、メジャーでやっていく上での突破口はどこか、とみな悩んでました。ただそんな中でも毎度素晴らしい音源を作ってもらっていたので、悩んでいるといってもそんなに深刻なわけではないのですが。

一定の売り上げを立てたい気持ち。格好良い音楽性は当たり前に維持したい気持ち。それをギリギリのところで両立させたい。ユニバーサルの米山さんは、挨拶代わりのメジャーデビューミニアルバム、シングル、アルバムという流れを作ってくれていました。アルバムが売れるように階段を上っていくようなプランでした。現にメジャーではじめて出したアルバム『HOT! HOT! HOT! HOT! HOT! HOT!』（二〇〇七年五月リリース）はインディ時代の二・五倍くらい売れたので、ぼく的には「おお！」って嬉しい数字だったんですが、ユニバーサルのリクープライン（採算分岐点）を越えなかったりして。そこの

YOUR SONG IS GOOD
『HOT! HOT! HOT! HOT! HOT! HOT!』
CD ALBUM　2007年5月16日発売

差もあるというか。ある程度の予算をかけて、そこを達成しないと、なかなか厳しくて。まぁそれは契約なので、しょうがないかもですが、徐々にまわりのスタッフのテンションが下がってきたりしてきますしね。あんまりライブに来なくなるとか（笑）。マイペースなリリースをメジャーでも続けられる手法というか、そういう立ち位置を確保する前に、マネジメントとバンドのお互いの責任ではあるけど、やっぱりメジャーフィールドのスピード感がバンドの作曲ペースとなかなか折り合わなくなってしまった。メジャーにいる二年間で、アルバムを二枚は作らなければいけない。それは、もともとの契約としてそうなっていました。でも、期限までに到底リリースができそうもないタイミングもあった。

するとたとえ曲ができなくても、リリースに合わせて組んだツアーのみ開催する場合もあるわけですね。このツアーの日程については読者の方が「？」ってなる部分かもしれないので説明すると、例えばリキッドルームやクアトロなど都内や大阪、名古屋にある五〇〇から一〇〇〇人くらいのキャパのライブハウスの土日は、一年前くらいから押さえておかないとまず空いてない。だからだいたいの年間プランを作って、アルバム発売予定日、レコ発ツアーの日程を事前に組んでおかないとツアーをうまくできないんですよね。アルバム制作がうしろ倒しになり、発売日が変更になったとしても、ツアースケジュールの特に土日の調整はなかなか厳しいのです。YOUR SONG IS GOODは土日しかライブができないバンドで、月曜日には普通にサラリーマンとして出社しないといけなかったので、日曜日の夜には都内に戻ってくるスケジュールを組まないといけない。だから、なんとかツアースケジュールにリリースを間に合わせようとするんですよね。それもおかしな話で、いまだにこの矛盾はたまに頭の中でガーンって戦っています。どっちが大切なんだって話で。これが土日じゃなくて平日だったら地方なんかは組み直せたりもするんですが、良い日程の土日ってのは本当に空いてない。とはいえライブもやりたいし、できれば少しでも多くのお客さんに見てもらいたい。せめぎ合いでしたね。みなもう大人なので、ユニバーサルと交わした契約もしっかり達成できたらと思ってましたし。

そういうメジャーのスピード感を感じているうちに、ぼくとしては、「資金なりお客さんなりを自分らのシーン、ホームグラウンドに集めて、YOUR SONG IS GOODにもっと好きな音楽をやってもらうことをフォローしていきたいな」と、つくづく思うようになったんです。自分のことは棚に上げますが、インディに戻ってきて欲しくなったわけですよね。そういう好きな音楽を自分らのペースで作る時間が、当時のジュンくんたちには、とにかくどんどんなくなっていきましたから。

実際に、ぼくは他の所属バンドとの活動の中で、インディでも何とか音楽で食えるというフォーマットをつかみかけてもいました。インディに戻ってきた時のいいことは、ちゃんとあれこれ考えてあったんです。

もちろんメジャーに行って、応援してくれるお客さんが全国各地に増えた。楽しかったし、人の温かさを感じました。環境は、むしろ想像以上に恵まれていたほうなんです。いまもライブに来てくれているお客さんは、この時期にファンになってくれた方も多いです。雑誌の編集者の方や広告代理店の方などこれまであんまり触れてなかった方々ともたくさん仕事させてもらいましたし。当時の宣伝のおかげでいまもいろいろお話をもらいますしね。

だから、問題の核心は、「これまで二年で一枚のアルバムが出るか出ないかってペースの人たちが二年で二枚のアルバムを作るのは難しい」というところにあったんですよね。その一枚一枚に彼らの思う「最高の音楽」を注入するには、メジャーの制作ペースとの折り合いがなかなかつかなかった。

できた音源の広がり方というのは、リリースとリリースの間に何をしていたかによる部分も多いのですが、そこの期間は曲作り中心に動かざるを得なくなっていた。バンドをめぐる状況があまり変わらないままで、新しいアルバムを出すものだから、前作からの広がりをうまく作れなくて……という。メジャーだとプロモーションしてくれる宣伝の方々が多いんですが、どうしてもギリギリに完成するもんだから、有効活用しきれなかったり。マネジメントとして、ライブブッキングやフェスへの出演などは良い感じに作れてはいたんですけど、リリースタイミングを活用しきれてなかったなと思いますね。他の大きなマネジメント会社だったら……といまだに考えては、当時「やらなかった」「やれなかった」ことの大切さを比較していたりします。

一方で、インディのほうのカクバリズムはこの時期に徐々に盛り上がっているんですよね。SAKEROCKはもちろん、キセルの音源も、新たにカクバリズムへやってきたイルリメの音源も盛り上がっていた。そして二階堂和美さんの仕事も手伝いはじめたりしました。現場のレスポンスのありなしはよく伝わってきていました。でもインディが盛り上がることはとてもいいことで、二〇〇〇年代後半に顕著になってくることの前触れというか、現場レベルで起きていることとウェブが少しずつ親和性を持ちはじめた。メディアやメジャーレーベルの力とは関係ないところで、いままで以上に広がりを感じることができるようになってきていた。カクバリズムというレーベルがインディで盛り上がっていることは、YOUR SONG IS GOODの支えにもつながると考えるようになってきていました。

そうして、ユニバーサルとは二〇〇六年から二〇〇八年までの契約のあと一度更新し、二〇一〇年に満期を迎えたあとには更新されず、YOUR SONG IS GOODのメジャーでの活動は終わりました。アルバム『HOT! HOT! HOT! HOT! HOT! HOT!』、『THE ACTION』、『B.A.N.D.』の三枚とベスト盤『BEST』、ミニアルバム『FEVER』、シングル『THE ReAction E.P』、『あいつによろしく』、三枚組DVD『PLAY ALL』とリリースしました。当初のニューオリンズサウンドをよりダンサブルにしたニュアンスから、少しクール目な雰囲気から、パンクロック然としたインスト解釈など、よりバンドとしての意味合いを追求した四年半でした。どれも大好きな音源です。

二〇一〇年にカクバリズムに戻ってきたあとには日比谷野音でのワンマンを開催したり、二〇一三年にリリースしたオリジナルアルバム『OUT』はメジャー時代よりも多くの売り上げを記録しました。それもこれもやっぱり多くの経験をさせてもらったおかげだなと思いますね、メジャーでのタイム感を体感したこともあって独自なスタンスで音楽を続けられるようになったわけだなって。

ヴァイブスの調整が足りなかった

メジャーレーベルであるユニバーサルにいた二〇〇六年から二〇一〇年までの四年間はいろいろ思い返すことが多く、いまだに考えを巡らせたりしてます。冷静になると、ぼくはYOUR SONG IS GOODに音楽だけで生活してもらいたかったのかもしれないなとか。

音楽で生活していく苦しさではなく、楽しさが彼らの目の前に広がっていてほしいと思っていて。ユニバーサルとの契約金やマネジメント事務所としてのフォロー体制をなんとか上手く構築して、みんなの生活を少しでも音楽に向けたかったのかもなと。そのためには、YOUR SONG IS GOODの作り出す音楽をいかに良くしていけるかがいちばん大切なことなんですよね。でもぼくは、音楽を作り出す「場所」も良い感じにしたかったし、まずは場所を固めないとって、少し意固地になっていたかもしれない。狭い価値観で物事を進めすぎていたかなとも思うし、ぼくのマネジメントの未熟さばかりをこの数年考えてました。

ただ音楽の仕事ってほんと難しい線引きですけど、仕事だからとかで割り切れることばかりじゃなくて、むしろ割り切れない良さというか、仕事なんだかどうか曖昧なニュアンスもあるからこそ生まれる愛情というか、情熱があって。仕事として捉えれば優先順位も明確なものが、そうじゃなくなる場合も多々あるというか。これはたぶん甘い考えだし、というか甘えなんだけど。

いまも会社でYOUR SONG IS GOODのユニバーサル時代の音源を聴き返してますが、丁寧なアレンジが行き届いた楽曲が気持ち良く、楽しい。十年後も聴ける音楽を、と常に考えていて、十年後もこうやってフラットな気持ちで聴ける音楽をあのペースで作っていたYOUR SONG IS GOODはやっぱりすごいし、もっと売りたかったし、ビジネスライクに売り上げの大小で割り切って結果を評価できるものでもないなって。矛盾しますけど、いまもそう思えるんですよね。音楽ってのは怖いですね。

そんな大好きなバンドですら、メジャーのスピード感とは折り合わない部分があった。そりゃ反省というか今後のバランスとか考えましたよね。YOUR SONG IS GOODを今後もフォロー、サポートさせてもらうためには、レーベル、マネジメントとしての経験をより強化していくというか、ちゃんとしていかないとなって。レーベルマネジメントとしてカクバリズムができること、そしてしたいこと。肌感覚でわかってきたそれらのことを、もっと具現化していかないとと思いましたね。

インディレーベルとしては、アナログも出しながら順調にリリースを続けてはいたけど、それにかまけてYOUR SONG IS GOODのマネジメントの手を抜いたんじゃないのか？　とか、自問自答していました。二〇〇六年から二〇一〇年にかけては毎年野外フェスに出演させてもらったり、カウントダウンイベントで幕張で二回も年越しの瞬間にやらせてもらったり。全国ツアーもだし、それこそフジロックのホワイトステージに再び出演させてもらったりと、活動自体はとても精力的でした。

この時期には、レーベルマネジメントの変換をゆるやかに進めていました。ユニバーサルと契約するために株式会社化しないといけなかったので、二〇〇六年に法人化しているんですが、そのあたりからMU-STARS、SAKEROCK、二〇〇七年からキセル、イルリメ、二階堂和美と担当させてもらうアーティスト、バンドが増えた。インディレーベルとしてのカクバリズムが盛り上がりはじめた時代と言っていいでしょうかね。自分で言うのも恥ずかしいですが、所属アーティストやバンドがみな順調にリリースを続けていた時期です。自然と様々なシーンに顔を出すことになるので、得難い経験をたくさんさせてもらえてました。SAKEROCKには舞台、テレビ、映画のサントラ、キセルにはCMなども。イルリメやニカさんは、まさにインディペンデントシーンから躍進しはじめている時期で、所属アーティストたちがいろいろなところで注目されていました。

そういう中で、例えば少しの間、バンドの勢いが下がっただけでもバンドもレーベルも食えなくなってしまうという体制ではなく、レーベル内のバンド、アーティストどうしが支え合うのが良い形だなと思うようになったんですよね。そういう考えもあり、ぼくはYOUR SONG IS GOOD以外の他の様々なバンドの音源もカクバリズムから出させてもらうようになっていきました。これまでの経験を生かしたいというのもあったし、メジャーに行ったYOUR SONG IS GOODにとっても重荷にならないようよりよい関係のためににと。

この方針は、大筋では正しかったと思っています。ただ、ぼくがインディレーベル業務も兼任することによって、ある時期からのYOUR SONG IS GOODの現場のすべてには行けなくなっていたりして。それは後悔することではありますね。マネージャーが専属でいない時期でもあったので……。当時社員は、ぼくと全哉くんと経理などを担当していた道家さんという女性の三人でした。

売り上げとして効率のいい仕事、それから目の前にあってすぐにやらなければならない業務がインディでやっていることの中にたくさんあったから、どうしてもそちらばかり優先してしまっていました。図らずも売り上げのいいものに注力してしまっていた。経営者としてはそれで良いのかもしれないけれど、どこか違うなってのは感じながらも、会社の形、そして仕事の仕方をうまく変えていけなかった時期でした。まあゆるやかに変遷している余裕もなかったんだけど、そういった問題からどこか距離を置いて仕事していたというか。あとでまた話しますが、自分らだけでやりすぎているという感じがしていました。

メジャーでの後半のほうのレコーディングの現場などは、厳しかったですね。さっき言ったように、期日までに曲ができていないから。メンバーともっともっと話し合って、リリースのタイム感なんかもうまくもっと調整できたはずだよな……と思ったり、契約上の制作スピードに縛られているのがわかっていたんなら、そもそも契約から見直せたよなとか。まあこういったことは実際にメジャーのスピード感を経験して理解してからじゃないと考えなかったことですね。この良くも悪くも苦い経験が、カクバリズムのレーベルマネジメントとしての変遷の動きを進めた気がします。自分の仕事というか。役割というか。

新しい曲ができたら、こういう曲なんだよね、と内容をアーティストと確認し合って、みなでより良い形にするために努力する。じゃあ、ライブでやってみよう、とみなで盛り上がる。ライブでのお客さんの反応を見てから次はこういうことをやればいいんじゃないか、とまた話し合う。ライブがなかったら、できる限り俯瞰して聴いてみられるように努力をする。そしてそれをまた良い形にするアイディアを出し合い、それを作るのに最適なアイディアを考え、場所を作り、活用していく。ちょっと前までは当たり前にやっていたことが、当時のスピード感の中ではなかなかできなくて。もはやそういうことをするのがいいのかもわからなくなっていて。

でも少なくともぼくにとって合っている仕事はそういうことなんだと、その時にはっきりとわかったんです。

失ってはじめて「守りたいもの」がわかった

新曲を聴き、どう思うか。録音の仕方や曲の展開についてをメンバーとじっくり話し合う。そういうこと一つ取っても、それまでは無意識でやって来たことだけど、ぼくの仕事の中で実はかなり大事なところだった。むしろこれだけしか誇れることはないんじゃないかっていまは思いますし、マネジメントを仕事にしてるんならやって当然のことですけど、この当たり前のことがないがしろになると大変なんです。

それなのに、当時はレコーディング当日のスタジオで楽曲についてはじめて話すような感じにさえなってしまっていて。しかも、そもそも時間がないから、メンバーに意見をできるほど深く曲に向かい合えてもいなかった。

それでも、録音は可能な限り楽しくやっていたし、めちゃいい曲ができてくるから興奮するし、前に進んでいる気になる。でもぼくが曲を良くするための付け足しや抜き差しをできていたかというと、できていなかった。

YOUR SONG IS GOODがメジャーに行ったあともぼくはディレクターだったし、プロデューサーでもあったから音源作りのメンバーに入っていたし、本当はもっと環境作りから関われば良かったんです。どこかで「メジャーだから」みたいなものを想像して、当のユニバーサルのほうからは何も言われていないのに制限を自分で勝手にかけて、行動に縛りを作ってしまったのかもしれません。そんなことも、やってみなければわからないことでした。

YOUR SONG IS GOODがメジャーに行った頃、ぼくは二十代の後半でした。まだ経験も積んでいなかったし、自分の中でも準備と覚悟が足りていなかったのかもしれません。そこは反省ばかりですね。そんなわけで、YOUR SONG IS GOODのメジャー後半は、結構厳しかったんですよね。

これは契約は満期で切られる、更新はないだろうという感触はありました。だから、他のメーカーにもいろいろと話を聞きはしたんですけど、折り合わなくて。メジャーになってようやく定期的に給料が出るようにはなったものの、今後はそれは出ないということでメンバーの認識や生活環境を整えるまでにも、それなりの時間がかかりましたね。それもあって、メジャーの契約が切れてから一年半ぐらいは、ぼくがメジャー契約をしてから、もしものためにと思ってしていたYOUR SONG IS GOOD貯金から給料として彼らに出していたんです。でもそれはメンバーのみんなにもちょっと話してました。急にはいろいろは変えれないですからね。

でも、戻ってきてから復活というか素晴らしい作品を作り続けてくれているんだから、それは本当に良かったし、嬉しい。

カクバリズム本体の動きは、インディレーベルとしてはこの頃にはそれなりの知名度になっていたかもで、お客さんにも「YOUR SONG IS GOOD の音源を出しているレーベル」から「いろんなジャンルのアーティストの音源を出しているレーベル」という認識をされるようになっていたかと思います。

それでも、いろいろあったあとに復活してからの二〇一二年のカクバリズム十周年、みんなが集まったライブを観た時、うちのいいアーティストがたくさんいる中でも、やっぱりこのバンド、YOUR SONG IS GOOD こそがうちの大黒柱なんだよな、とつくづく感じたんです。

そう心から思えたんだから、あの期間の苦い経験も、あながち悪いものではなかったんじゃないのかなとみんなで笑っています。

ただ、繰り返しになりますが、「メジャーに行ったとしても、もっと違うやり方もいろいろあったんじゃないのか」と振り返って思った内容は、忘れないようにしているし、実際いまに生かせています。

メンバーたちがぼくよりも年上だったから、とどうしても頼ってしまってた面だってずいぶんあった。音源の方向性に関して、最終的な責任の所在をあやふやにしたまま、放置していた面もあった。それまでほとんど個人で背負っていたはずのクオリティの保証に対して、メジャーという他者が介在することによってぼくの意識が薄くなってしまっていたんです。

考えれば当たり前ですけど、責任を負わない仕事はどこか適当になってしまうんです。ぼくは目の前にやらなきゃいけない仕事があっても、他に自分の好きな仕事があったらそっちからやりはじめてしまう人間ですから、なおさらそうですよね。

当時のぼくには、インディとして、メーカーに対する反抗心だって残っていました。インディでやってたのにメジャーに行かせてしまったことに、何やかんや言ってモヤモヤしたところがありました。ここは、その後、源くんやニカさんとの仕事のように、「自分たちで好きなことをやりきる」には、いまと同じ事務所の規模やスタンスで対応し続けたいからこそ、リリースの規模を大きくすることに際しては仕事の一部を外注するみたいな感じで外の会社と付き合う、みたいな方法を知りませんでしたから。

ぼくは、YOUR SONG IS GOODがメジャーになって、自分の好きな音源を好きな時にリリースするということができなくなったあとになってはじめて、大事にしているものがわかったわけです。

何を守りたいのか、というのが、失われてはじめてわかった形にもなりました。ぼくの場合には、ミュージシャンのいい音源とそれを作る環境を守りたくてこの仕事をやっていたんだな、ということがYOUR SONG IS GOODのメジャーでの体験後にようやくはっきりしたんです。

YOUR SONG IS GOODの活動は、メジャーからインディに戻ってきたあとのほうが充実しています。ユニバーサルも契約が切れる前にできるだけのことを考えてくれました。DVD三枚組やベスト盤をリリースしてくれたので、いま思うとそれも活動をうまく続けるために効いていました。インディに戻ったあとは、日比谷野音のワンマンを開催したりと、マイペースだけど実はハイペース、という動きができていた。それこそ、キセルで経験していたメジャーからのリカバーってのをじっくり丁寧に行動に移すという。動く人数や情報を共有する人数が減ったこともあって、やれることの純度と雑味が上げられたこともありますね、わかりにくいかもしれないですけど。

インディに戻ってきたのが二〇一一年なんですが、二年の活動を経て二〇一三年に出した『OUT』というアルバムにしても、すごく評判が良かった。まわりの関係者のみんなもこぞって協力してくれた。二年間にいまのYOUR SONG IS GOODの評判がしっかり確実な範囲で伝わっていて、みんな新しいアルバムを待ちわびてくれていた感じでした。枚数で言ったら、メジャーにいた時のピーク時よりは減っているんですが、それでも、メジャーの最後に出たものよりは増えています。アルバムの出来栄えもとても良かった。作る過程はそれこそ大変でしたが、メンバーのみんなは手探りながら、昔よりさらにしっかり音楽と向き合えていた。そうやって自分らのやり方に納得して作ってくれたものが、良い出来栄えだったりする。これは嬉しいし、より売れると思う。これはメジャーが悪いとかインディがいいとかの話じゃなくて、売り上げとか契約とかあるけど、何よりも良い音楽を作り出すってところを大切にすべきって話で。インディでもメジャーでもどこでもそうですよねって。

YOUR SONG IS GOODはカクバリズムの支柱なのでひたすら良い曲を作っていいライブをしていって欲しいな、自分たちの好きな音楽により素直になってやっていってもらいたいな、と思えば思うほど、メンバーの年齢も考えた上での場作りが、YOUR SONG IS GOODに対してのぼくの役割でしょうね。いいものを少しでも長く一緒に作っていきたいです。

YOUR SONG IS GOOD『OUT』
CD ALBUM　2013年11月20日発売

音楽を続けることが大変な時代

人気も実力もあるアーティスト、バンドでさえ二〇一八年のいまは音楽だけで生計を立てていくのが厳しい時期でもあります。もちろんレーベルも。

その一方で、ネット配信やネット動画をはじめ、音楽を伝える方法は増加し、「聴いてもらう」のは以前に比べて非常にスムースになったと言われています。その点ではとても良い時代だと思うのですが、なかなかどうして、音楽で生活していく、しようとするにはうまい方法論が見いだせない時代が続いていて、その理由も多岐にわたっているように思います。

いまのぼくらのような環境で音源を作るには、それなりのお金が必要です。アーティストとしての活動の初期であればあるほど、制作資金をひねり出すことは難しいですよね。そんな状況の中、レーベルにしても個人にしても、作った音源を聴いてもらうことはできても、販売してその売り上げで生活をする、もしくは今後の活動資金にするという目標を達成してくのは難しい。制作費を極端に抑えれば、収支をプラスにすることは可能だったりするんですけどね。

ただ、ウェブを通してバンドやアーティストが音源を直接販売することが可能になり、その分作り手の利幅を大きくするやり方も出てきました。二〇〇〇年代中盤に良く言われていましたよね。

ファンを持っている人はめちゃ有効ですよね。ただこれはぼくは短期的にはいいと思うのですが、ずっと繰り返していくと先細っていくんじゃないかと思っているんです。

例えば次の音源を作ろうとします。手堅く売れる枚数というのが見えやすくなった反面、その枚数を押し上げる方策が手薄というか。そうすると制作予算も前作と同じくらいになりがちなケースも多くなるんです。ここからはレーベルの意味合いというか存在意義みたいな話になりますが、アーティスト本人だけでなく、ぼくたちスタッフがリリースとマネジメントを連動させた組織運営をすることで、そういったケースを打開することができると思うんです。ライブ活動での売り上げに加え、Tシャツなどの物販による収入も含めて次回の音源作りに活かせる。はじめは五〇万円だったのが、一〇〇万円、一五〇万円と資金を多めにかけられるようになる。そこにレーベルとして資金を投資する。これは普通のことですが。

制作費を多くかければいいわけではないし、パソコン上で完結する人も多いので、意見はまちまちですが、あるに越したことはないと思ってます。予算がかつかつだと、音のクオリティが前作と変わらないことも多い印象があって。変わらない良さもあるから、それぞれなんですけどね。だけどここではあえて、音楽をやりながらその売り上げで生活を維持し、活動も続けていく上での厳しさというところに焦点を絞って話していきたいと思います。

かつてのぼくみたいにレーベルを新たに始めたり、バンドやアーティストが自主レーベルから音源をリリースするケースを具体的に話してみましょう。そもそもこの本、具体的になんも言ってない部分が多いので（笑）。先述した通り、ウェブによってぼくがカクバリズムを始めた二〇〇二年から比べると音楽が広がっていくスピードは格段に早くなりました。情報の多さも桁違いです。この十年、いやこの五年でも全然違いますよね、もちろんその分「消費」されるのも早くなった。ウェブの広がりによって、音楽は伝えやすくなりましたが、一方でお金にはしにくくなった部分があります。現状はその転換期ではないでしょうか。知名度や認知度を上げることは容易になっても、それがお金に結びつくまでには案外距離があるのかもしれません。むしろ、お金になるまでの道のりは長くなったとも言える気もしています。

いまは音楽を無料で聴かせることがデフォルトとしてあるので、もしレーベルを始めようと思ったら、まずは音源をウェブで聴いてもらおうと思いますよね？　聴かせ方のディレクションはさておき。レーベル運営のことを何も知らなくたって、そこはスルーできないというのはわかる状況にはなっていますよね。ぼくがレーベルを始めた時は、事前に音源を聴かせる術ってそう考えるとなかったんですよ。もはや信じられません（笑）。だからお店の試聴機に入れてもらえるかの営業がとても重要でした。ＭＶなんてそもそも作る発想もなかった。音楽系の放送局のへのルートもなかったし。そう思うと自分が若い頃って、好きなバンドの情報をよくぞ集められていたなと思いますね。

時は流れ、無料で「聴いてもらう」ことが当たり前になった現在は、まずはYou TubeでMVをアップするなり、サウンドクラウドといった音楽サイトで試聴できるようにするなりして、そこからCDやレコード、ストリーミングなどの音源販売につなげていく。そしてライブへの導線を作り、グッズを訴求する……ってのが一連の流れでしょう。ここで制作予算の話が出てきます。良い音源を作りたい、良いMVを作りたい、良いジャケットにしたい、要望はいろいろ出てきます。全部は思い通りにはできない。そりゃそうです。でも、低予算であってもユニークさと時間さえあれば可能なこともある。それをやるためにレーベルがあるとぼくは思っています。

ぼくがレーベルを立ち上げた時と時代は違って、仮にCDを一〇〇〇枚作るとして、プレスだけなら、現在は一〇万円以下で余裕で作れます。ぼくらの時は本当にプレス代が高かったのでうらやましいです。さらにウェブがあるから、音源の届け方はCDだけではない。

だから、いまのほうがレーベル運営はやりやすいように見えるし、実際インフラ面だけで言えばそれは正しいと思いますが、売り上げを立てるのが本当に難しい。つまり、無料で聴ける部分のディレクションからうまくやらないと、さっきの一連の流れがうまくいかないんです。入り口でつまずいてしまうと、どんなにウェブ上で知名度があったとしても、結局売り上げが削られていく。

そして、最初が上々の反応でスタートしても、次の音源の準備がおぼつかないままになってしまうケースが多いのは、やはりウェブという新たな場ができたことで、用意しなきゃいけないものが単純に増えたのもあると思います。その意味でも、ぼくたちのようなレーベルやマネジメントスタッフがいる意義というか意味合いが出てくると思います。どういう音源を作り、どういうMVを作り、どういう宣伝をし、どういうライブをするのか、インディだろうがメジャーだろうが、中身をどうやってよくしていくかは考えないといけません。お金になりにくい時代の中で売り上げをどう立ててどう使うのかも重要ですが、もう一つ、ともに自分たちの音楽をディレクションしていく仲間がいるというのも大きいと思うんです。そして、伝え方や見せ方がより多様になってきたわけだから、これまで以上にユニークなやり方やアイディアを考えられることが、ぼくたちレーベルやマネジメントに携わるスタッフに与えられた命題なのかもしれませんね。

仲間の外にも通用する面白さを求めて

ぼくは、みずから演奏をするわけではありません。歌いもしません。たまにDJはやるし、レーベルから出す新しい音源に関してはずっと自分の言葉で紹介してきたけど、ぼくは音楽そのものを作ってはいません。あくまで、制作者の一人として音楽に関わる立場にいる。それを忘れてはいけないよな、とはよく思います。ミュージシャンの協力をさせてもらっている役割なんだ、と。

そのあたりは、音楽業界にいると境界線が見えづらくもなるんです。ともすれば、自分を「音楽を作っている」と勘違いして捉えがちで。例えば、ミュージシャンの名前を挙げて「○○をやっているディレクターの何とかさんです」なんていうふうにアーティストの担当者を紹介されることがこの世界ではよくあります。個人的には「○○をやっている」という言い方があまり好きではないし、「やっている」？「担当している」でいいのになって。

でも、打ち合わせなんかで「YOUR SONG IS GOODをやっている角張くん」「SAKEROCKをやっている角張くん」と紹介された時には「担当しています、よろしくお願いします」と挨拶はするわけですが。ただ、音楽業界って、そんな言葉遣い一つを取っても一事が万事と言うか、芸能界のマネージャーなどに比べてもずっと、関係者がアーティスト寄りの立ち位置で発言しがちなんです。そこはあぶないーって。いつもそう思ってきました。

これは、同業者を批判して言っていることではないんです。ぼくも含め、勘違いした人が多い業界だよなという話です。音楽に憧れてこの世界に入ってきた人が多いぶんだけ、悪い言い方をすれば、調子に乗りやすい（笑）。これも、ぼくを筆頭にということですけどね。だから言っておきます！

ただバンドやアーティストが作り出しためちゃめちゃかっこいい作品にいちばん最初に触れられれ

るのもスタッフであり、一緒に作ってきたんだぞという自信というか、自負は必要です。それが、その作品を次のステップへ動かす原動力にもなるし、他の作品とは違う魅力を生み出す可能性を広げるのではないでしょうか。ズレる瞬間もたくさんあるでしょう。仕事だから、仕事だからって言葉が脳裏に絡みついて、ベストな判断ができないかもしれない。そもそも音楽の仕事に勝ち負けもないと思うし、売り上げがいちばん重要なことでもない。でも仕事だから、ってなってしまう瞬間もある。そのせめぎ合い。スタッフに限ったことではなくて、バンドでもアーティストでも、表現が合ってないかもしれないけど、それを楽しめる人は強いと思いますね。

理想のスタッフについて考えますが、どういうスタッフが理想なのかは、まだ正直わからないですね。遅刻しないとか、自発性があるとか、そんなのはどの業界もそうでしょうし。この本の中でもお話ししてきたように、音楽の仕事は売り上げ、動員多寡で勝ち負けが決まるわけじゃない。音楽会社は最終的には数字で判断するかもしれない。ただ、それだけじゃないって判断をする人の割合は、他の業種よりも多いかもしれないですね、想像以上にね。そのあたりがまずわかっている人だったらいいな。そういう心を持っていて、なおかつ売り上げもバンバンあげる人（笑）。愛情はあったほうがそりゃいいですよね。愛情を注いだアーティストや制作物、ライブという空間がどういった人たちに届いて、どう扱われているのかを想像できる人、その想像をたくさんできる人がいいなって思いますね。音源を聴いている人の生活を想像して、勝手にシンパシーを抱いて、音楽がその人の日常に染み込む瞬間を考えられる人。で、それをほんと我がことのように紹介できる人。「そうですよね！　そうですよね！」って。音楽の聴き方というか、音楽との接触の仕方って重要で、みなさんも中学生とか高校生の頃に、好きなアーティストの楽曲を聴いて衝撃を覚えた瞬間って結構覚えていると思うんです。あるんですよ、友達に紹介された瞬間とか、テレビで一瞬流れた瞬間とか、ラジオで何気なくかかった瞬間とか、YouTubeで動画を漁っていて、「あれ？」って思って気になった瞬間とか。そんな一瞬一瞬まで作り手は想像するべきだし、というか想像しちゃいますよね。自分が大切に作れば作るほど、誰かの大切な一瞬になってほしい。適当じゃいられない。綺麗事だし、言ってみたらこれって非効率的な想像だと思いますが、ぼくはやめちゃいけないと思っています。あ、この曲を通学路を歩きながら一人で聴いていたら、「これはぼくの曲だ」って地方都市に住む高校生が思うかもしれない、とかね。友達の家でceroの曲を聴かせて「何これ！」ってなって、聴かせた本人は「ムフフ」みたいなね。めちゃ大切じゃないですか、この感じ。勝手な想像をすることこそが、音楽の仕事をする上ではとても重要で、大切だと思いますし、そういう人が理想のスタッフな気がしていますね。

でね、話を進めると、それこそ自分がかけた音楽を友達が褒めてくれたり、面白がってくれるのがカクバリズムの最初の一歩というか、それこそすべての基準なんです。そこでまず面白がられないとはじまらないんですよね。そこからさらに一歩、二歩と飛び出していく。外で面白がられてはじめて、はじまる。そういう、友達の輪のような小さな場所で評価されたものでも、ちゃんとそこから広げて行けば、おのずと外でも通用するものになると思っていますが、これは意識的にやっていかないと時間だけ経ってしまうんですよね。ぼくはできれば、そうした友達の中だけで通用するものとしてではなく、音楽や活動を、できればいろんな側面から見るようにはしたいなって思っています。自分たちにとっても、そして外の世界から見ても面白いと思われるだろうなという仕事をしていく。それが、カクバリズムがレーベルとして提供してきた面白さのバランスだとは考えているんです。自分らだけで良しとしないで、しっかり外に向けて開かれた側面を増やすというか。そう考えたら、自分がアーティスト寄りの存在としてではなく、もっと引いた視点で理想も現実も捉えなきゃいけなくなります。ぼくらの仕事を成立させるための要素もよりハッキリしてくると思うんです。

ある一つの角度から見て自分がものすごくいいと思えることを実行している人は、世の中には割と多いんです。それはそれで良いと思いますし、ぼくに比べたら、もっと純粋な気持ちを持ってその対象に接しているからこそそうなっている、と思える。ぼくはもう少し欲張りなのかもしれないですね。

でも、「この人たちは最高」という個人の視野からだけでない、他のシーンから見た客観的な面白さというのは、気をつけていないと抜け落ちてしまいがちなものなのかもしれないんです。現状に満足もしてしまうかもしれません。では、どうすればいいのか。俯瞰的な視点で見てみる。音楽の世界だけでもなく、他のジャンルや業界から自分たちの仕事の品質をチェックしてみる。都会だけでなく田舎から、日本だけでなく海外から。時にはそんな視点で自分たちの活動を点検してみる。そういう外からの視点があったほうがより面白い選択ができるんじゃないか。矛盾していいんじゃないか？　って思っていて、この距離感は常に行ったりきたりしてます。

小売業として、熱が入ったリリースってのはどれもこれも面白いですよね。もちろん、外から見てわかりやすい場合も内に秘めている場合もあるから、単純に盛り上がっているから熱量が多いってわけでもないけど、熱量のあるリリースやイベントがやはりターニングポイントを生んで、無駄じゃない何かを残していくんじゃないかな。いや、無駄でもいいんだな。

うちの会社の棚を見れば、いままで出してきた音源がずらっと並んでいる。タイトルのアーカイブが残っている。音源のタイトルとタイトルの間に起きる出来事の面白さを考えに考えて出してきたつもりです。と言いながら、ぼくは会社の売り上げを音源のリリースにそこまで多く頼らないやり方をずっと思案してきていて。それは二〇〇〇年代後半以降に特有の考え方でもあると思うんですが、リリース以外のことだけででも、会社を運営できるようになっていくのは良いはずだと考えるようになったんです。ここ最近はまた少し考えが変わってきているんですが、二〇〇〇年代後半はメジャーのスピード感を経験して、よりリリースとリリースの間に何をどうしていたか？　がめちゃめちゃ重要だなと。ＣＤがあまり売れない時代に突入していたのもありましたが、それこそがリリースを生かし、バンドやアーティストの楽曲の広がりを支えるのではないか。その間に面白い動きをできているかで、リリースへのリアクションも全然違うし、プロモーションの作り方だって変わってくる。リリースをリリース以上に利用すると言いますか。これがうまくいくと最高なんですよね。あとで言いますが、cero の二〇一五年に出した『Obscure Ride』の売り方はこれまでのカクバリズムの経験が自分でも満足するレベルで生かせたなって思います。で、すごい昔に話を戻しますと、ぼくは最初期の頃から、リリースの際にその間に自分が感じた様々な興奮を、素直に文章にしてみることをやっていたんです。それをそのままインフォメーションしていた。レーベルとしてはごくごく自然にやっていましたが、まわりを見渡すと案外「レーベル代表がノリノリで書いている紹介文」みたいなのが当時はなくて。「最高のものができました！　いえ〜〜〜い！」みたいな感じなんですけど（笑）。いや、もうちょっとクールだったような気がしますね。距離感が異様に近いように感じるかもしれないけど、お店の人には好評だったんですよね、これ。かっこいい音楽が出来た！　友達に聴かせたら、最高だって言う。だったらもっとたくさんの人に聴いてもらいたい！　ってね。地方の人にも！　って単純な考えですが、カクバリズムのスタート地点はどこかと振り返ると、そこなんですよね。ぼくがあまりいいとは思えない音楽を聴いている人が多くて、もっといい音楽がたくさんあるのにって思っていたんですよ。余計なお世話ですけどね（笑）。その人たちの耳に、ぼくらの作る音楽を届けたかった。こっちのほうが合いますよって。これのノリがカクバリズム初期にレーベルの色を印象づけてくれていたんじゃないかなといまとなっては思うんですが、どうでしょう。あんまりそういう感じでやっているところがなくて、新鮮だったのかもしれないですね。内向きだけど外向きという矛盾を楽しむというと聞こえはいいけど、できる限り俯瞰で自分たちのことも見ていたいとは思ってました。なかなかできてないですけどね（笑）。

もちろん、本来なら、音楽だけを伝えればいいという話ではあるんですけど。音源を出しただけで本質が伝わるなら、それに越したことはない。でも、レーベル設立当時はいまのようなSNSもなく、「情報の氾濫」を感じるまではありませんでしたが、それでも音楽の選択肢は聴き方を含めたくさんありましたから、音源を聴いてもらうまでの距離はなかなかどうしてありました。聴いてほしい音楽があるからこそ、音楽以外の余白の部分を伝えることで少しでも面白いと思ってもらおうと、興味を持ってもらおうとしてきました。でもダサいやり方はしたくなかったんですね。

音楽だけで伝える、もしくは伝わる。それがいちばん。音楽だけ聴いて「カクバリズムって面白いレーベルだな。ここから音源を出している人たち、いいな」って思われていたら、とても嬉しい。

そういう人が十年後も二十年後もいる状態を維持したいとは思っています。ただ、昨今の日本で音楽の位置を冷静に考えてみたら、音楽以外の部分での作業や届け方が重要になってきていると感じているんです。ほんと悔しいですけど、っていうかレーベルをはじめる前からですが、埋もれてしまった良い音楽はたくさんあって。

だから、多少不純に見えるかもしれないけど、音楽業界以外も巻きこむような活動をしている良さも打ち出して、幅広い層の人たちの手が、その音楽に届くまでの距離を縮められたらいいのかなと。いま、めちゃめちゃ情報が多いですからね。それを逆手に取るというか。こういう考えに至ると、どんどん外に向けた活動になっていくんですよね。宣伝、制作含め、音楽業界以外の視点も必要になってくる感じです。カクバリズムのやり方にもいまや何パターンかあって、シンプルに幅広く届けたいと思う時と、少し厳選するというか、スポットライトの当て方をわざと極端にする時がありますどれもこれも届けたい気持ちは一緒なので、聴き手の方々にどういうふうに聴いてもらうかっていうこちらの思いが、パーソナルな形で出過ぎなのかもしれないですけどね。消化し切れない、へんな熱の入り方というか。これまた難しいのが、このへんな熱の入り方がレーベルの色を作ってくれていたという。でも友達、仲間、よく来てくれるお客さんが楽しんでくれるってのがまずなきゃいけないないのは大前提ですけど。こればっかり繰り返していますね。

憧れの影響から脱するには

インディレーベルのスタッフとして音源を出して伝える上では、憧れや影響をどう噛み砕いて発展させていくかという局面にもぶち当たります。

最初は憧れだけで良かった。けれど、憧れに殉じるだけというのは、簡単すぎるやり方でもあるんですよね。慣れてしまうんですよね。それだけでは、面白いことは続けられないかもしれないと気づくようになりました。

憧れのレーベル、バンド、アーティストの作品が出す「あの感じ」に近づきたい。最初はそれだけでよかった。スティフィンはよりその傾向が強かったけれど、カクバリズムも初期は「moodisc」にアナログのレーベル面はすごい影響受けたし、そういうたくさんの憧れがリリースの直接的な原動力でもありました。少しずつ、憧れもうまく消化できるようになっていって、より自分たちらしくってのもあぶない表現なんですが、自分らが良いと思う新しいニュアンスを足していくことが大切だとわかってきました。これがめちゃ楽しかった。サンプリング的なやり方は多岐にわたっていました。例えばSAKEROCKの二〇〇五年のアー写は写真集『BACK IN THE DAYS』からだったし、イぼくとアビちゃんのホームページ連載は『まんが道』からのオマージュで「レコ道」だったし、イラストも藤子不二雄Ⓐタッチだった。そういったところには異様に力を入れてました（笑）。まんまじゃなくて、アレンジをどこかに入れこまないといけないから、そりゃいろいろひねりますよね。音楽以外に影響を受けたものをいかに取り入れるかが「燃える」要素であり、ぼくらの色合いだった。その共通項に気がついてくれる人とはほんとすぐ仲良くなったし。ただ、そういったオマージュ、サンプリング的な要素はデザイン含め意識的に減らしていきまして、最近では全然やらなくなりました。そうですね、ぼくが二十八歳か二十九歳になったぐらいからかな。過去にセレクトされて出来上がってきたものを、さらにセレクトすることによって自分のオリジナリティを出そうとするのは、もうやめよう、と。

そこからは、仕事に対する考え方はよりシンプルになっていきました。

箇略化する感じではなく、憧れは憧れで他のゾーンに置いておけるようになった。とても自然なことなのかもしれないですね。憧れを具現化しようと、必死で作ってきた「自分たちらしさ」を理解しようとしては壊すという認識も同時に出てくるというか。自分らしさってのはいい言葉だけど、怖い言葉ですよ。案外覚悟が問われる。

年齢を経てきて、伝えたい中身がハッキリもしてきた。伝えたいことがハッキリするにつれて、憧れの影響下に発生している磁場からは、自然と抜け出せた気がします。

仕事に対しての考え方も、どこかシンプルになっていく。これは年齢的にそうなりやすいんだろうとは感じていますが、シンプルになることだけが正解、と捉えているわけでもないんですよ。何がいいかはそのつどの状況によるかもしれないので。たぶん自分の仕事の振り幅をわかってきたからだと思います。合う合わないってのともちょっと違うんで、言葉にしにくいんだけど。

カクバリズムというレーベルって、そもそもは余計なこともずいぶんしてきたんです。そればかりだったかもしれませんが。おかげさまでそういった余計なことが功を奏すことも多々あって仕事につながりました。

例えばSAKEROCKなんて、これまでDVDが四枚も出ています。しかもライブの映像がメインというわけではないDVDがね。何の制作プロダクションも入れず自分たちだけで撮りはじめたから、ものすごく手間もかかりました。でも、そういうのもものすごく楽しかったんだよなって感触が残っているんです。ウケましたね、あの時しかできないというのがあるんでしょうね。

バンドという共同体で何かしたいっていう楽しみでもあったんです。全国のライブハウスを回るコンサートツアーに行ったら、バンドのメンバーと一緒についでに観光旅行もしてみたい、とか。いまはありませんからね。ツアーに行ってもライブが終わったらすぐ帰ってくる。これは良くないことかもしれないんだぞ、と自分に警鐘は鳴らしています(笑)。簡略的にしすぎて、答えが見えたかのように、一人よがりで思いこんでいる危険性もある。でも大きく「音楽を伝えたい」となると、効率的って言葉を使うのもいやですが、優先順位が変わってくることも確かではあって。

伝えることの本質を考えますよね。すると、本質は音楽そのものだとなる。いいライブをやっていい音源を作っていればいい。それに尽きるんです。ほんとそう。ただこれまでぼくらのレーベルを特徴づけてきたのはそういう本質プラスアルファの余計な部分だったりする。プラスアルファの部分も音楽を作る上で実は重要かもしれない。だけど、本質のほうを優先するのが当たり前だとも思う。それを認識して血と肉にしているならば、そういう最小単位の営為の中に、アーティストやスタッフのほとんどの時間や労力を注ぎこみたい。そんなふうにぼくが考えるようになったことに関しては、良いところと悪いところがあるのかもしれないないなとは感じています。

最小単位の外にはみ出ることには、それによって本質の部分に費やす時間を食う怖れがあっても、面白いこともあるかもしれないですからね。だから、あんまり冷静になるのもなあって、音楽で興奮する感情的な部分は抑えこまないようにと思うけど。これまた矛盾してきていて、混乱しますね。普通だったら、こういった本では歳を重ねても、余計な部分は全部残していけ！　とかなるんでしょうけどね（笑）。まあいまも他の会社より十分に余計なことをしているしな。

音楽仕事を続けて生きるには

3

音楽家にとっての「夜の時代」にやるべきこと

カクバリズムは、若干大げさですが、少なくとも二〇〇〇年代の日本の中ではそこそこのインディペンデント音楽レーベルの一つにはなったんじゃないのかな、というのがぼくの個人的な評価です。個人的な評価ですよ(笑)。あとで述べますが、二〇〇〇年代のシーンにおけるSAKEROCKというバンドの存在感によって一層そうなってくれたように思います。

インディという場所で多様な面白さをやや広い層に対して提示することができたのがカクバリズムだったんじゃないかとそれこそ勝手に思っていて。やや広い層というのは、例えばパンクなんだけれどもダンスミュージックが好きな層にも広がっていったり、ライブハウスに通いまくっている層ではないインドア派の音楽好きにもファンを広げていったり、ということです。まだまだ一般層、そもそも一般層ってのもぼくが理解し切れてないですが、あくまで音楽好きの中で、ではありますけどね。

所属アーティストはフジロックの大きいステージに出る。かなり大規模な会場でもライブを行う。映画・CMなどの仕事もする。二階堂和美さんに関して言えば他のレーベルと一緒に音源を作ることでできる仕事を増やす、というような試みをしてきました。

ニカさんがジブリと一緒にやることになった、高畑勲さんの映画『かぐや姫の物語』にまつわる大きな仕事、主題歌やアルバム作りにも、うちの会社は携わってきました。いまこそインディ、メジャーの線引きは全くもってないですし、インディだろうが、メジャーだろうが聴き手にとっては関係ない時代ですが、当時はまだインディ、メジャーの壁がなかなかにあったりしました。ハイスタがその風穴を大きく開けたあとだったので、カクバリズムもやりやすかった。

それから、YOUR SONG IS GOODやキセルに関しては、かつてはメジャーに在籍していた彼らの音源の売り上げを、メジャーに在籍していた時よりも伸ばすことで復活させてきたという自負も主観的な評価になりますが、あります。

矛盾しているんですが、メジャーもインディも関係ないよって言ってますけど、実際にはまだ関係はあるんです。動くスタッフの人数が全然違いますから。その人件費の溝を埋められる良さを出したい。負けたくねえ！　といった変な対抗意識と、お金の差はユニークさと知恵と行動力で何とかするんだ！　というぼくの勝手な決めつけと、アーティストの良い音楽のおかげでカクバリズムは元気のあるレーベルとして続いてきたのではないのかなとは思っています。なんか恥ずかしいですね、これ。

またバンドが複数所属してくれていたレーベルだったので、続きやすかったかもしれません。一つのバンドに特化したレーベルは、そのバンドが少し活動ペースをゆっくりにした時にフォローできる部分が少なくなりますから。うちの場合は、YOUR SONG IS GOODとSAKEROCKという二枚の看板がビシッと出来上がるタイミングで、キセル、ニカさん、イルリメといった素晴らしい才能が入ってきてくれた。さらにはceroという若い才能までの流れもできました。そこで、お互いの活動をフォローしあえるような音源作りができたんです。そのための環境も整いつつあった。いいアーティストがいいライブ、いい音源を作ってくれると、おのずといい経験、いい仕事をさせてもらえる。そういったレーベルになっていけば、お客さんの層も広がっていきます。

ここからはちょっと経営というか、お金の話というか、音楽と生活の話にもつながってくるんですが、ここ五年ほどで新しい段階に入ってきた「音楽で飯を食うこと」についての話題になります。音楽で飯を食うというのは、どの水準のことを言うんだって話です。

リリースを継続し、ライブやフェスにも出演し、それこそ全国ツアーを企画したりするわけです。レーベルもマネジメントも順調そうだなと外からは見られているのかなと感じますが、アーティストへの還元、お金の話になりますと、順調そうに見えても、内情なかなか厳しいってのが結構あります。

うちのアーティストの中で、そこにいちばん最初に直面したのはYOUR SONG IS GOODでした。現在メンバーたちは四十代で、レーベルの中では年齢がもっとも上のバンドだからこそ。

YOUR SONG IS GOODの六人のメンバーたちはだいたいはぼくより五歳ぐらい上の年齢です。

ceroはぼくの六歳下。あとは、ぼくと何歳か違うという程度の同世代だけど、年齢を重ねると、二十代前半の時には考えてもいなかった、「ちゃんとした生活ってなんだろう？」みたいな話もまわりで浮上してくるんですよね。

贅沢しなければ食べてはいける。それをもって「音楽で飯を食うこと」と言えたかもしれないのが若い頃。自分の経験も考えると二十代から三十代前半。まわりが二十代ばかりなら、本業のかたわらでやっているバイト代も含めた実入りがどんなに少なくても、例えばですが、カップラーメンばっかりを食っていても機嫌良く暮らしていけました。それを、貧乏で最低だなんて思ってもいなかったんです。ぼくらは、ですけど。

でも、活動がよほど順調じゃなければ、生活水準はそこから更新されなかったりもする。この「順調」って言葉は、大雑把すぎてぼくも使いたくない言葉なんですが……。特に音楽活動に日の出の勢いがある時だけではなく、売り上げも厳しい「夜の時代」みたいなところに入ってきた時なんかは、何をもって順調と言えるのか、変わってきますから。

すると、あれ？　と思ってしまう時がありますよね。二十代の時は何も文句はなく、むしろ充実していたのに。三十代になって、まわりで会社員をやっている友達なんかに比べて、あまりにも収入が少ないんじゃないか。そんなことを思う機会がちらほら出はじめるわけなんですよね。ミュージシャン、アーティストだってそのあたりは普通の人ですから。

結婚したり子どもが生まれたりしたけれども、家族に全然いい生活をさせられないじゃないか。そんなような思いもじわじわ出てくるのが、音楽で飯を食うことの後半戦なんです。先ほど「順調」という言葉を使いたくないと言いましたが、順調に行っているというのは見ている人、やっている人それぞれが「よい音楽、よいライブ」だと感じていることとも言えますよね。それだけでもすごいことです。人気が出てきていることも順調というんでしょうけど、たとえそうじゃなくても「順調」だったりする。自分にとって本当の意味での音楽を生み出せていたら、それはとても順調ってことだろうし、楽しいですよね。こればっかりは感じ方なんですよね。だからこそなんですが、お金じゃないところでの意義や意味があるからこそ、この音楽で食べるってことが本当に難しい。「よい音楽、よいライブ」を生み出していれば順調に音楽で食べられているわけでもない。そもそも音楽で食べられることをみんながみんな望んでいる時代でもないだろうし、食べられないからどうこうってわけでもないんですよね。ただ音楽に集中する時間を作るという命題を考えれば、自然と「生活」との距離の取り方を考えることにもなってくる。音楽で稼ぐことで、音楽に集中する時間を確保する人もいれば、音楽では食べられないけれど、まわりに理解があってその時間を作れる人もいる。二十代の頃は押し付けがましく音楽で食べられるようにと思ってぼくはいろいろやっていたけど、最近はそれぞれのペース、スタンスがより明確になってきたので、メンバーが背負う荷を少し軽くしたいと思っているのが実情です。家族がいるバンドも多いので、それも考慮したスケジュールややり方でうまくやっていく。バンドの優先順位だけで決められるものでもないというか。ただ、いま音楽でやっていきたいと思う人にとっては、やり方は千差万別ですが、それなりに苦しい時期ではあるなと思います。音源を売って、ライブをやって、という古典的な枠組みでやろうとすると特にそうですね。

それから、年齢を重ねていくとアーティストにはどうしても身近な理解者が減ってくるなっていうのも最近思います。同世代の友達も、だんだん子どもができたり日々の生活で忙しくなると、夜のライブには来られなかったりもしてくる。自分の活動やその活動が変化していくことを楽しんだり、自分の好きな音楽をリアルタイムで共有できる相手やレスポンスが減ると案外さびしいですよね。これは音楽に限らずですけど。

ニカさんなんて例えば故郷の広島に帰って活動をしていますよね。広島で、前にニカさんに会いにいった時、駅まで車で迎えにきてくれました。車の中でニカさんがかけていた音楽がマーティン・デニーだった時に、そんなふうにも思ったんですよね。「広島の大竹でマーティン・デニーを聴いているのって、ニカさんぐらいなんじゃないかな」と感じたり(笑)。いわゆるマイノリティと言えるかもしれない。でもそりゃそうだよなって。ニカさんは全国、世界で活躍している人だから、そのギャップは想像以上ですね。

音楽を続けていくこと。音楽で生活していくこと。ぼくらの一般的な価値観ではとてもじゃないけどわからない部分もあるのに、知らない間にそういう先入観で音楽をやっている人の生活をくってしまったりもする。でも、そういう価値観から外れた部分で音楽は生まれたりもする。それぞれの人にそれぞれの音があるし、生活の中で鳴っているけど世に出てこない音楽もたくさんある。ずっと考えていることだけど、綺麗事かもしれないけど、その生活の中で聴こえてくる音楽が素敵だと思うし、そういう音楽が鳴っているのがとても好きなので、それを少しでも届けたいという気持ちがあります。その人の音楽と生活の両方の環境作りに関係して、それぞれの「良い」を生み出すことを支えられているならば、カクバリズムという音楽の仕事を十五年続けてきた甲斐があったと思う部分でもあります。みんなが音楽を生み出しやすい場所、支点、接続部になればいいということなのかもしれません。

いい音楽を作れば、飯は食えるのだろうか

ぼくには、いわゆる一般的な社会人としての経験はほとんどないんです。いちばん大きな組織に所属して働いた経験も、ディスクユニオンのバイトです。だから、もしもカクバリズムが会社っぽ

くならなければいけないとしても、経験がないからわからないところがあります。

そういう人間だからこそ働くことについて気になるところはあるんです。例えば、仕事をしていればいろんな会社組織に所属している人たちと話す機会も出て来ますよね。すると、会社の文句がよく出るんです。文句というか、大きい会社になるほど、会社のせいにするというか、「うちは何々だから」ってなりやすいというか。

もちろん自分の会社を褒める人も中にはいますが、あんまり言わないですよね。それは何なのだろうと考えることはあります。確かになぁ、と思うところもなくはありません。会社って、それこそ上のほうで誰が何をやっているか、わからないじゃないですか。大きすぎて、全体の流れも共有できないのかもしれない。もちろん大きくても素敵だなって思う会社もありますし、ぼくが接点を持っている会社はごく一部だから、それがすべてだとは思っていないけど。社長に意見を伝えられる機会なんてほとんどないかもしれない。いろんな仕事を、まぁ会社が決めたんだからしょうがない、と進めることにもなる。そうやって、自分の意見をどこかで曲げるところも出てくる。これは普通のことかもしれないですよね、案外。曲げるじゃなくて、まとめる。会社の意見として総括する。それが会社だし、ひいては社会なのかもしれませんしね。

それで、ぼくはカクバリズムを会社っぽくはしたくないところがあるんです。実際には、会社っぽくしたほうが、バンドにとってもスタッフにとっても、とてもいいはずなんでしょうけど。でも、きちんとした会社組織にしてしまったら出てしまう悪い要素も、ずいぶんある。そういった企業の考え方やあり方に疑問を抱いていた二十代前半の自分の気持ち、そのへんとのバランスを、ぼくはインディレーベルだからこそうまく保っていきたい。自分で自分のいやだなって思う会社にはしたくないなーって。といってもいやな会社で働いたこともないんですけど。ユニオンは毎日音楽漬けで楽しかったですしね。

ただ、ぼくも四十歳を目前にし、歳を取ってきたから、バランス感覚がにぶる時もあるんですよね。そこは、どうするのか。そんなことも考えるようになってきました。音楽に対してもだけど、センスが衰えるというか反応が遅くなってきたと感じたら、他人にやってもらうのか。自分でやり続けるのか。自分でやり続けると思うんだけど、自分の目線を疑うのか。またもや矛盾するんだけど、信じつつも疑うのか。

でも、やっぱりいまの二十代前半の子たちがよく行くライブハウスとかに行っても、おれってもうズレているよなとは思うんです。正直に言うと、そこで演奏されている音楽に対して、あんまり興奮しないんです。若い世代の子がやってる。売れそうだな、売れなそうだな、そういうことは思います。でも、会場のお客さんと同じように「イエーイ」とは、なかなかなれない瞬間はあります。そもそももう若くないですしね。でも、手前味噌ではありますが、カクバリズムに所属してもらっているバンド、アーティストの音楽、ライブではぼくもいまだに年甲斐なく盛り上がっているんですけどね。

昔は、そういう中年のことを格好悪いなと思っていたんです。盛り上がれないなら、じゃあ来んなよと。五十代とか四十代の人たちがライブハウスに来るのは、正直、何だかなぁって思っていた。でも、最近では一周回っていいなって思うようになったんですよね、自分よりも十歳も二十歳も上の世代に関しても。

例えば、佐野元春さんのライブに、佐野さんと同世代の方が大勢集まって「同級生です」とか「三十年、ずっと来てます」とか話しているのをテレビの特別番組で見て、お、いいよな、と感じますよね。まぁ若い頃も感じていたのかもしれないけど。こうして話すことによって若い頃の自分がいかに視野が狭いかわかりますね。YOUR SONG IS GOOD のライブで、ぼくがＭＣをすることがあるんですけど「一緒に歳を取っていきましょう、来年もまたここで、子どもが生まれたりしてもまたここで会おうぜ！」と毎回言っていて。そういう、時間を重ねていく楽しさもわかちあっていきたい。

正直、歳を重ねていくということは、仕事をする上でもちょっと怖いなって思っている部分もあるんです。だからこそ、胸を張って納得のいく仕事をして、歳を取っていけばいいだろうと短絡的かもしれませんが感じます。真面目だなー。それも、音楽と仕事に関係してくるんじゃないでしょうか。

ぼく自身は、上の年齢の人たちに対しての要望っていうのは、あんまりないまま来ました。仕事をやりはじめた時から、年長者の方たちには割と理解していただいてきたんです。ぼくはその業界では若いということで、恵まれた仕事をさせてもらった経緯だってある。そうなんですよね、若いってナメられるけど、場合によってはいろいろチャンスも回ってくるし、動ける時間もある。とか言って一方では、それこそ年長者が築いてきたお決まりの仕組みを「なんだかなぁ」ってどこか馬鹿にもしながら、ラフな自分の良さもわかってくれるだろうとは思っていたんです。わかりますかね、この感覚って。甘えん坊だなってことだけじゃないですよね（笑）。

この頃は、他人の人生に関しても、若い頃とは違って想像できるようにはなってきました。若い頃は、自分のまわりのことしか想像できていなかった。だから、自分でやりたいことをやることだけが格好良いことだと思いこんでいました。

それだけではない格好良さも世の中にはたくさんあるんですよね。当たり前だって話ですけど。年齢を重ねて、そういうものがあるとはわかってきました。その当たり前のイメージすら若い頃はしないっていうか、する余裕がないというか。まわりに目が行かない時期があったので、ほんといろいろ反省しますね。

ぼく自身は、モデルケースを持たずに音楽の仕事をしてきました。大きな会社の優秀な人の話は聞きますが、それがウチの会社のフォーマットに合っているのかどうかはわからない。台所事情のすべてを話してくれているのかも、わからない。だから、原価率がこれぐらいを越えたらダメなんだろうな、とかいう商取引に関わるシビアなことについては推測や肌感覚で考えるしかなかったんです。ただ、いいものを作ろうという姿勢はアーティストと共有してきました。言ったら会社的にアンバランスなものでも、肌感覚で馴染みのいいほうを選んできたと思います。いいもの優先。いい音優先。でもこれってわかりやすいですよね、音楽の仕事をしているんだから、中心に音楽を置かないといけない。音楽を中心に置かないと、いろいろおかしくなっていくんですよね、「会社だから」「仕事だから」って言い訳しながら。音楽を中心に置いているのかって、聞いてみると意外にみんな自信ないと思いますよ、ほんと。

だからかわかりませんが、どうやって音楽で飯を食うのかってなった時に、青臭いかもしれませんが、根本的には、ぼくは「いいもの（音楽）を作ればおのずと稼げるようになる」という考え方でやってきたんです。優先順位が、まず「稼ごう」でなくても良いだろう。特に初期はそれが強かった。

いちばんに優先することを「音楽」にする。それによって、その次の段階で仕事として成り立たせるにはどうしたらいいかというアイディアも出てくる。というかアイディアを出すのが仕事。ぼくたちが食えていなかったら、このあとに新しい音源も出せないし、音源を向上させるための資金も出せなくなるよな、宣伝もできなくなるよなとか考えてしまう。でもそこにぶつかってもいい音楽を作ることだけを優先させる。ここで稼ぐことがいい音楽を作ることより上回ってはダメ。何々だからしょうがないって言い訳もダメ。お金はないと困る。それはみなそう。だけどそれがよかったのかどうかはわかりませんが、だからこそ良い音楽が生み出させるロケーションとしては最高というか、そういう場所でありたいという気持ちは準備万端だったんじゃないかな。心の準備ができていたからこそ生み出されるっていうか。

東日本大震災を機に、音楽の核心を考えた

音楽に関わる仕事には、「日の出の勢い」と言えるような時期もあります。昼間の時期、太陽が出ていて暖かい、風が気持ちいい時期もある。でも、夕暮れの時期、それから寒く厳しい夜の時期だってあるわけです。そして、そのあとに夜明けがいつ来るのかは、誰にもわからない。

音楽が好きでやっているからこそ、キツい時期にも心を殺したりはできるんだけど、これ、もしもぼくが会社員として音楽に関わっていたら落ちこんでいただろうな、と思うことも出てくるのが現実の仕事です。だから、自分で好きな音源を作らせてもらっていて良かったなと感じもします。

まぁ、自分で会社をやっているという逃げ道もないので、気晴らしができないという難しさもありますが。いま言ったそのあたりのシブい話に関しては、面白くないので具体的には伝えませんが、この本の全体を通してじっくり最後まで読んでもらえれば、現実の一端は伝わるだろうなと思います。

仕事って、何なんだ。それって、いまの時代、みんな考えているんじゃないかと思います。ぼくは正直全然考えて来なかったんです。

仕事って、豊かに生きていくためにするものなんですかね。ぼくにはちょっとわからないです。ぼくの同級生には、地方で自給自足をして有意義に暮らしているやつもいます。その良さって、わかります。でも、ぼくみたいに東京であくせくやる方法もある。苦しい思いもする。人ってここまで苦しい思いをしてまで働くものなのかね、という局面は、どんなにやりたかった仕事でも出てくる。でも、歯を食いしばって、やるしかなかった。

年齢を重ねてそんなことをつくづく考えるようになっただけでなく、東日本大震災によって、音楽を伝えるってなんだろう、と自分の仕事を考えさせられもしました。

震災が起きたのが出身地の東北ということもぼくには大きかったんですが、故郷だからというだけでもなく、震災後って、うちのアーティストたちと改めて同じ気持ちで再スタートするようになっていきました。音楽はもちろんですが、すべてのことに真摯になるべきなんじゃないかっていう気持ちが生まれていったんです。

震災が起きたのは、YOUR SONG IS GOOD のジュンくんと今後の活動についての打ち合わせを渋谷でしていた時でした。あまりに揺れが大きくて長かったし騒ぎになったから、とりあえず帰ろうって話になって、交通機関も動いてなかったので歩いて家に戻ることにしました。その途中街頭のテレビで流れてた中継映像には、地元の仙台の荒浜の景色もあって、昔よく自転車で走っていた場所が津波で飲み込まれている瞬間でした。ああ、こんなにヤバイのかよって涙が出てきて。電話しても、みんながそうだったように家族とは連絡が取れなかった。津波の映像から、父ちゃんの仕事を継いでいる兄貴の仕事場も近いので、こりゃあ行った（流された）だろうなと思った。

自宅から当時駒場にあった事務所まで車で向かいました。震災の翌日がSAKEROCKの札幌でのライブの日だったので、機材チームと制作スタッフがフェリーで札幌に向かっていたんです。源くんはちょうどソロでのファーストシングル『くだらないの中に』が三月二日だったかな？　発売したばかりのタイミングだったので、そのプロモーションでSAKEROCKのライブに合わせて先に札幌入りしていた。（田中）馨くんは函館にいた。ぼくとハマケンと（伊藤）大地くんはライブ当日の十二日に札幌入りする予定でした。事務所に着くと、デスクのスタッフの子が泣いていて。フェリーがやばいんじゃないか？　と言いながら、ユーストリームで中継されていたテレビで放送されている津波の映像を見ていました。調べたら、フェリーは地震が起きた時刻にはちょうど仙台湾にいる時間帯だった。頭を抱えた。経費削減ということで、フェリーで制作の塩山さんと機材チームの岡田くんことドラゴンに行ってもらうことにしたのはぼくでした。フェリーだと、携帯は普通の日でもつながらない。あの時間、家族や友人を失ってしまうかもしれないという感覚にずっと囚われながら、次から次へと津波とともにやって来る悲惨な情報を集めるしかなかった。一時間か二時間くらいかわからないけど、三井商船から船は無事という連絡を受けた時は泣きまくって、本当によかったって。そのあと、いま思うと、本当に街が混乱しはじめた。みんな家に帰れないって。

下北沢のシェルターが帰れない人は寄っていってくださいって告知していて、ぼくも帰りに行ってコーヒーをもらってほんの少しひと息ついて飲んでいた時ぐらいからかな、母ちゃんや姉ちゃんをはじめ家族や知りあいの無事がわかりだした。地元の友達が避難所でうちの両親に会ったことを伝えてくれたり。安堵とともに、すぐさま自分には何もできない状況が目の前にあって、打ち砕かれたような気持ちになりました。被害に遭った、亡くなってしまったみんなにはこれからが、未来があったのにと思うと本当にやるせなくて。

他にもいろんなことがありすぎました。もう七年も前のことになりますが、あの時の感情を書き留めておけばよかったですね。あんまり鮮明には出てこないけど、みなさんもそうだったようにショックでどうしようもなかったんですが、まず翌日の札幌でのSAKEROCKの公演のキャンセルを決めて、みんなの行程変更を至急手配したり。なかなか連絡もつかない状況でしたが、なんとかやって。当初は札幌のみのキャンセルで二十一日に予定されていた渋谷のアックス公演はやろうと思ってましたが、その後の原発の爆発事故、電気の問題、それにまだまだ余震もあったので、会場側とも話しあってキャンセルしました。楽しみにしてくれていた人たちが多かったので、苦渋の選択でした。

震災から五日ほどして、ようやくフェリーチームが北海道から再度フェリーで舞鶴まで行き（大洗が津波で使えなくなったので）、舞鶴から車で帰ってきてくれました。SAKEROCKのみんなと一緒に出迎えて、楽器担当のドラゴンを押上の自宅まで車で送ったんですが、ちょうど原発の三号機が爆発した夜で、深夜の首都高速は一台も車が走っていなくて、ぼくらだけでした。東京の街が暗くて、本当に別の街のようだった。たまに深夜まで仕事になった時、首都高はさすがに夜中でも車が走ってますが、都心からちょっと離れた場所で高速を走っているといまも思い出すんですよね。あの時の東京の街の暗さ、憶えておきたいんです。

SAKEROCKのメンバーと、二十一日のアックス公演をキャンセルすると決めた時、キャンセルは申し訳ないから、その日にハマケンの家でアコースティックでライブをしようという話になりました。それをユーストリームで動画を配信しようと。キャンセルを悲しんでいる人、ライブをやったとしても来れる状況ではなくなってしまった人、自宅で不安を感じている人、何をしたらいいかわからない人、そんな人たちのために、少しでも楽しんでもらえたらって。当日は映像作家の山岸聖太さんとスタッフの全哉くんとドラゴンで機材を準備して、ユースト自体ぼくらはやったことがなかったんですが、はじめてやってみました。忘れられないライブの一つです。

もちろん東北の方々はユーストを見られる状況にない人がたくさんいたと思うんです。でも、SAKEROCKは別に何か一石を投じようとかそういうわけでもなく、ひたすら真摯に音楽を演奏し、丁寧に届けようとしていた。それがとても良くて、自分らも勇気をもらったライブでした。優しくて、でもやっぱりくだらなくて、SAKEROCKらしいライブでした。勝手に意気消沈していたけど、そんな場合じゃないなって思った日でもありました。それから三日後の三月二十四日、まだこれからどうなるかわからなかったけど、ぼくらは延期にした札幌と渋谷の公演の振り替え日程を発表しました。かなり早いほうだったと思います。どうなるかわからないけど、ってのが震災時にとてもよく使っていた言葉ですね。

蛇足というか、まぁみなさん容易に想像できると思いますが、その振り替え公演でのSAKEROCKはいつも以上に丁寧で、でもしんみりせず、とても良いライブを見せてくれて、ぶっ飛んだほどかっこよかったんですよ。

話を戻してまして。三月二十五日にぼくは仙台に一度帰りました。

ぼくの車は当時燃費が悪い古いボルボで、ガソリンがあんまり売ってなかった状況だったので、さて仙台までもつかな？　という懸念がありました。実家に行くだけお荷物なんじゃないかな？と思ったものの、さすがにいてても立ってもいられないので、なんとかガソリンタンクを満タンにして出発しました。幸い東北道のサービスエリアのガソリンスタンドは通常営業に近かったので（とはいえ作業用車両や自衛隊車両、ボランティアの方の車に優先して給油していたと思います）助かりました。また二十四日からようやく東北道も一般車両が通れるようになっていたので、無事に仙台に到着し、そこそこの物資を届けられました。そして仙台天文台に向かいました。四月に、プラネタリウムでキセルがライブをするという企画があったんです。そこで、実際翌月ライブを開催できるのか？と、企画してくれた地元の後輩の末永くんと相談したかったのです。そこで末永くんに言われたのが、意地でも開催させてほしいと。そしてチャリティーとか無料ではなく、これまで通りとはいかないけど、普通のイベントとして開催させてほしいと。そして最初に黙禱だけさせてほしいと。会場自体は地震の被害はほぼなくて、ガスなどは当時まだ来てなかったと思いますが、電気については大丈夫でした。話し合いを経て、有料のイベントとして翌月開催させてもらうことになりました。

そして四月二十三日、キセルの二人とエマーソン北村さん、ＰＡの広津さんと前乗りして、リハーサルを会場で行い、その日は市内のホテルに宿泊し、ライブ当日を迎えました。プラネタリウムに仙台の星空が映し出され、最後に仙台の街並みや西公園（旧称：桜ヶ岡公園）の桜の映像も流れました。見慣れた風景です。普段だったら感動もしないでしょう。でも、皆さん感動しているように思えた。見慣れた風景がこんなにも心に届くんだなって。元通りにはならないにせよ、来年には少しでも良くなっていたらいいねと。キセルはこんな時、不器用そうにしながらも、しっかりしているというか、頼もしい。震災は多くの音楽家が無視できないことだったと思います。

そのあと五月には、イルリメとceroとでフリーライブを勾当台公園で行いました。これもよく覚えています。彼らにこの話をした時は即答で行きますって言ってくれて嬉しかった。ライブ現場は本当にすっげぇ良かったんですよ。へんにしっとりもしなかったし、お客さんもめちゃ楽しく盛り上がってくれて。ぼくらは何か、出した以上のものをもらったという感じがありました。

何が変わったかってもうわからないぐらい、意識や考え方は震災で変わったかもしれません。命みたいなものに、無意識ではいられなくなりましたよね、音楽を作るにしても何をするにしても。ことさらに難しく考えすぎたくもないけれど、でも、震災後に本気で考えたいろいろについては、いい加減に扱いたくもない。毎年三月十一日には仙台に帰り、荒浜海岸に行っているんです。その行き道の中で、震災について毎年考えるんですよ。でも、何年経ってもまとまらないんです。いまも続いているからだと思います。

当時、ニカさんは、『にじみ』というアルバムを作っていました。本人は、こんな時にCDを出していいのかと悩んでいたんですよ。これ、多くのミュージシャンが抱えていたと思います。特に二〇一一年の制作物ってどこか歪んだ感覚というか、震災をまたいでいるものとまたいでないものっていうのがあって。覆い隠せない。ニカさんの『にじみ』もほとんど完成していて、細かな直しのみだった。ただそれでも躊躇してしまう。でもねって。「神様が歌わせているような存在のニカさんこそ、歌を伝えてなんぼだよ」と伝えました。ぼくはよほどのことがない限り、神様なんて大袈裟な言葉遣いはしないんだけど、ニカさんって本当にそんな人ですから。

そのあと、ニカさんとは福島で開催された大友良英さん主催のフェスティバルFUKUSHIMA!にも出ましたし、二〇一一年の冬には福島、宮城、秋田、岩手、青森とツアーで行きました。そのツアーはぼくのボルボにギュウギュウで乗り込んで、ぼくとニカさんとシネマダブモンクスの大穂くんとガンジーさんの四人で回りました。毎日ニカさんの歌で泣かされましたね。うちのスタッフの藤田くんという、震災後の七月に入社した子は地元が宮城の気仙沼で、家を津波で流されているんだけど、そんな藤田くんもニカさんのライブで舞台袖でオイオイ泣いていた。歌はなーんにも力なんて持ってないって思うんですよ、ほんと。ただその一方で、ほんとに必要なものだなって思う。聴いて救われたり、とても良い気持ちになる。すごいですよね。若い頃はアーティストの姿勢に共鳴したり、もっと個人的な感覚で歌を聴いてきたけど、大人になって、芯にまで届く音楽であれば無条件に受け入れるようになってきているんでしょうか。ニカさんの歌は、ぼくの矛盾してたりあまのじゃくだったりする部分なんか全く関係なしに、ぐわ〜って伝わってくる。すごいですよ。ほんと、魂を削っている。皆

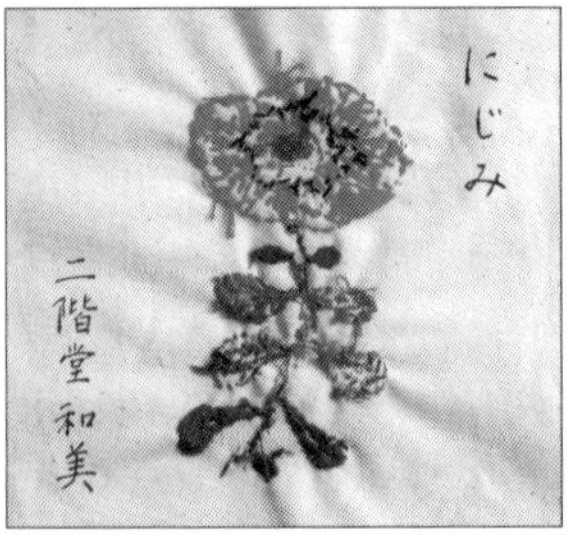

二階堂和美『にじみ』
CD ALBUM　2011年7月6日発売

さんに聴いて欲しいし、ライブを見て欲しいですね。

震災のあとには、それまで「衣・食・住・音」とカクバリズムの会社のロゴの上に記していた一文を、思うところがあって外したんです。震災前はしっくり来ていたその表現に、「いや、衣食住がなくても音楽は伝えられる」と思い直したりもしていて。混乱していました。

さっきも話しましたが、ニカさんと作っていた『にじみ』は、いま聴いても、いい意味での「ひずみ」が感じられるなって思うアルバムですね。震災前にグッと詰めていた部分を大事にしながらも、自分たちの本分をより本分として扱おうという決意と一緒に出したアルバムになっているなって。

もちろん、仕事の核心にあたることを全うするなんて、本来は、震災があってもなくてもそうあるべきなんだけれども、改めてそう考えるに至りました。考えるに至れて良かった。かつ、いましかできないことをやろう、とより深く思うようにもなりました。震災までは、もっと三年後や四年後のことばかり考えていたような気がします。やたらと先のことばかりを考えていたんですよ。『にじみ』を作っていたのは、ニカさんは広島の地元に戻った時期で、地元で「ここがホーム」と思えるようなライブをしていきたいですねなんて相談していた。うちのミュージシャンたちはみんな特別な音楽を作る人たちばかりだけど、ニカさんはその中でも特にライブのものすごさがありますから。ライブの中で『にじみ』に収録する「歌はいらない」って素敵な曲ができたりもしました。

ニカさんが歌うことで元気づけられる人は確実にいます。本当に、一般的に思われているよりも桁違いにすごい人なんです。音楽の心への刺さり方がまぁ極端です。ナタで斬られたような強烈なインパクトがある。言葉の本来の意味でオルタナティブな、どの音楽にとっても「それではない何か」「これまで感じたことがなかった何か」と言える最高のシンガーソングライターなんです。

ニカさんって、ぼくが常々「おれなんかが扱っていていいのかな」って思うほどの巨大な才能なんです。だから、『にじみ』が最高の作品になって本当に良かったなぁと思いました。ニカさんにとっては四年ぶりにできたアルバムなんです。その過程で心を置く位置がズレた危機だってあったけれども、改めて大事な場所にまた戻せたって言うのかな。ニカさんが作るべくして作ったいい作品で……。ぼくは、五十歳になっても六十歳になっても、『にじみ』のすごさを絶対に忘れていないだろうなと思いますから。

このアルバムを聴かれた高畑勲さんが、ジブリのアニメ映画『かぐや姫の物語』の主題歌をニカさんに頼んでくださいました。高畑さんが深い理解度でニカさんのすごさを感じてくださったのがよくわかって、そこもとても感激しました。ちゃんと伝わるんだな、命をかけた表現というのはすごいんだな、と改めて感じたし、報われた気もしましたね。

リリースとリリースの間にやることがすべて

こんなことを言うと怒る人もいるかもしれないんですが、アーティストたちの中には、音源を出すことによって自分を取り巻く状況が変わると思いこんでいる人もいます。もちろん、それは起こり得るし、You Tube含めウェブでこれだけ音楽を聴く人が増えた現在、可能性としてはある。めちゃくちゃいい曲だったり、誰もまだ使ってないアイディアだったり……それなら一曲で世界は変わるかもしれない。しかし、それはぼくらのまわりではほとんど起こらないことなんです。めちゃくちゃいい曲であっても、世界はなかなかこちらが期待したようには変わらないままなんですね。You Tubeでどんなに評判が良かったとしても、発売日当日に何もしないままでCDを欲しがってもらえることなんて、なかなかありません。

事前に何もやらないままでは、ほとんどのことが「起こらないまま」になってしまいます。だから、まずはそのバンドのことを知ってもらわなければならないわけですよね。それがあって、はじめて「どうすれば発売日に買ってもらえるのか？」という話もようやくできることになる。つまり、レーベルにとっての音源販売は、リリースとリリースの間に何をやるのかがすべて、ということにもなるんです。名盤は何をしなくても売れるってのもあると思いますが、昨今は情報過多どころじゃないですからね……。いいなと思った音源が話題にならないまま埋もれてしまうのもなんだかっていつも思います。

音楽を作っている人たちは、「いい音源を出せばそのあとの状況が変わっていく」と思いがちなんだけど、でも、本当は「音源が出る前」こそが重要なんだと思っています。

これは音楽で食べているぼくらのようなレーベルの仕事のとても大切なことの一つだと思っています。

そもそも、アーティストだって、このまま出しても売れないだろうと内心では感じているのかもしれないんですよね、本当は。

だって、ライブをして、目の前に一〇〇人しかお客さんがいないのに、CDが二〇〇〇枚も売れるわけがない。そう、それは理解しているんですよ、みんな。

でもお店にCDが並んだら、ひょっとしたら売れるんじゃないかという幻想はあるわけですね。でも、やっぱりそんなことはほぼ起こりません。だから、特にぼくらのようなインディレーベルというのは、はっきり言ってリリースとリリースの間に細かい努力を重ねていくしかないんです。

と言いつつ、リリースとリリースの間に何をやるかって言っても、取り立てて特別なことはないんですよ。宣伝をできる限りすると言ってもなかなか取り上げてもらえないし、広告を打つにもお金がたくさんかかりますし、やるだけやっても結果が出ない場合のほうが多い。じゃあどうしていくんですか？　ってなるじゃないですか。で、何度も言いますけど、いい楽曲だとどこかしらから「反応」があるはず。音楽好きな人は絶対に反応してくれる。そのいい反応をいかに見逃さず、広げて伸ばしていけるかに尽きますね。まだ見ぬ音楽好きからの信頼を増やすという、なんとも霞を食べるような作業ですけど（笑）。レーベル初期はそれこそＳＮＳもなかったので、数少ないラジオ関係者を頼ったり、雑誌の編集の方に広告は打てないけど記事で取り上げてくれってお願いしたり。時々反応がいい人がいたりすると現場のことをガンガン話して、「いまこのバンド、アーティストはめちゃいいんですよ」と細かく伝えるようにしていました。反応はどこかにあるんですよ。隠れているというか。たとえば、サンプル音源をたくさんの方に送った時に「とてもいいですね」と連絡をもらえるのって、よほど人気のあるバンドやアーティストの場合で、新人やまだあまり知られていないバンドやアーティストにはなかなかないんですよ。でも「案外いいな」って人はいる。こちらからさらにアプローチしないと反応が確認できないんですよ。でも音源を送ったあとに、会いに行ったりすると「あ、この間の良かったですよ！」って言われて、「ですよね！　ですよね！」って感じで番組のゲストに呼んでもらえたりすることもあります。ぼくらもいつもそういったフォローをもれなくできる体制があるといいんですけどね。その点は動く人数の多いメジャーは単純に羨ましい。インディだとそこまで細かくフォローできる人数はなかなかいないので、そうなると、現場での盛り上がりや熱量をどうやってダイレクトに伝えていくかですよね。一回のライブを一回のライブで終わらないようにする。メンバーが働いているバンドも多いカクバリズムでは、ライブも数がこなせるわけではないので一回のライブでの波及力というか、どれだけ伝播できるかの効率を考えないといけない。ぼくがレーベルはじめたての時はそればかり考えてました。たとえお客さんが少ないライブでも、無駄って言ったら変なだけど、少しでも無駄にならないようにっていうか。案外みんな現場の盛り上がりって忘れちゃうんですよね、数日で。まわりも気づかなかったりする。さらにいまはSNSで覗き見できてしまうから、現場の盛り上がりがすごいスピードで広がっていくこともある一方で、全く広がらないものもある。だからこそ、ぼくらスタッフがその良さをしっかり外に向かって伝えないといけないなって考えてます。そこにはまだやれることがある。リリースがないのに、話題が常に持続しているバンド、アーティストは強くなっていきますよね。いろいろなシーンに顔を出して、「あ、名前聞いたことある」って状況を現場から、ウェブも含めて作っていって、それが音楽メディアにも徐々に伝わって、お店も巻き込んで盛り上げていく。やっぱり入り口と出口がある、この流れですね。意識していたのはいかにセンス良く「音楽」で目立つか。音楽以外のことで目立つ人もいるけど、それは別の話ですよね。音楽がかっこいいね、で目立つ。その一環でリリースがある。期待しちゃいますよね、みんな。注目する。だからこそリリースタイミングも大事だし、リリースをみんな待ってくれているってのがいちばんいいなって十五年やってきました。リリースするタイミングは本当に重要なんですよね。

それぞれのアーティストの、次のアルバムをいつ出すのかを、本人たちと相談しながら決めていくんですけど、これは大きな仕事なんですよね。例えば星野源くんのようにバランス感覚のいい人はカクバリズムにいた時はリリースタイミングもある程度自分の中で考えを持っていて、それにこちらのタイミングをすり合わせる形でやっていました。制作的にも、プロモーション的にもいちばんいいタイミングを見計らう。何より本人がお客さんのことをよく考えていたし、源くんは本当にたくさんのアイディアが湧き出していた人だったので、むしろ一緒にやっているとこちらが勉強になるな！　ってことの連続で、タイミング調整もうまくいっていました。ただ源くんのような特殊な例を除けば、ミュージシャンは、どのぐらいのペースで音源を出すかについては判断しきれていないところがあるのが普通です。

ぼく自身もリリースタイミングの見極めっていうのは何年やっていてもこれが正解ってのはないなって思っています。評価されたり売れたりすることで、タイミングが良かったんだなってあとからわかることもある。逆にあんまり評価されなかったり売れなかったりすると、発売時期が悪かったかなって思うこともある。ぼくらの規模だと、実際そこまで関係性はないのかもしれませんけど、全くないわけではない。ただ絶対的な、正解、不正解があるわけじゃないとは思いますね。ここ五年くらいだと特に野外フェスとの兼ね合いもありますしね。音源が季節に合う合わないもあったり（笑）、先述したツアーとの兼ね合いもあります。だからこそ、皆で考えに考えて決めた発売日を

「いいタイミングだった」とのちのち思えるように盛り上げていくというイメージです。これは肌感覚だから言葉にしにくいですね。スタッフが、おお！　いよいよリリースだ！　と思って仕事をしている時は大抵うまくいきますね。わ！　もうリリースじゃん！　って時は大変です。リリースとリリースの間、ライブやその他いろいろなことをいつも以上に広がるように、伝わるように、努めて意識的に行う。ライブハウスやウェブといった現場がいちばんの営業場所なので、そこで楽をしようと思わず、一つ一つを無駄にしないことが何よりも重要です。宣伝部がないインディなんだから、いい反応を逃さないでそこから広げていくようにしなきゃ。でも広げることが全部が全部良いのかということにも、カクバリズムは特に意識的です。そのあたりはこの本を読んでもらったらわかると思いますが、広げたり宣伝したりする行為はとてもダサい部分を含んでいますからね。ダサい広げ方ってたくさんあるじゃないですか。ここも意見がわかれるところだと思います。それでも広げたい人と、それはいやだなって人。ダサい宣伝は音楽をないがしろにしているというか、音楽をちゃんと聴いていない人がやっていたりするからすぐわかると思いますよ。ただそういったダサい宣伝すらうまく活用していくアーティストもいます。まずは人気を獲得して、環境を良くして、そのあと宣伝も洗練させていくというやり方もある。なんともかんとも。ちょっと話がずれてきてますね。リリースとリリースの間で、タイミングをしっかり読み取って宣伝をするのはスタッフにしかできないと思うし、ぼくらが唯一アーティストやバンドに代わってできることじゃないでしょうか。バンドが動いていない時でもできますしね。できる限り格好良く宣伝もしたいし、それがバンドのイメージを作っていくわけだから、めっちゃめちゃ大切ですよね。だから目の前のいい話には極力飛びつかない（笑）。飛びついていく若者を羨ましい〜って思いますけどね。あ、ぼくはそれやらないなって。若者のなんでもやるというフレッシュさはさておき、格好良くありたい、でも音楽を聴いてほしいっていう感覚との戦い……がずっと続いてますね。カクバリズムはリリースとリリースの間にこういったバランスでやっていて、万全のタイミングを作っていきたいなって思っています。

思い通りにも行かないことだらけですし、音源制作も水ものだからなんともだけど、リリースからリリースの間に、ちゃんといいライブをする。ここをサポートすることに尽きるわけです。素晴らしいライブで「この曲が次のアルバムに入ります。聴いてください！」と伝えるという宣伝をしていれば、フライヤーを配るよりも何よりも効果がありますから。

そうしたライブなどによるリリースとリリースの間の音楽活動が、いかに浸透しているのか。それがレコード店の店頭で買う人の行動に、じかにつながります。

あとは、ライブには来ていないお客さんの頭にも、あ、このバンドは前にあれを出した人たちだよな、と刷りこむことができているのか。

売れるなぁというのは、そうした印象からくるリリース前の引きが強い時なんです。早くサンプルをください、と言われたり、店頭で展開したいのですが、という営業の提案があったりする時ですよね。

そうした引きを強めるためにも、リリースの間の時期に、そのアーティストが好きという人を増やすための活動が要るんです。一般的に想像されているよりもずいぶん前から、この活動はいつもやり続けるべきことだ、とぼくは捉えています。

音源を聴いて、いい感じ、次のが聴きたい、そういうファンの反応ももちろん大事ですけど、ライブや、いろんなところに顔を出すことも必要になってきます。

雑誌やウェブでアーティスト自身が文章を記すなど、音楽以外の活動にもなるんだけれども、そういう活動をどうやっていくのか。あくまでアーティストと相談してのことですが、そうした活動を決めていくのもぼくの仕事のうちの一つと思っています。

そういう環境の醸成みたいなものも含めれば、音源作りというのは、実際にレコーディングするよりもずいぶん前から走っているという感覚があります。いろんな情報を伝えていくことも含めてリリースのための仕事なんですね。聴いてくれる方はみんな忙しいですから溢れる情報の中でお客さんがうちの音源の情報を忘れないようにするために策を練るのも、ぼくの役割になるかと思います。

むしろ、音源作りの時間だけ、アーティストたち本人に活動のバトンを渡しているというのが、あくまでこちらから見ての実感なんですよね。まぁ、いま言ってきたのはごくオーソドックスなやり方ですね。

もっともっと、いい曲を聴かせて欲しくなってきている

アルバムに捨て曲があるとか、そういうことはカクバリズムからリリースされた音源に関しては一つもないと思っています。なんというか最終的にはぼく個人の判断にはなっちゃいますが、自分でそう感じてしまう音源を出してしまうと後遺症が出てしまうというか、あとになってそもそものスタイルから建て直さなきゃいけなくなるからこそ、やっちゃいけないんですよ、当然ながら。

音楽活動のメインでもある音源のリリースやライブ活動において、自分たちが期待しているほどの評価を受けられないと、やっぱりアーティストもレーベルもマネジメント事務所も落ち込みますよね。まぁありますよね。でもそういう場合、いいライブを一回やるだけで建て直しができる時だってあるんです。めちゃ単純なんだけど。

おれたち、いいじゃん！　そう心から思えたら、アーティストというのは復活できるし、未来は

あるなと感じられるし、その未来を一緒に進んでいこう、となる。いろいろあるけど大事なのはそこだけなんです。「仕事」ではあるんだけど、一見仕事っぽくもない業種だからこそ、いいライブをやれているか、良い楽曲を作れているかどうかというシンプルなことが重要だしパワーになる。で、スタッフとして、そこで何ができるのか？　じゃないかなって。未来って言葉を使うとなんだか窮屈だけど、またライブで見たいなとか、来年はこう行くでしょ！　みたいなことは何歳になっても考えていたいし、アーティストもそのアイディアに同調してくれて、一緒に進んでいけたら嬉しいし、何よりスタッフ冥利に尽きるというか。全くもって当たり前のことを言っていますけど（笑）。

本当に音源のリリースってのは瞬間風速がすごい時もあれば、凪いでいて、全然風が吹かない瞬間もあって。でもライブハウスやクラブで、会場のお客さんの雰囲気とその日のライブの内容がハマった瞬間、めちゃ充実した時間が流れる。その「良さ」といったら言葉にできないんですよ。来てくれたお客さんにもそんな瞬間っていうのは伝わっているのがわかるし、にやにやしちゃうんです。とびきり最高な新曲がはじめて披露された瞬間とか、忘れられないですしね。ステージ袖からお客さんの顔を見ているとわかりますよ、なんとなく。楽しそうだな、聴いてくれているなって。明確な基準を設けているわけじゃないけど、ぼくはスタッフであって、バンドメンバーでもアーティストでもないわけだから、お客さんとバンドやアーティストの間に立って、しっかりいろいろ異なる角度からライブを見たいし、感じたいし、楽しみたい。良いライブにはもちろん良い楽曲が必要だけど、全体の雰囲気というか、「なんとなく良い感じ」というのがあるといいですよね。これは言葉にしにくいですね。

ceroというバンドの場合には、ラジオをやったり、リリースタイミングじゃなくてもコラボのお話をいただく機会も多いので、そういったところで、彼らの雑多な面を見せていく。もちろん、そういう面白いことをやりながら、いちばん重要なのは音楽に集中することだからバランスだなって。

SAKEROCKの星野源くんの場合には、みずからあれをやりたいこれをやりたいと常に言ってくれて、さらにそれがとても的確でスケジュールもしっかり考えていた。そこまでできる人はなかなかいないです。基本的にはアーティストというのは音楽をやるだけでも精一杯というところがありますし、それでいいと思います。

ぼく自身にも、まだ、無駄なことも含めていろいろやりたいという気持ちは半分ぐらいはあるんだけど、ただ、もう半分、いや、もっとかもしれないけれども、そこのところではシンプルに、いまはもう話題性を充実させるよりは、アーティストたちに対しては「さらにいい音楽を聴かせてほしい」という気持ちになっているというのがあるんです。若い頃はスペースシャワーTVの「スペシャボーイズ」という音楽バラエティ番組に所属アーティストを出演させてもらったりと、楽しいことはそこでさんざんさせてもらったというか。その楽しい時期を経て、いいライブを、ただただ観たい、という気持ちがある。それだけで遊びがないのもいけないとは思うんですけどね。遊びができなくなるのは、そんなにいいことばかりではないですから。バンドやアーティストが、音楽以外のこともやることでファン層が広がる時代だったりするから、ややこしいですよね。そういうプラスの面があるのは重々わかっているけど、二十代の頃と同じことを繰り返したくない、ぼくが(笑)。歳取るのも考えものだよなって最近思いますね。

会社も、いまはちょっと大きくなってきました。事務所も広くなった。もっと狭くてグシャグシャした部屋、事務所とも言えないような自分の部屋からの出発だったのに。

前の時代は前の時代で、それで良かったんです。だから不正解でも正解でもなかった。その時にご一緒したお客さんたちは、小規模ながら面白い企画にたくさん出会えたと思います。無知がゆえに必死でしたから。いや、いまが必死じゃないわけではないんです。いまも必死でやっていますがちょっと違う。

いまはその時とは違う意味で面白いし、何よりもっといい音楽を作れていると思うし、広げられるようになってきたと思ってやっています。音楽以外の部分に顕著かもしれませんが雑多な面白さをあまり優先しなくなったのは、もしかしたら、ぼくが単純にそうしたものを面白がれなくなったのかもしれないんですけどね。

というか、みんなが音楽を最優先した結果としては、当然なんです。たぶん前はさらに時間があったんですね。単純に暇だったんですよ。暇だと本当に余計なこともできてしまう、何より遊びたくてしょうがなかったから。もちろん時間がなくても余計なことをやってしまう時はあるんですけどね、いまでも。

で、ここらで転換期だなって二〇一三年くらいからずっと考えて、発言もしていたんです。たぶん、目標とする会社組織としてのあり方がなかったんですよね。興味もなかった。音楽を作る、聴いてもらう、ライブをする、見てもらうっていうシンプル極まりない行動を推し進める中でぼくに必要だったのが会社という組織で、その先にどんな会社になりたいとか、どんな会社になるべきといった思いがあんまりにも抜け落ちていたのだと思います。どこかで、自分が好きなじゃない会社の感じに寄って行っているのでは？　という不安が頭をよぎったりして。別に何かに悪いことがあったわけではないんですけど。ただ、ずっと同じようなことを繰り返すのはつまらないと感じていたので、変換期だというのは肌で感じていました。みなにとって勝手のいい会社になればいいなって思うと同時に、少しずつ自分が思う良い会社、面白い会社にしたいという目標について考えるようになってきました。カクバリズムという集まりをぼくのワンマン会社ではなく、今後何十年間と続いていく組織なのだとしたら、とまで考えたり。

難しいですよね。当たり前だけど、ちゃんとした会社ってみんなの中にデフォルトとしてあるじゃないですか？　なんとなくでも。でもぼくって就職したことないから、ちゃんとした会社ってのがいまいちイメージできてない。スタッフを雇っているし、社会的にも取引先に迷惑はもちろんかけられないので、ちゃんとした真っ当な普通の会社にしたい……というかしない理由はないんですよね。そうするといつのまにかさっき言ったように、なんとなくシンプルになり過ぎてしまうというか。こう説明したほうがいいですかね、自分が面白い会社にしたいという希望があるものだから、意識的に面白味を残すようになっていくんです。しかしながら意識的にやることほど面白くないことはないですから。

こうなると重症だなって思うんですよ。なので少し考えを止めます。すると会社がどうこうというより、ぼく自身が楽しめているかどうかで判断しようって思うんですよ。すごくわがままですけど。具体的にどうすればいいって話じゃないし、アウトプットが優れていればよしと考えているんですが、このあたりは会社として真っ当であることと、インディペンデントであり続けることや、レーベルの特色を保つことで、ちょっと相性が悪い気がするんです。そりゃそうです。

でもこれをクリアしているかっこいい会社はいくつもある。ワンマンっぽいところがありながらも、基盤としてちゃんとした部分を持ち得る会社であり、変則的なことにも柔軟に対応できる。そして独立している。そうあれば良いのではと。ただみなみな考えると真面目というか、どうしても固くなるんですよね。

これも、いろんな人が音楽業界で抱えている状況に関係のあることなのかもしれないですけどね。知らないうちにカッチリしちゃって、良いものや面白いものへの反応が以前より遅くなってしまったりして。しっかりとスムースに仕事ができるようになってきたのかもしれないけど、知らないうちに失ってしまう部分ってあると思います。年齢が上がったら、その年齢に見合ったものを提示できていれば良いとは思いますが、この「知らないうちに」という怖さはありますよね。会社にしても、個人にしても。

確かになぁとは思うんです。ぼくも結婚して価値観は別に変わらないんだけれども、でもいままでとはそりゃ違うわけで、家族との生活があったら、売り上げが下がっているのにただアーティストと自分たちスタッフだけが笑えればいい、と例えばみんなで集まって草野球をやって、その面白映像をアップしようなんて企画ばかりはできなくなるのかもな、とか。いや、これは違うのかな？家庭を持った大人になりきれば、かえって草野球は面白いのかな。……わかりませんね。

いま思えば馬鹿みたいな企画ばかりしていた二十代の頃って、何にせよ、ぼくはやっぱり将来のことなんて考えていなかったかもしれません。

明日食うためのお金は何とかなるでしょう、というぐらいで心配はしていなかった。いま、アーティストやうちで働くスタッフの生活を考えるようになって、その頃と同じではいられなくなったわけです。これも、音楽を続けて生きていく中で直面する大きな問題の一つかもしれないですね。

でもこれも普通のことかな。誰だって歳は取っていくし。

そういう状況を抱えながら時間を有効に使おうとすればするほど、ごく普通の会社に近づいていく。役割は全うしているのですが、どこかで面白さを欲してしまって。つまらないわけじゃないんだけど、このまま普通の会社になったらつまらなそうとか思ってしまって。で、いつも矛盾を感じている。実際、普通の会社になるのがつまらないかどうかもわからないんだけど。面白さというか経営者自身が興奮できたりする土壌があるかどうかを優先することで、利益が多少下がることも良しとしている人もたくさんいるし、ぼくもそういうものが人に「響く」仕事になるなって思って見ています。もちろんその判断基準は良い音楽になるなら、です。でも利益が下がっても赤字にしてはいけない。お金の使い方は大胆に、そしてうまく黒字にするってのが、この仕事の面白いところですね。

うちだって、本当だったら、十組近くものアーティストを抱えてきたわけで、社員も十人ぐらいいてもいいかもなんですよ。でも、ぼくを入れて七人なわけです。子どもがいるスタッフもいるから、現場に行くのは実質的には六人になる。目が届かないところもある。それってやっぱり、あんまり会社っぽくしたくないからそうしている部分もあります。もちろん人件費の面での理由もあります。人件費の計算がそもそも不得意な業界ですしね、音楽業界は……。ここはしっかりしておきたいと思っていますが。ただ、そのぶん、多くの仕事がみんなにのしかかって、大変な部分が相当多い。貧乏性ってわけじゃなく、アーティストへの印税やギャラの支払い率を、インディペンデントレベルではありますが、他より多く出したいからというのも大きくありますね。

　大きな会社になりすぎないことで、何かいいことがあるのかについては……うーん、会社を大きくできるタイミングは過去に何度もあったんです。でも大きくしなかった。これまで作ってきた風土が変わってしまうことが少し怖かったんです。それに、会社を大きくするということに、最近こそ少し興味がありますが、本当にあんまり考えてこなかったんですよ。経営者としては全然ダメだと思います。できる人だったら、もっとカクバリズムを飛躍させていたかもしれない。でもそれは所属アーティストたちに無理を強いることでもある。ベクトルが常に一致していなくても、ある程度はシンクロして進んでいきたいと思っていたから。まぁ、会社として柄じゃなかったと思うんですよね。そういう点ではこれも経営判断ですね。会社を大きくしなかったからこそ十五年続いているし、マイペースであってもやっていける。そこが甘いのかもしれないけど、単純に自分らの会社だと思えるんです、愛着もそりゃ湧きますよね、この規模は。

　ただ大きい会社になることで、所属アーティストにとってもスタッフにとってもいい部分は確実にあるから、ぼくらは間を行きたいなって最近思っています。その時々の適度な大きさにはなっていたい。適度に大きくなる。

「面白さ」＝「ここではないどこか」

少し抽象的な話になるんですけど、音楽の根底にあるものについて考えることがあります。音楽に潜在的に宿っている力というか。見慣れた景色や普段の感じ方を少し変えてくれて、いつもの日常なんだけど「ここではないどこか」のように感じさせてくれる力。興奮だったり、リラックスだったり、いままで感じたことがない気持ちだったり、音楽を聴いて湧き上がる気持ちはいろいろだと思いますが、聴いていてどこかでバチッとハマるというんですかね。お客さん一人一人でフィット感には違いがあると思うんですけど、その感覚を喜んでもらえたら、レーベルとしてもめちゃ嬉しいんですよね。で、この「ここではないどこか」に連れて行ってくれる力を持った音楽を常に更新して届けるようにするってのも本当に重要なんです。どうしたって慣れてきちゃいますよね。

ぼくはいつでも「ここじゃないどこか」を大事にしてきました。でも、その一方では事務所も構えてしまっている。社員も、ぼくも入れて七人もいる。だんだん、そんなこと言っている場合ではないですよねってなってもくるんです。

でも、普通の仕事にはどうしても飽きてしまうところがあります。ミュージシャンに飽きているわけではないんだけれども、仕事をしていると、ルーティンの作業に飽きてくるんです。ただ、ルーティンを取り除いて仕事に関わろうとしたら、前例がないわけだからいつでもリスクが伴うんです。しかもいまのカクバリズムの体制でぼくがリスクを負うことは、アーティストがリスクを負うのと等しい。バンドはそれを望んでいるのか。ここは微妙なところだな、とは思います。

ぼくは常にカクバリズムを格好良く見せたいと思っているんですが、これは所属するミュージシャンにも付き合ってもらうわけですからね。ただ客層が広がれば広がるほど、レーベルのあり方、展開みたいなところはそれほど関係ないというか、そこまで求められていない部分だなとも感じました。

いい音楽。それを聴きたい人に向けた情報の告知。それから今後聴いてくれそうな人たちへのちゃんとしたアピール。ファンが多くなるほど、求められているのは、そういったベーシックなことだとわかるようになりました。

カクバリズムがインディペンデントでオルタナティブであろうとすればするほど、そういう着実な仕事の積み重ねとは相反する部分が少なからず出てくる。そのバランスがすごく大変だなぁというのが、いまの本音です。

それでも、インディシーンって、やっぱり局地的なものが生まれる場だからこそ面白いんですよね。ローカルなものって変じゃないですか。その変なものを、あんまり一般的にわかりやすく加工しすぎず、野生の勢いを残したまま存在させられるというジャングルみたいな場がインディだから、何だこれ、見たことねぇなって思うような変な草も生えてくるわけです。

一〇〇人いたら、五割はもうはじめからそこまで意識していない。十人が超好きでいてくれて、二十人が興味を持ってくれている。そこの三割を狙ってがっちりやる。あとは正直、じわじわ広がっていってくれたらいいな、みたいなイメージ。

でも、ミュージシャンたちからしたら、行けるなら、はじめからもっと大多数の層を狙っていいんじゃないかという人もいると思うんです。何でお前の思想に合わせないといけないんだ、レーベルとしての格好良さよりも売り上げを伸ばしてくれ、みたいなこともあるはず。それも正解なんだけど、まずは地盤を固めることを目指してきました。そこは裏方ゆえの悩みなんですけどね。経験から言うなら、結果、打率が上がるのは切り捨てたほうなんですけれども。五割は捨てたほうが、打率も高まると思ってぼくはやってきました。そしてぼくらにこのやり方は向いていた。

端っこのほうが面白いという捉え方は、ぼくだけに限らずいつの時代にもあると思います。いま、ぼくは三十代後半で、四十歳になったり五十歳になったりしたら、考え方はたぶん変わっていくかと思うんですが、端っこには常に面白さが潜んでいて、新しい才能がそこから生まれる可能性も高いと思います。みんな新しいこと、人と違うことをしたくなるでしょう、既に、いまでも、二十五歳ぐらいの時にやったことをやるのならば、それはいやですから。だから端っこには流動的に面白さが生まれると思っているんです。

合間合間に世話になったり参考にしてきた人はいるし会社もあるけど、「そうではないやり方」と思ってこれまでやってきました。ユニオンに入ったのも、いろんなレーベルの売り方を見て、これは格好良い、これは格好悪いと参考にしようということだったんです。

カクバリズムと他のレーベルでの売り方のどこか違うのか？　については、制作費や宣伝費の使い方にある程度幅があり、普通は予算書に準じて使っていくところを、ぼくの裁量で瞬時に増やすことができる点が一つあるかもしれません。うちはそれが効果的か効果的じゃないかすぐに判断がつかない場合でも、「あ！」って思った時には予算を上乗せしてやりたいことを実践するようにしています。そこには制限をかけていない。それによって爆発的に売り上げが変わったことは、実はこれまで一切ないんですけどね。なぜ効果的じゃなくてもやっているかというと、作品が少しでも良い環境で売れて、少しでも「なんか他とは違うな」と受け取られるために、そういうほんの少しの違いを積み上げていっている感じなんです。視点を増やし、その角度を変えるための作業に予算を回すのは厭わない。具体的に言うと、費用対効果を全く考えない映像作品とか（笑）。数年後に、それを面白がってくれていた人から嬉しい仕事の話をもらったりもするから面白いもので。

ただ、この予算の使い方をしていると売り上げが全然ないので、経理の人に帳簿を見せられて落ち込んで、こういうやり方はもうやめようって思ったりもするんです。そのあたりは、行ったり来たりしながら仕事をしています。

最近では、そうした反省に加えてやり方が固定化してきたという状況が、どうしようもなくあります。成功例ができてしまっているというのがあるんです。これとこれとをやればいい、みたいな……。さらにリアルなことを言うと、その成功例が当てはまらなくなってきているバンドだってあるし、こちらの気持ちが数年前とは変わってきているのもあるから、そこを掘り起こしていくのが新たな成功例になるかと思うんですけれども。

ぼくは、はじめてお会いする方によく「一緒に何かしましょう！」なんて意気揚々と提案されることがあるんです。その時に「面白いことをやりましょう！」と言われることがよくある。「……そうですね」という反応にはなります。

しかしながら、「面白いこと」とは何でしょうか？　これは案外、向こうとこっちでは捉えていることが共通していないケースが多々あります。ぼくがよく言われる場合の「面白いこと」は、ただ単に知名度を上げたい、驚かせたいなんていうことばかりで、決して面白くはありません。むしろ、実際にはつまらない。

ぼくにとって「面白いこと」って、やっぱり友達や家族や仕事仲間と「わははは」と笑っている時にあるものなんですよね。組織と組織の間で企画する「面白いこと」とは、ずいぶんと差があります。

ぼくはカクバリズムでは、この「友達と『わははは』と話している時の感覚」をとても重要視しています。何に関してもそうなんですが、友達や近くにいるバンドの仲間たちが「あれってさ、つまらなくねぇか？」と感じることというのは、大抵はうまくいきませんから。

自分が携わっているアウトプットが面白いかどうかを、どう判断するのか？　インディレーベルやバンドに特化した話でいえば、「反応があるかないか」の判断基準を自分の中で作っていかなければならないと考えてきました。

売り上げ以前に、身近な友人の反応を重視するんです。それから、ライブ会場でのお客さんの反応。関係者やお店の反応。これらの反応を自分なりにどう解釈するのかが、活動を続ける上でのかなり重要なポイントになるように思います。

仕事をしていてすごく薄い反応を大袈裟に受けとめる人を見かけることもあります。逆にすごい反響なのに自分が理解できない場合もあります。自分の中で、反応は柔軟に受けとめられるようでなければなりません。反応をどう解釈し、その解釈をどう使っていくのか。それが大事だと思います。

いちばんいやなのは無反応ですよね。これはしんどいです。そして、その場合はなかなか売れません。それがぼくにとっての経験則です。音源のサンプルなどを送っても、関係者や友人もうんともすんとも言わない。これは厳しいです。

でも、無反応であっても見切りはつけにくいものです。熱意は時に、判断の邪魔をするんですよ。

だから、三回ぐらいまで、と決めておきます。三回リスクを負って臨んで続けてみて、それでも無反応だったら、やり方を切り変えるようにしようとぼくの場合は思っています。

そうやって、逃げ道を作らず、自分でリスクを背負うことが大事です。どこかに頼ってしまえば、人のせいにできますから。ただ、反応が出てきた場合、それがリアルな反応なのかどうかという判断は、はっきり言って自分にしかできません。

反応の判断基準はどこにあるのか？　ここでウェブというのはあくまで参考程度にしかできません。自分の場合は、まずは答えは現場、ライブハウスのフロアにあると思っています。この場合は、ライブをするアーティストやバンドに限った話をしていますけど。

ライブハウスというのは、ぼくにとっては最良の現場なんです。そこで手を抜いたらいけない。比較対象も含めて、何もかもがライブハウスに転がっているんです。対バンから「お疲れさま」しか言われなかった時には、いいライブではなかったかもしれません。友達から「お疲れ」とだけ言われて「良かったよ」と言われない場合にも、自分たちのやったことを穿った目線で見つめ直す必要があるかと思います。でも、見逃してはならない静かな良い反応だってあります。ライブハウスのお客さんが盛り上がったり、静かに聴き込んだりする瞬間って、やっぱり無条件に「いい反応」って言っていいと思います。

ライブ終わりで物販コーナーがにぎやかな感じになっていたり、知らない人に声をかけられたり、それも良かったからだと思います。当たり前ですけど、そういう現場の動きこそが大事な反応で、その反応の揺れがだんだん大きくなっていくのがこの仕事をしていて楽しいところなんです。

基本的には、ぼくの判断基準の軸はライブハウスにあります。それだけ信じていたら、あとはあんまりブレずにやっていけるような気がします。ライブハウスの反応だけは信じてもいいような気がするんです。

それもあって、ライブハウスやフロアでは、逆にあんまりなあなあな感じにはしないほうがいいと思って立つようにしているんです。聴いてくれた人たちの素直な反応がわからなくもなりますので。……そんなふうに、ぼくは近くの人たちの反応を基準に「面白さ」を捉えてきました。多くの友達や関係者、多くの音楽好きなお客さんのために音源を発表し続けてきました。この本だって、同じような気持ちでまとめています。友達と、深夜のファミレスで話をしているような感じで読んでもらいたいわけですから。

レーベルがうまくいっているかどうか、というのは何を意味しているのか？　それは、とりもなおさず、アーティストなりバンドなりがすこぶるいいライブやいい音源をリリースしているかどうか、がいちばんの基本になります。

ぼくのようなレーベルオーナーは作曲や作詞や演奏をしているわけでもありません。曲が良いのはバンドたちがすごいのであって、レコーディングをする前後にどういった仕事をするのか……それが、ぼくたちの役割になるかと思います。

そこについて、「どうやっているの？」と質問を受ける機会も増えてきました。だから、少しだけ、他社と違う方針なんかにも触れていければと思います。

ただ、他社と違うところを説明するなんていっても、基本的には、カクバリズム自体はそんなにめちゃくちゃ売れているっていうわけではありませんので売り上げを伸ばすやり方はこれだ、と言いきれるわけでもありません。しかし、十数年間やって継続できていることには理由があるのだろうとも思っているので、その実感はきちんと伝えていきたいですね。

バンドやアーティストのメンバー以外で、他社と何が違うのかというと、音楽の良さを最優先して胸を張っていいものを出すぞとぼくが社内、社外に伝えられていることではないでしょうか。そこは言ったら「覚悟」としか言えないかもしれません。では、どのような覚悟を持ってやってきているのか？　まずは、「カクバリズムから音源を出したいね」と言われるのが理想だし嬉しいと思ってやってきました。

ありがたいことに、いまはそう言われる機会も増えたという実感があります。

パンクの人にも、レゲエの人にも、あそこは雑多に面白いことをやっているぞ、と思われるレーベルにしたかった。アーティストやバンドが面白いだけではなくて、です。

ぼくがカクバリズムを立ち上げた時というのは、まだ、ぼく自身もどっぷりパンクの世界に浸っていた時期ではあると思います。それでも、だんだん他のジャンルがすごく格好良く見えはじめていたんです。面白い音楽ってたくさんあるんだな、そう気づきはじめた頃でした。ぼくも、もともとはフリッパーズ・ギターだなんだと、いろんなジャンルを聴いても来ているわけだから、実際にはどこかのところでパンクだけではない音楽も求めていたのでしょう。

それから、レーベルの格好良さも追求したかったんです。いくつかのレゲエレーベルなんて「ふざけているなぁ」って感じるそのノリが実に格好良かった。それこそ、ジャケットのデザインなんて、色が違うだけでアーティストが変わっても音楽の内容が変化していっても、いつも一緒のものを出していたり、明らかにふざけているんですよね。でも、グッと来るわけです、そういうものに。

海外のレーベルも好きでしたし、国内でも濃いことをやっているレーベルが好きでした。立ち位置的にはホットと言えるんだけど、クールにも見えるレーベルになりたかったんです。

……「ホットなのにクール」って、何言ってんだっていう話ですけど。

「こいつらは違うものを持っているんだな」がないと、勝負ができない

昔から好きな一九七〇年代のパンクやハードコア、スカやレゲエ、最近日常的に聴くようになったソウルミュージック、ヒップホップ。音楽との本格的な出会いを振り返れば、フリッパーズ・ギターやコーネリアス、小沢健二。そしてのめり込んだ細野晴臣の音楽。

いま挙げた人たちの共通点とかたまに考えるんですけどほとんどなく、強いて挙げれば「最高」というぐらいです（笑）。それに、この人はいいなって思うアーティストって国内外問わず常にいっぱいいるんです。いまも昔も。

ただ、好きな音楽というだけでは、カクバリズムでぜひ扱わせてほしいということにはなりません。そこにもう一つ、何かがなければならない。

自分でも基準ってなんなんだろうって考えるんですけど、明確な「これ」ってものは全然ない。ただ瞬間的に見ても継続的に見ても、かっこいいと思えるものについての勘はいいんじゃないかなって思っていて（笑）。そこはある程度自分を信じてみようと思ってます。

ぼくはこの人の音源をカクバリズムでリリースさせて欲しいなとなると、ずっとそのアーティストの今後を考えたり、他でやれること、やれないことを並べて紙に書き出したりして、いろいろ想

像します。カクバリズムでリリースさせてもらうからにはアーティストにとって、良い感じの環境を作りたいと思うんですよ。

売れる、売れないじゃないってぼく自身もよく言うんですが、ユニオンで働いていた時から売ることについてはずっと考えていました。店頭で音源をかけてみて、お客さんに気づいてもらわなければダメだと思っていたんです。ちょっと極端ですけど。だから、スティフィンをやっていた頃も、自分のところのサンプル盤をレコーディングが終わった次の日にかけたりもしていた。そうすると、先輩に「これ何、良いじゃん！」って言われたりする。趣味が近いってのもあるけど、逆にそう言われないものは、売り方も聴かせ方ももっと考えないとなって思いましたね。めちゃ反応良いものは、スタジオのリハ音源とかかけてもお客さんにこれなんですかと訊かれますからね。明らかな職権乱用でしたね。同時に店頭で様々なアーティストの売り方も見ていたので、上手いレーベル、下手なレーベルってのもわかる。上手い下手というより、そのアーティストに合う合わない売り方、出し方かな。アーティスト写真とかもそうですけど、まだまだ小さな規模感でのリリースの時から大衆向けにしても全く意味がない。買ってくれる人の顔が見えているようで見えてないんでしょう。

みんな、「新規」のお客さんに対して宣伝しすぎな気がしますよね。新規のお客さんほど買ってくれるかどうかわからないのに、そのわからない層に向けて宣伝しすぎているじゃないかって。でも翻ってじゃあ逆に身内受けっぽいのがいいかというと、ハタから見ると寒いですから気をつけないといけないけど、最初の頃って何事もだけどまぁ近い部分からうまくやっていくってのが良いですよね。普通、ライブに来てくれているお客さんたちがいちばんのお客さんなので、まずいちばん近いお客さんたちがめちゃめちゃ盛り上がってくれる状況の中で、そのお客さんの期待を超える音源、ライブをかます。そのあとに新規のお客さんや媒体の人らといった、少し離れた人たちが徐々に盛り上がってくる。これがいちばん理想だし、かっこいい。

最初から知らない人たちにガンガン行くって感じだと、雰囲気が良い感じにならないじゃないか？　って（笑）。わがままな話だし、贅沢なことを話してますが、ほんとあるんですよね。でも新規のお客さんにも常にウェルカムな状況を作るってのが肝です。ＳＮＳがとことん拡がっている昨今だと、それもなかなか難しいかもですが、カクバリズムの最初のほうはそういった点で東京ローカルというか、まずそこに来てもらわないと何もわからないというやり方でしたね。そうやって一部だけども、評価してくれるってのはパワーになるし、地盤になる。自分らの大切なホームまで言わないけど、基本軸になる。

大なり小なり音楽の仕事を続けていくために、お客さんの顔が見えているかどうかと、音源やミュージシャンが売れることとの間には、深い関係があると思っています。

どんな人がどんな気持ちで自分たちのライブを見ているのか、音源を聴いているのか？　どんな経緯で音源を購入して、どんな感想を持ったのか？　その人は次のライブには来てくれるかな？

なんてことを昔からずっと考えてました。自分らでイベントをやる時には、受付でお客さんに挨拶してましたし。どんな人が来てくれたのかな？　って。そのうちお客さんともなかなかの顔見知りになっていくんですけど、いったらこれって小売業の基本だなーって。フェイス・トゥ・フェイスで（笑）。ただお客さんの中には、そんなことを求めてない人もいるので、いい距離感でっていうのも肝でしたね。身内や友達を増やすというより、顔見知りを増やすみたいな。お互いある程度知ってます、くらい。

そうやっていくうちにバンドが演奏する場所についての理解度も上がりますよね。すごい小さな話ですが、バンドやアーティストのイメージを作りながら、それに対するカウンター的なものとして、活動場所ってのが重要でして。この人はここがいい、これって感覚的すぎてそれぞれのアーティストで全く違うから、言葉にしにくいのですが……。人気が出て来ると、ライブハウスでもクラブでも、どこで活動していてもさほど活動場所による影響はないんですが、活動初期には結構重要で。その人たちに、合っている、合っていないってあるんですよね。ただ、合う合わないという判断もぼくの独断なんで、より精度を上げるというか、方向をみんなで共有するためにミュージシャン自身と面と向かって、普段からコミュニケーションを取るんですけど。そのことで、この人たちはこういう人たちなんだというのがはじめてわかる。こういうのは向いているんだなとか、見えてくる。こういうふうにしていったらもっといいのかな、と足りない面も見えてくる。そういうのって、話したり遊んだりしなきゃわかんない。ライブを観て、打ち上げとかごはんの時に話す。当時から当たり前にやっていたから、こうして言葉にすると恥ずかしいし、本当はこうして言葉にするまでもないことなんですけど。

もちろん、提案したとしても、アーティストたちは角張の言いなりになんかならないし、というか全部が全部フィットすることもないだろうから。こっちがこうしてほしいと言ったことに対しても、そこでちゃんと自分たちの色をつけてくるし、そうじゃないとなって思います。それが切磋琢磨になると言うか。

そうなると、やっぱりコミュニケーションが足りなくなると問題が起きますよね。ジュンくんの言葉を借りればそういう「ヴァイブスの調整」がぼくの重要な、そして一見仕事じゃないっぽい感じの仕事なわけですよね。こう言ってるとぼくに向いている仕事だと思いますね。

相談した上で、アーティストにはできないこと、苦手なことをぼくがやっていく。いま、あなたたちをこういうふうに思っている。こういうふうになったら面白いと思っている。そのことをアーティストに伝えますよね。人となりはもちろんだけど、いまのバンドが置かれている状況とか環境とかライブの動員数とか、あらゆる面で理解度を上げていって、誰よりもこのバンドのことを知ってるって自信を持って提示できるようにならなきゃいけないんじゃないか。それを、ぼくは実現しなければいけないわけです。お互いがお互いのやることをある程度共有した上で、目標に向けてスタートできる。何度も言ってますけど、レーベル、マネジメントの大切な要素の一部は音楽制作の環境作りですよね。そのための足場って実は遊んだり、電話したり、ごはん食べたり、ライブ一緒に行ったり、そういった自然な行為からできているんですよ。

で、バンドの人たちは、ぼくなんかよりも自分たちのことについてずっと考えている。当たり前ですよね。でも、どうしたら具体的に形にできるのかまではわからないところも多い。だから、ぼくらも彼ら以上に考えて考えてこうしていこうよと細かく話す。それを、納得してもらわなければならなくもなる。で、ポイントはカクバリズムはその「めちゃ考えている」感じを一切外に出さないようにやっているところですね。

なぜ、ここでこういうライブをやるのか。なぜ、こういう音源がいいのか。普段からそういうことって常に考えていなければいけないって思っていて。ぼくはそういうのを考えることはとても重要だと思っていつもしていますね。考えることって、タダですし。でも頭でっかちにならないのは、ぼくがそこまで聡明じゃないってのと、音楽ってライブも音源もその時々で予想外のことを起こしてくれるものなので、考えても考えても全然違う結果の時ってあるんですよね。で、そういう最高の瞬間があったりすると、考えに考えたことも忘れちゃう。それでいい気もするし、ダメな気もしますけど、でも準備しているほうが当たり前ですけど、うまくいきますよね。

そうしたサポートは、本当にいい音楽を一緒に作っているという実感があるからできることではありますけどね。これはいまいちだって思っていたら、足が遅くなってしまう。アーティストだけでなく、レーベルをやっているぼく自身も、納得できるような曲を生み出せるのか、が大きく問われることにもなります。

ぼくらのやっていることってのは生み出す人がいないとできないクリエイティビティなんですよね。

YOUR SONG IS GOODが面白い音楽をやっている。こんなにすごい人たちがいますよ、めっちゃ良いライブをしているんですよと人に伝えるのがぼくの仕事の一つです。伝達の仕方によって、広がり方も違ってきます。アーティストのことを、お客さんにより深く伝えようとするのが事業を大きくしていくってことなんだろうな、と思います。伝達力の向上もしなければならない。バンドから信頼される伝達者ではありたいから、格好良い伝え方しかしたくないですけど、このあたりは葛藤しながら、やってます。うーん、うーんと言いながら。

カクバリズムの社是はありますよ。どーんといけとか、要確認とか、見栄を張らないとか……(笑)。社是じゃないすね。それが基準になっています。もっと初期の頃の基準は、友達の平野太呂くんがいいねって言うかどうかだけでした。フライヤーを置いても、友達がいいねって言ってくれないとはじまらないわけです。昔から信頼している友達がダサいって思っているものはやっぱりちょっと引っかかりますよね。

カクバリズムの基準ってやっぱりそこなんです。「ラジオのカクバリズム」なんていう放送の企画をやってきたのも、友達の部屋のノリをレーベルでも延長線上にしているから。高校の時に友達の部屋に行って、このレコード良いじゃん、あいつのライブやばいよね、遊びに行こうぜっていうのと一緒なんです。

難しいことも言ってきたかもしれないけど、カクバリズムの核にあるものは、「あいつにこれを聴かせたいなぁ」ってことだけ。そんな気持ちをレーベルで続けている。あのドキドキやワクワクを、いかに音源やライブに落としこめるのか。どうしてもレーベルオーナーであるぼくの世代観は出るだろうから、たまにこの「いいじゃん」って感じをいまの若い人たちに伝えるのもズレがあるなってのもありますけど。

いまの時代は、特になんというか、音楽だけではなくなってきているんです。そのアーティスト自身が持つ魅力や付加価値なんかも重視される。お客さんも観に行ったライブがつまらなくても、行ったという事実を発信することである程度満足していたりとか。

そういうこともあって、やっぱりわかりやすくてポップなリリースインフォメーションを作ってあげたくもなるんです。マニアックな文章をばーって書いても、ついて来られる人とそうでない人がいるから。レコ屋で働いていたのでそれはわかっていたんです。もっとわかりやすい、まずは試聴したくなるようなキャッチを書こうとしていました。聴いてもらえるところまで引っ張っていけたら、その音楽の良さは伝わるんじゃないのかな、という発想の仕方だった。カクバリズムのバンドがめちゃ良い音楽をやっているという自信だけは昔からあったし、そうだからリリースさせてもらうんだし、そのための環境、時間、タイミングを作ることには意識的だったんですよ。

うちのレーベルは、「バンドメンバーがやりにくいこと、できないことをやろう」っていうのは最初からしっかりあるんですけど、他のレーベルとかメーカーとかマネジメントとかに比べると営業力も宣伝力もそこまでないし、日々のフォローや例えば楽器のケアといったことまで大きなマネジメント会社はもっとちゃんとしているだろうし、対外的に窓口を開けているわけでもないし、芸能的なコネもない。大きなステージを目指して戦うにしても武器がさほどないんです。

仲間で面白いことをやっていて面白いだけではなくて、他とは違う何かをやっていないと勝負はできないですよね。こいつらは違うものを持っているんだなっていうのがないと、勝負ができない。バンドもレーベルも、だからこそなんですよね。作り出すものは絶対いい音源であり、大衆的じゃなくても、小さな場所にドドーンと響くものであれば、胸を張っていけるんです。仲間内で盛り上がったものでも、俯瞰した時に興奮する音楽であれば、全然良いんですよ。そこからいろいろはじまる可能性がある。そのスタートがインディペンデントであることがやっぱりぼくの中で重要であり、そこを起点にしているとブレないし、音楽さえよければ絶対大丈夫って思います。自主的であり、頼らないゆえに自分で頑張らないと。

でも、自分が手を抜いたらそれが全部返ってくるので、それで迷惑もかけるんですよね。ムラが出てしまうところがある。そこは反省点です。たくさんあります、反省点。

レーベル代表だからこそ、締め切りを変えられる

音源作りをするうちに、納得がいく曲ができなかったとしたら、当たり前だけどおれは社長だから締め切りを変えられるよな？　ということにふと気がつきました。それは、気づいてよかったなと思います。いつまでに絶対にやりきらなければならない、ということってそこまではないんですよ、実は。いや、そんなことはないですね（笑）。

もちろん当初考えていたスケジュールで作れたらいいんですが、スケジュール内で納得のいくものができない場合は、それはそれで柔軟にスケジュールを調整していけばいいんですよね。そのぶんめちゃ大変にはなりますけど。音源の先にあるツアーなどの活動も大切だけど、音源はずっと残るものなので、最優先したいんですよね。ただ、経験上だれてしまうと良くないから、ある程度のスケジュールはしっかり管理しています。なので、もう少し手前の話というか、制作に入る直前な

どにこういったケースになる場合がありますね。で、それはぼくが会社全体を見てられるから、こういった判断もすぐさまできるんだなって思います。規模が大きくなればなるほど難しくなるけど、ぼくらのいまの規模感とスピード感であればまだ調整がきく感じです。

ニカさんの『にじみ』に関しても、すごく細かいところまで音源作りをやり直しました。いよいよ出るという時に「角張さん、もう締め切りだよね？」って、ニカさんから直したそうに訊かれたので、「あ、これはまだやり直したいんだろうな」と。で、「いや、そういう思いが残ったまま出しても、良くないだろうと思う。もしも、それで売れなかった時には、ニカさんは絶対に『あの時やり直したらよかったなぁ……』と言うでしょう？　……だから、好きなだけやり直してください」

そう話したんです。実際、そこからあーだこーだ鬼の調整があって、それでいいアルバムになったんですよね。こういうことは、レーベルの代表だから予算もそのアルバム一枚のみで計算しないというか、そのリリースだけではなく、二年後、三年後のことも見据えて考えないとナンセンスなんですよね。会社としても、一枚一枚の予算をきっちりリクープするなんてことは考えていないから。

でもこれはぼくは社長だからかもしれないですね。予算以外のお金も全体的に見ることで、いいのが出せるならやってくれとは言えるんですよね。社長が最前線にいる長所だなとは思います。もちろん、延期するからには、後悔はしないと約束してもらいます。

時間を作る代わりに、他に回す予算は減ってしまうことにはなるんです。広告もちょっと減らさなければ、制作費を捻出できない。そんなケースもあります。二ヶ月後に入ってくる数十万の売り上げじゃなく、二年後に五〇〇万とか一〇〇〇万を生み出すために、という選択をしています。

あの時にもうちょっと粘ればよかった、とあとから思うのって、音源を作っていていちばんいやなことですもんね。アーティストには、絶対にそういう思いをしてもらいたくない。と言いながら、調整ニカさんの『にじみ』のように制作期間を延ばしたことが良い結果につながることもあれば、調整したことで当初考えていたアイディアが計画通り使えなくて、それ以降の起点を作れなくなるケースもあって。経験上ですが、最初に考えたスケジュールってのはやっぱりいちばん良いものではあるんですよ。途中でめちゃ良い話とかくるとまた違いますけど。こうだよね、ってニュアンスも含めてみんなでそう感じて決めたことだし。なので、ほんとはその最初に組むスケジュールに制作者のインプット、アウトプットの時間の余白を含めて考えておけるのが理想かなと思います。

そんなに自分の売り方に自信があるわけではないけれども、それでも、一枚ずつのリリースにかける予算や時間は万全の体制で臨めるように確保しています。

リリースの時期に関しては、ぼくが決めさせてもらっています。好きなようにやってみて結果が出なかった時には、どういうふうにして自分自身の中でケリをつければいいのかっていうような話をしておくところも、音源制作に関しては重要なところなのではないでしょうか。ここまでやって売れなかったら納得だよな、と思うところまでは行きたいし、アーティストと共有できたらって思うけど、そもそもの「ここまでやって」というのも同じ共通言語として捉えられているのが前提になってきますけどね。

音源作りに予算をかける。時間もかける。そんなにのんびりしていて、経営的には大変ではなかったのか？　いや、経営的に大変な時期というのは、もちろん、何回も経験してきましたよ。でも、「大変だったなぁ」って記憶だけはあるんだけれど、細かいところまでは覚えていませんね（笑）。

お金が底をつきそうな時は、たびたびあったんですよ。ぼくが給料をもらわないという月もありました。ただ、さすがに社員に対して「今月は給料はないよ」と言ったことはありません。そんなこんながあって、経営ってこともそりゃ独学ながら学びますよね。夢物語ではなく、できる限りやりたいことを継続して、やっていくために。

何年かやってみて、会社を運営していく上では、一定の金額をプールしておく預金の存在が、まずは必要だと考えるようになりました。アーティストの成長度、それに伴うリリースの規模感の変化も視野に入れると「ここ！」って時にでかい予算を使いたいなと思うようになってきて。名古屋式経営になる……ってほど扱う金額は大きくはないですが、この十五年間ずっと音楽業界は斜陽だったりもしたので、おのずとシビアな目線と夢追いな目線を同居させるにはどうしたらいいのかと考えることになりました。そこである程度の金額をプールすることでバランスを取ろうと思いまして。また例えば、リリースやイベントの何かでミスが発覚する、としますよね。CDを全部回収することになるかもしれない。そんな時にお金が必要になるんです。アーティストが何かしらの事故に巻きこまれた時にだって、お金が必要になります。

そうした様々なトラブルに際して、最低でも一〇〇〇万円ぐらいはあったほうがいいな、とぼくは考えています。レーベルの初期の頃、ぼくが二十四歳か二十五歳ぐらいの時には、その金額は二〇〇万円ぐらいという感じでした。そういうその時期によって金額に変動はありますが、一人でやっていた頃から肌感覚としてまぁある程度は確保しておいたほうがいいと考えていたので、そこは変わっていません。

いま言った「一定の金額の預金」というのは、予想外の悪い事態に対してだけではなくて、思いがけずすごく良いオファーがあった時に、その波に乗るための費用にもなってくれます。安心感を得るためだけ、というのでもないんです。

こういうアルバムを作りたい。こういう宣伝をしたい。そういう「いざ」という時にお金がないからできないというのは、いやでした。そのために少しずつお金を貯めていったのが、うちの会社の基礎的な体力になってくれているような気がします。

うちが会社登記をしたのは二〇〇六年なんです。一九九九年からスティフィン・レコーズの活動はやってきたから、実質的にはやりはじめて数年後、二〇〇一年ぐらいからはそういう金銭的なバランス感覚を持ってやってきたつもりです。

いま手元に四〇〇万円あれば、二〇〇万円は「いざ」という時に使える、というような。そういうことはずっと考えてきました。だから、その金額の多寡については時間が経つごとに少しずつ変わってきているけど、この金額から下げてはいけないという感覚は常に大事にしてきたんです。

資金面に関しては、ぼくに「これ」という独創的なやり方があるわけではないんです。ただ、お金にはあんまり執着しすぎないようにはしています。会社のお金は、友達でもあるバンドのメンバーたちが、ぼくのことを信頼して、汗水垂らして演奏をして稼いでくれたもの。そう思うとおのずと適当には使えないし、いつでも基本に立ち戻れる。もちろん執着はしないし、逆に投資が必要な局面では結構すぱんと使えるものなんです。自分と直接には関係のないものと捉えているから、ど〜んと音楽に使えるんじゃないですかね。経営者としては正直どうかな？　と思う部分もありますけどね。

もっと、音楽を信じればいいのに

カクバリズムの業務の内訳でいえば、レーベル機能とマネジメント機能の配分が、時と場合によって全然違う状況になります。お金の話をしたついでで言うと、レーベルの業務だけでは会社は持たないよなというのは、十年以上この仕事をやってみて、本当によくわかりました。リリースする枚数を増やすか。一〇〇〇枚規模のものを一人でやるか。そのどちらかの道を行くことでなんとか組織を維持しているというところが、インディでは多いという実感があります。もちろん単独で数万枚売れるタイトルをいくつも持っているというレーベルもあっても全然良いんですけど。

いま言った二つの具体例の真ん中あたり、一タイトル二〇〇〇〜六〇〇〇枚ずつぐらい売るんだけどリリース点数はさほど多くないし、そこまで年間計画も厳しく立てていない。というのがぼくたちのやり方です。そういう意味では他とは違うことをしていることもあって、資金はプールしておかなければなりません。

近年、マネジメント業務が多くなってきているのはなぜか。ぼくは、リリースに頼らないでライブの収益率や動員数、グッズ販売数を増やそう、ということをずっと考えてきました。アーティストの存在を周知させる、そしてお金を稼ぐという意味ではリリースがいちばん効果が大きいんですが、それだけに頼らずともカクバリズムもバンドも運営していかなければならない、と考えてきました。このことはぼくが言うまでもなく各所で昔から言われ続けてますけど、それを地で行っている感じですね。いまは、リリースだけに頼らないでいられる自信が出てきてもいます。それは、マネジメント業務がちゃんとしてきたし、いろいろなありがたいお話を多方面からもらえるようになってきたということもあります。物販の売り上げについても平均的な数字が見えて来たし、よほど何か問題が出ない限り、売り上げを立てられるだろうなと思っています。

なぜ、売り上げが見えてくるのか。リリースとリリースの間に何をするかによって、バンドの価値やその先の動きが決まってくるからです。もちろん、音源をリリースするからにはそのバンドの状況が良くなるようにはするんだけど、CDを出しても出してなくても、「これは良いな」「このバンドは、来ているな」と思われるのがいちばん良いんですよね、本当は。

リリースがなくても話題は常にある。そういうのがぼくの方針であり、一種の理想でもあるのです。音源を出したあと、出す前、出す間にどうするかによって、立ち位置も変わってくるものでしょう。そのつど、自分たちの音楽をお客さんに向かってどう提示していくのかを考えることで、それは次に出す音源の出来にも影響があると思っています。ただ、ぼくの場合には音源だけに頼ってないと言う割にあまりに音源を起点に考えがちなんですけどね。

実は、音源を出すことに重心を置きすぎると、その間にやれることが本当にいっぱいあるのに、手薄にはなりがちなんです。いまは情報過多で、あれって知らないうちにいつのまにか盛り上がっているよなと思えるような現象が多くてお客さんも忙しいですから。きちんとインフォメーションを伝えておかなければいけないなって。伝わっているようで伝わらないいんですよね。

うちは多角的に動くには人的にも資金的にも十分とは言えないインディレーベルなんだけど、CDの販売だけに頼らないやり方をしたい。だからこそ、CDを出すだけでそのバンドがいい状況になるということには期待せず、そこへつながる起点にしたい。もちろん、出すからには一枚でも多く売れるようにするのは当たり前で、ただ、リリースしましたよってだけではないようにもしたい。

メジャーメーカーによくあることなんですが、あるアーティストがいて一枚目は五〇〇〇枚、二枚目も五〇〇〇枚ぐらい売れたとしますよね。まぁまぁだけど、ブレイクはしていない。そういう時に、やっぱり予算のことなんかもあるから、ある程度はリクープもしてもらわなければいけません。三枚目を二万枚ぐらいの予算で作ったら、そのぐらい売らなければならなくなるわけです。

一枚目と同じやり方で二枚目が売れなかったら、別のやり方を提案しなければならなくもなりがちです。ただ、そういう時に何をするのかが、本当に大事になるんですよね。重要なだけに、打つ手を間違うところがすごく多いように思います。いちばん多いのは、アーティストの表面的な印象だけを変えて、内容は実は変わっていないぞというケース……これは、ものすごく多いですね。

そういうのを見ていると、メジャーの人たちって音楽を良くする作業に関して、アーティストに任せすぎなんじゃないのかなっていう気はします。もしくは短絡的な発想ばかりなんじゃないかなって。もちろん仕事だから、その瞬間瞬間で総じて売り上げを立てないといけないし。メジャーメーカー、いやディレクターが、どこまで音源の方向性をアーティストと共有して持てるか。それこそリリースとリリースの間に、少しでも自分らの信じる音楽をかっこよくしていく努力や思索を一緒にできていたのか？　前にも言いましたが、アーティストがインプットとアウトプットするのに必要な時間もしっかり作ってあげないといけない。そして音楽にフィードバックさせていかなければならないのに、それをやらないで、外見のイメージだけを変えようとする。手短に何か他の人のイメージに乗っかろうとする。もっと音楽でやれることはあるのに。

アーティストのほうでも、次が売れないと契約が切られるとわかっているから、そうした小手先のネタにすがりたくもなりがちです。でもね、そんなことをしなくても、曲が良ければもっと広がるかもしれないのに。そこを信じてあげていないという状況があるような気がします。良い曲が生まれてくるための努力に付き合うというか。ディレクターやプロデューサーの必要性もそこで見えるし、マネジメントをすることの良し悪しも出るなって思います。

もっと、音楽を信じればいいのになぁ、とは思うんですよね。どうも、見た目とかネタ感とか、飛び道具に走っているような気がします。それでアーティストが息切れしちゃったり、思想も何もないノンポリみたいになっちゃってるのを見ていると、すごくかわいそうだなって思うんです。

ものすごく青臭いことを言ってしまえば、格好良い音楽に対しては、お金はついてくるんじゃないかと、ぼくはいまでも思っていて。いいものを作って「でも、これが売れないんだよなぁ」と頭を抱えている場合じゃない。いいものは、きちんと売れる。これは夢かもしれないけど、信じていいと思いますよ。ただ、さきほども言いましたが信じていたものを死にものぐるいで売って三回売れなかったら、違ったのかもなって考え直す（笑）。

これまでやってきたものに対しても「いいものを作ったから売れたんだ」と思っているし。もちろん、もっとよくできたはずってのは年齢が上がって、経験値が上がったことで感じるようになったことでもあり、あの時だから作れたんだろうなと思うこともあります。ぼくのやり方よりもいいやり方って、世の中にはたくさんあるし、ぼくじゃなかったらもっと上手くやれているだろうなって思うし、自分自身でもいつも模索していて、この本の中でも言っていることが矛盾しまくっていますけど。

いいもの、いいもの言ってますけど、この「いいもの」ってアーティスト、スタッフ、そして仲のいい友達、その人たちの間だけでも共有できているものなら、それはいいものなんですよ。もちろん差はあるけど、この共有度が高いものは、おのずと他の人に広がっていく強さを持っていると思います。

ライブの規模をどう進化させていくのか

ミュージシャンの成長の度合いとライブハウスの大きさとの兼ね合いも、音楽活動の中では重要になってくるところです。

ネストで二〇〇人の前でやっているのがいいというミュージシャンもいますし、そこから七〇〇人のクアトロや一〇〇〇人のゼップにまで行くアーティストもいます。

そこまではある意味ではミュージシャンの典型的で順当とも言えるルートもあるんだけれども、そこから先はそれぞれ独自の道を進んでいくところもあるわけです。お客さんの規模感の好みもありますし。

ライブを観にいくお客さんって、大雑把に分けると三種類ぐらいのところに行くんですよね。ネストや新宿のロフトなどの小さめのライブハウス。もうちょっと上で中くらいのゼップ、リキッドルームのようなところ。まぁやや小さくてクアトロもこの範囲に入りますかね。あとは、NHKホールや日本武道館の大きめのライブコンサート。大きめのライブコンサートの中には、さらに例外的に規模を上げて、横浜アリーナだとか東京ドームだとかもありますけどね。

その小、中、大では、うちのレーベルは小と中という二つのクラスのハコにライブを観にいく層をいちばん濃いお客さんにしているんですよね。これは多数派ではないんですけどね。多数派の音楽ファンというのは、中と大の二層のお客さんで、これはフェスにもよく行く人たちという印象があります。

小さいライブハウスに行く層って、ぼくなんかもそうなんですけどあんまりフェスには行かないんです。行ってタイコクラブ（長野県他で毎年行われる音楽フェス。YOUR SONG IS GOOD も出演している）とかかな。逆に、大規模なライブを好む層にとっては、小バコすぎると行きづらくもあるようです。

もちろん、ミュージシャンとしては、好きな規模のハコで演奏をしていればいいわけですけど、ただ、ある程度は規模感のステップアップをしていったほうが活動を続けやすくもあると思います。十年、ネストだけでやっていたら、そのうち人気は落ちるでしょう。それはネストが悪いとかじゃ全然なくて、お客さんとしても「動きが出てほしい」という思いが満たされないから。

「お、次はこんなところでやるようになったのか。嬉しい！」。これは昇り調子のバンドはよく言われることです。「自分たちだけのものだと思っていたのに。人気が出ちゃっていやだなぁ」って人も出てくるけど、「あの時にしか観られないライブを体験させてもらえた」という記憶のもとにもなる。日が昇っていくような勢いのある最中というのは、「いま、ここでライブをやるのはもう最後だろうな」って人気の出し方もあるわけです。バンドのステップアップを現在進行形で体験したいというファンは多いですから。

ライブハウスの規模が少しずつ大きくなっていく。これまでの活動の集大成的なアルバムを出す。首都圏だけではなく各地域のイベントに出られるようになる。次にイベントに出る時にはイベント自体の規模も大きくなっていく。……東京でやっているバンドが昇っていくルーティンな道は、大雑把に言うとそんな感じなんですよね。

ただ、ライブの規模感が上がっていくことによって、お客さんの満足度を保とうとするあまり、ともすればわかりやすいだけのライブにもなりがちです。

そのため、アーティストによってはやや小さめの野音にしてみたり、やや大きめの武道館にしてみたり、というふうに規模の調整をしている場合があります。レコ発のライブを大きいところではやらないミュージシャンもいます。ぼく自身は、うちのバンドには基本的にはベタなステップアップをしてもらっていますけどね。どんな規模でもいいライブをやろう、というところに最終的な考えはまとまっています。

普段のライブハウスやタワレコ新宿のインストアライブなんかに二五〇人ぐらいお客さんが来ているなら、もう、規模のステップアップをしてもいいところにまで来ています。そこは、ほぼ確実にステップアップしていくのがうちのやり方です。

少し前までは次の規模、五〇〇人ぐらいの規模のライブでも絶対にソールドアウトさせて勢いを作るというのがぼくのやり方でしたが、このへんに関しては、かならずしもステップアップばかりを考えすぎなくてもいいと捉えるようにはなってきました。例えば、クアトロで五〇〇人入れたいところを三五〇人や四〇〇人ぐらいという時でも、悪くはないというか、むしろそういうお客さんが各自で楽しめるようなゆとりのある雰囲気から出てくる興奮もあるかな、と感じるようになっているということです。キセルなんて、そういう中で記憶に残るいいライブをしてくれていますからね。

ライブのハコは、だいたい一年ぐらい前から予約しておきます。そうしていくつも予約をしておいたところで、ツアーの期間が決まってきて、そこから逆算してリリースのタイミングが決まってもくるわけです。

ぼく、これが仕事をしていていやな部分なんです。と言うのは、本当はリリースするつもりだったけれど、できなかったまま全国ツアーに出ることになったり、あるいは音源の制作期間がやや延びて、新しい音源を発表した直後に全国ツアーがはじまっちゃうみたいな余裕のない動きも出てきてしまう。

そうすると、ツアーに行ってもまだ音源がコアなファンにも伝わりきっていない状態だな、なんてあまり良くないことにもなるんです。

もちろん、ツアーの会場で音源が売れることも、とても多いです。音源で稼ぐという意味では、新曲の営業をする点で、人がたくさん入ったライブって最強なんです。他にもグッズ販売の収益も、ギャラも入ってくる。いいことしかないので、うちのような会社にとってはいちばん収益率が高いからこそ、ライブって日常的に組んで当然というところがあります。

このやり方は、YOUR SONG IS GOODのCDを一枚でも多く売るためにはどうしたらいいかを考えていた時にたどり着いてから、ずっと続けていますね。

一回ライブをやるより、十回ライブをやったバンドのほうが売れる可能性が高いし営業になるだろう、という発想なんです。ライブの回数を増やせない状況がある場合には、一回でお客さんの注目を稼げるプロモーションにもなるライブって何だろう、と考える。大御所バンドのライブに呼ばれていたな、とその一回のゲストアウト出来を高められないかと考えたりもする。

そして、ライブで起きたことはレコ屋に営業に行っても伝えられます。「シェルターでやったワンマンライブが満員だったんです」とライブハウスの動員を嘘なしで言えるかどうかがカギなんですよね。

二五〇人入っていたから、近所のこの店に流れてくる人を考えて、今回は五十枚取って(買って)ください、と言えるわけですね。そのあたりでは、ライブハウスではなくクラブで演奏をした実績というのは、それも立派なものだけれども、あくまでも「レコ屋向けの営業の口上として」は店員さんにすぐには伝わりづらいところがあるんです。クラブに来たお客さんのうちのどのぐらいが本当のファンなのかは見えにくいから。

ライブハウスでは、いまこのバンドはこうです、ウェブでもこんな感じで勢いができています、ってなる。レコ屋の店員も「知ってます」みたいなところまで来ていたら、確実に販売実績につながってくるという実感があります。

いまは五月から九月まではあちこちでフェスが開催されるようになったから、あんまりその時期にワンマンライブって入れられないものなんです。特に七月から九月までは入れにくいですね。各アーティストのライブの予定と誘われたフェスの日にちとが、かぶってしまうから。だから、一月から五月までの間にリリースしてツアーをするというのが、定型としてはおのずと決まってくるわけですね。

だから春になりかけの頃から四、五、六月までにかけてワンマンをすることにもなりやすいです。もちろん、ぼくだけではなくバンドメンバーが考えることにもなるので、いま言った定型から外れる場合も出てきますが。

ライブに関しては、どこのレベルで満足感を得るのかっていう基準があります。特に、アマチュアじゃなくて仕事としてやっているのならば。

キセルで、一五〇〇人ぐらいのライブで、座り。お客さんがみんな、軽く酒を飲みながら観ているっていうシーンがありますよね。その時に音楽の感じ方が一瞬だけでも会場全体でピタッと同じ時があったら、これは一種の理想のライブだなぁって思うんです。

でも売り上げは二十万円ぐらいなんです。じゃあ、赤坂ブリッツだ、リキッドルームだ、アックスだって、ceroかSAKEROCKがやった時にはどうなるか。ピンポイントに会場全体のピントが合う一瞬はないんだけど、高揚感はありますよね。アイドルを応援する心理とかに近いのかもしれないのだけども、お客さんって昔と違って裏方のぼくと近い目線を持っていて、点じゃなくて面で見ているから、あのceroがアックスでやった、感慨深いなぁというように、勝手に感じてくれている。そうするとこっちが演出しなくても、いい意味での超えた感っていうのが出てくる。

でも、やっぱり、一五〇人ぐらいが一瞬でも同じ気持ちになって、「うわ、すごい、キセルがすごい」ってなったのには敵わないんです。行っているお客の立場からするとそうですよね。でも、アックスでやったら上がりが一桁違ってくる。だから、どちらがいいと言えば、それはわからなくて。小さいところでずっと続ければいいじゃんっていう人もいますが、ぼくはどっちもやりたいんですよね。

いまって、ライブに対してのアーティストのこだわりをわかるお客さんも、少なくなってきているんじゃないですかね。例えば、フジロックには出る。でも、ロック・イン・ジャパンには出ない。そんなこだわりがかつてはあったわけだけど、そういうのがなかなか伝わりにくい時代にはなってきていますね。

例えば、ピザ・オブ・デスの横山（健）さんって、レーベルで開くライブのチケットをずっと二八〇〇円くらいに安く設定しているんです。あの人たちのキャパだったら、本当は四〇〇〇円とか取ってもいいはずのに。でも、ずっとそうしている。それは、高校生や若者がライブに来やすいようになんですね。高校生は三五〇〇円とか出せないから。音楽性もあってそうしているんだろうけれども、すごくこだわって維持している値段なわけです。

ぼくは、そういうこだわりを本当に格好良いと思います。なかなかできるものじゃないですよ。横山さんは、若者のためにその値段でやり続けているんでしょう。

一方、カクバリズムのライブのチケットは、三五〇〇円とか四五〇〇円なんです。だからそうやって頑張っている人たちをちゃんと評価してほしいんですけどね。そういうアーティストたちのポリシーが伝わりにくくなっているのは、感覚的な話だけれども、ウェブが関係しているような気がしています。ウェブが普及して、それこそ、ぼくみたいな裏方まで話題にのぼるようになった反面、そこに至る経緯とかこだわりを丁寧に説明しないと伝わらないというか、全体的に短絡的に捉えられることも多くなってきている気もします。

音楽シーンは良い意味でぐちゃっとしていると感じます。いろいろな人が以前よりコミュニケーションしている。カリスマ的な感じは少なくなった気がします……というか、ぼくがそう感じているだけかもしれないですけど、震災以降より感じますね。協調性ってほどの意味はないけど、やっぱり協力体制というのかな、全体的に。良いことですよね。フェス文化も関係していると思います。この十年で野外フェスをめぐる状況は本当に変わってきて、普通に定着しましたよね。

大型フェスから小規模なものまで、カクバリズムはまんべんなく出演させてもらっているほうだと思います。やはり思うことはただ一つ……フェスのお客さんがワンマンに来てほしいなってことですね(笑)。フェスで見てもらうのはもちろん嬉しいし、ショーケース的な要素があるのはわかっているんですが、フェスで完結して欲しくないなと常々思いますね。ほんと最近それを感じます。フェスで見たからいいやみたいな。どのバンドもワンマンにこそ力を込めているので、余計なお世話ですが、そのこだわり含めてフェスからのワンマンって道筋もしっかりできていってほしいです。

面白くなるのは「面倒臭いもの」

面白くなるものって、何かにつけて「面倒臭いもの」のような気がしています。ちょっと入り組んでいるものこそ、面白くなるというか。しかも、自分でもかなりがっつり入りこまなければならないものになる。負荷がかかるんです。

仕事って、スタッフがやりやすいことをやるとしたら、知恵って出てこないような気がします。でも、面倒臭いことをやると、価値って出てくるような。無駄じゃない？　ってくらいの徒労感が想定外の反応を呼ぶなって。

「うぇぇ、これ、超めんどくさい！」

そう、やる前には頭を抱えてしまうタイプの、めちゃ大変で面倒臭い現場のほうが、やってみたら面白いライブにもなるというか、アイディアが出るんですよね。乗り越えようとする。

えー！　いまから今日のライブの立ち位置変えんのか？　とか。例えば、ニカさんがより良くライブをするため、ライブを見てもらうために、直前に変更してほしいとぼくに言うとします。すっごい面倒で大変なことときたな〜〜ってブツブツ言いながらでも、やると、すごく面白いライブになったりする。だから、面倒臭いものから逃げてはいけないし、それにいかにうまく対処するか知恵を絞りつつ、どうしたら事前にもっと吸い上げておけるか考える。でも突発的なものは楽しむしかないですね。こういった経験は、源くんやSAKEROCKのライブ現場でいちばん積みましたね。めちゃくちゃ面白いアイディアが溢れていたので、それを源くん、メンバーと相談し、スタッフ含めバタバタでしたけど、努力して、達成する。あれはあれでとても楽しかったし、充実感もあるんですよね。ライブ制作にかかわらず、映像制作もだし、もちろん音源制作もですね。

音源というのは、アーティストが体を切りとって作っているようなものです。子どもみたいなものとよく言いますけど、まさにです。それを商品として扱うわけだから、その音源にかけるアーティストの熱意に、こちらは慣れきってはいけないなと思っています。一見大変で面倒そうに感じる、メンバーからのリクエストも頭から「それはダメでしょ」となってはいけない。歳を取ってくると経験上デメリットばかり考えてしまうけど、すぐにダメってなっちゃいけない。どこに何が転がっているかわからないからです。SAKEROCKは特に「これ無駄じゃないの?」ってまわりに思われるようなことを一生懸命やっていたんですけど、それがバンドのイメージの向上につながったり、他のバンドやアーティストからも羨ましがられるというか、面白がってもらえていたので、それがSAKEROCKの独特の立ち位置を築けた要因の一つだと思うし。源くんとお茶していたり、ごはん食べていたりすると、そういった「角張さん、こうしたら面白くないですか?　やりたい!」って提案がほんと次から次へと出てくる、めちゃ元気に(笑)。「それは無理じゃない?」って言うだけなら誰でもできるから、できる限りチャレンジして、ダメだったらダメでしょうがないなと。でもお互いに考えを共有できていたし、力を出し合っていたからいろいろやれましたね。任天堂のゲーム『マザー』のロゴを使ったSAKEROCKのTシャツを作ろうとなって、それを任天堂に打診をしてみたらまさかのオフィシャルでOKをもらえたり。あれは嬉しかったな。MVもDVDもひたすら面白いのを作りましたね。そうそう、音源の話でした。リリースしてもらえることに慣れてはいけないんですよね。音源を聴いた時に抱くあの感覚というか、心が動く瞬間というか、あれって当たり前に感じさせてもらえるものなんかではない。特別ですよね。特に二〇一八年のいま思うのは、音楽業界全体としては調子が良い部分と悪い部分があり、CD、配信、アナログなどの売り上げもなんとか横ばいをキープしていますが、そんな中で一枚のアルバムという形でリリースできるのは大変なことなんですよね。またそれを出し続けるというタームを維持するのも大変です。そう思ってきちんと受けとめて、リリースさせてもらう。覚悟って言うと言い過ぎかもだけど、必要なんです。覚悟とユーモア、そして音楽を最上段に丁寧にってのが、十五年やってきて痛感しているし、間違っていなかったなと思いました。そもそも、名字が屋号になっていますしね。全国の角張さんに対してヘマはできねぇなって（笑）。

ミュージシャンに対しての覚悟については……所属アーティストたちの人生を、ぼくは一〇〇パーセント背負っているつもりはないんです。昔はそれこそ、YOUR SONG IS GOOD のメンバーはみんなぼくが養っていかなければいけないんだって思いこんではいました。それが大きなプレッシャーになっていたりもした。

でも、そんなことはないよな。どこかで気づくようにはなったんです。メンバーたちも、そんなところまでは、ぼくに頼ってはいない。だから、一心同体ではあるんだけど、お互いができることを一〇〇パーセントやればいいんじゃないかというところに、いまは来ている。そんな感じです。

ただ、リリースとマネジメントを少ないスタッフで回していくって、本当にバタバタしてしまう。

面白いことではあるけれども無理なことをやってしまい、ミスが多かったり他の人に迷惑がかかったり、コップから水が溢れ出しちゃうような状況って、いまも時々あります。でも、最近では「ヤバい」となる、その直前の感覚がわかるようになってきました。

これ以上やったら、おれの器では、コップから水がこぼれてしまうっていうのをわかるようにはなってきたんです。それにより、いろんな人に迷惑をかけちゃうよ、という。そこをそうさせなくするための責任感は、昔に比べればかなり強くはなりましたね。自分で責任を持って仕事をするのは好きなんです。というより何でも自分でやるのが好きなんですよ、たぶん。

責任を持たなければ、好きなこともできないという感覚はずっとあるんです。そういう意味では、やりはじめて二年目ぐらいから、覚悟ではないかもしれないけど肝は据わっていたかもしれません。

死んでもやるぞ、というぐらいの気持ちにはなっていたかもしれない。自分では飄々とやっているように見せたかったけれど、やっぱり愛情を注いでいるものだし、かけた時間のことを考えると覚悟、責任を持ってやっていたんでしょうね。できないくせに無理をしていた時も多々あると思います。

いま十年前を振り返ると、当たり前のように振り返れてはしまうけど、他の人がしない選択をしたという意味では、いろんなところをくぐり抜けてきた感はありました。

でもなんだろうな、経営を嗅覚のみでやっているというか、その選択をした自分の感覚を疑いながらも信じているというか……。とても不安になりながらも、ここだ！　ってなった時には、会社の体力的にも相当大きな予算を組んで動く。といっても自分と数人なんですが。そのつど、本当にプレッシャーは大きかったんですよ。当時は本当に前しか向いてなかったし、数年後にこうあればいいってことばかり考えていたというか。

いまの時代に、自分の三年後や五年後を考えて夢を見られる人って、どのぐらいいるのかなと思います。そこに向けて、現実的に計画を立てられる人。一方で二ヶ月先のことだけを考えて頭がいっぱいになってしまう人。これはすごい差が出てきてしまうように思います。自分の五年後のことを考えていられるかっていうと、なんとなくは考えるけど、具体的にってなるとどうなんだろう。特に、東日本大震災以降は、本当に考えられないという人が多いと思っているんです。ぼくだって、考えられていないところ、いや、考えるのをやめにしたところがあります。

でも、数年後に何があっても対応できるようにしていこうと準備はしています。もしも五年後に会社が潰れるようなことがあっても、対応できるようにはしておこう、とか。もう、できることはそういう心構えしかないんですが。これは二十代ぐらいからだんだんみんな抱えてくるようになることですけれども、実際、ミュージシャンもなかなか生活が大変っていう問題がありますよね。

音楽で飯を食いたいと思っていた人たちがいて、幸か不幸か、実際に音楽で飯を食いはじめるところまでは来た。そうしたら、どうもまわりの同世代と比べて、収入が少ないようだ、とわかってくるし、わかっていた話なんだけど、現実として隣り合わせになる。それって、音楽のせいなのか、自分のせいなのか……。あるいは所属事務所のせいなのか……。ある程度の成功を収めていない限り、そういった問題にかならずぶつかると思います。ここでいう成功の規模にだって幅がありますが。ここのあたりは、いま十代や二十代のミュージシャン志望者たちにもぜひ考えてもらいたいところです。お金の話で恐縮なんですが……。

三十歳のミュージシャンで、同世代のサラリーマンと同じだけの収入を得ようとしたら、所属先やジャンルにもよりますがそこそこ売れていなければダメだと思います。音楽で生計を立てているのはアーティストやバンドだけじゃなくて、ぼくみたいなディレクターやプロデューサーをはじめ、音源まわりだったらスタジオ管理、エンジニア、楽器管理などといった音響仕事に関わる人もそうだし、ライブまわりだったら音響、照明、舞台美術の技術スタッフの人、それをまとめる制作サイドの人。リリースなら宣伝や営業の人、印刷会社の人などなど。そして販売ならレコード店、配信会社、流通会社など。こうして考えると、音楽に関わる仕事って本当に多いですね。音楽を作って得た利益はこういう人たちにも分配されていく。そんな中でバンドやアーティストが自分らの給料的な収入として一定の金額を得る厳しさってのはありますね。しかもそれを一時期じゃなく、継続するとなると非常に厳しい。それが立ちはだかるんですよね。最初、この本ではそういった厳しさを明確にしつつ、音楽の仕事の幅とかを理解してもらうことも考えていたんです。ただ……音楽の仕事ってのは確かに給料も安いし、拘束時間も長いし、休みもないし。めちゃくちゃ大変なんですが、本当に夢がある。しかもその夢には具体的な形がないんだけど、夢を追いかけているなと実感できる瞬間がある。それは何事にも代え難いものですよ。夢追いの厳しさを現実的に伝えるのがぼくの役割かもしれないんだけど、二〇一八年のいまにはナンセンスだなって思って（笑）。特に二十代って、本当にたくさんインプットとアウトプットしていた貴重な時間だったな、恵まれていたなっていまは理解できるけど、当の本人はその貴重な時間を貴重とは思ってないですごしてしまうかもしれない。そうじゃないなって。食える食えないってのは大切な問題だけど、それ以上に何か好きなこと、好きな音楽にこだわれる時間を仕事で使えるってのは本当に良いんじゃない！　って思っているんです。音楽の作り手ならば、正直、食える食えない以前に良い悪いを優先してほしい。戦略的になるのはまだまだ先でも大丈夫、やり方や手法じゃなくて、自分の好きなものにこだわってほしいし、その時間ってのはやっぱり貴重だよってことを伝えたくなっています。いまの人たち、みんなベンチャーかって感じでマーケティングし過ぎですよ。

そんな中、やっぱりどうしたって、現実的な話も必要だから、こうして話しているんですが、前提として「音楽だけで生活できること」を一〇〇パーセント良いこととも思っていません。音楽を作る、制作に関わることは音楽で生活していることと全然イコールではない。むしろ仕事をしながら音楽をやっていくのも健全だと思うし、各自の自由です。ただ「音楽だけでやって行きたい」と望んだ人についてはいろいろ言いますが、すべてにおいて、どっちが偉いとかもないですし、音楽だけでやっているからすごいとかでもないんですよ。案外、みんなその実情を知らずに言葉にしますけど、メジャーだからインディだからとか、その制作物の完成度、中身にはそれは関係ないし、音楽で食べていける、食べていけないも作品には関係ない。どんな環境にせよ音楽は生まれてくるし、貴賤は当たり前だけどない。じゃあなぜみんなその音楽の生まれた環境を気にするかというと、ぼくもそうですけど、そこが内容とシンクロしていくものであるからです。だから音楽が生まれる環境っていうのも気にするべきものなんだけど。ただ、そういうある一つの事実だけを拾い上げて、そこで評価に差をつけてはいけないのではないかと思います。みんな「メジャーだからすごい」とか「働きながらなのにすごい」とか言いますよね。

音楽で生活していく。継続して売り上げを作っていく。この当たり前だけど、大変なことをやっていく上ではいろいろな時期があります。カクバリズムの所属アーティストは国民的な知名度を持っているわけではないので、時にそういう、立ちどまる時期も訪れるんです。例えるなら夕方の時期ってあるかと思います。最初は、アルバムを出す、徐々に人気が出て、知らない人たちの前でライブをする、そういうこと自体がとても楽しかった。フレッシュだった。でもそのうちに、追い続けてくれているお客さんも含めて、そういったリリースとライブ活動に慣れてきてしまう時期もやってくる。

ばんばんアルバムを出す時期ではなくなる。マイペースでもしっかりいいものを作ってこそだ、みたいなところに立ち戻っていく。これは音楽性もあるんですが、それぞれのバンドやアーティストごとに、そういった時間軸があるんですよね。その時期をどうやってすごしていくか。どうやって継続し、最良な音楽を作るべく仕事をするか？　三十代、四十代にバンドのメンバーが突入したカクバリズムにおいて、大命題でもあります。最高の作品ができた、フレッシュなアイディアを出して、しっかり宣伝をする。それを必死で成立させてはじめて、音楽で生活していける。それはもう誰もが知っている。継続することの大変さを重々知りながらも、音楽を生み出していきたいというアーティストたちの気持ち。この気持ちのバランスを、「仕事」として環境作りに落としこんでいくのがぼくらなんでしょうね。また同じことを言いますが、それをあえて「仕事」だと感じさせないようにするのも、ぼくらの「仕事」なんですよね。

SAKEROCKのすごさは、スケジュールにあった

SAKEROCKとは、YOUR SONG IS GOODのジュンくんとモーリスが高田漣さんのバックで

SAKEROCKが演奏するライブを観にいって、めちゃかっこいいからイベントに出てもらおう！と興奮して電話してきてくれたんです。すぐさまカクバリズム二〇〇四年初夏のシェルターの企画に出演してもらって、そこから関係がはじまりました。なので、十四年前ですね。ライブは本当に面白くて、スマートなんだけど、どこかパンクだったんですよ。モンド、エキゾとかジャズぽい音なんですけど、ライブはパンクやオルタナの要素もあって。当時は源くんは座ってギターを弾いてましたね。めちゃかっこ良くて、聴いたことがあるようでなかった。おじさんのようでいて若者だった。新鮮でしたね。そこからメンバーと少し仲良くなって、ぼくも都内でのライブにはほぼ顔出すようになりました。（渋谷）ネストとか（下北沢）キューとか、たまに深夜のイベントとかもあったかな。ライブはどこも盛り上がっていて、でもなんか浮いていると言うか、所在無い感じではありましたね。そこがかっこいいんだけど。二〇〇四年の秋には源くんとメールのやりとりを頻繁にするようになっていて、「次のアルバムの録音が半分くらい終わったんですよ」と聞いて、じゃあカクバリズムでアナログを先行リリースさせてもらうのはどうだろうか？　って話を下北でしたんですよ。源くんが舞台の稽古終わりだったのかな、喫茶店の「花泥棒」でした。源くんはぼくの二こ下だったけどいろいろなものに興味があって、もう当時からやりたいことが溢れ出していましたね。SAKEROCKでやりたいことをよく喫茶店や電話で話していたなあ。で、気がついたら連日深夜電話していたりして、年末にうちのレーベルからアナログをリリースしてくれることが決まったんですよね。メンバーの年齢はドラムの大地くんはぼくの一歳下、ベースの馨くんは源くんと同じ二こ下、トロンボーンのハマケンは三こ下で、みんな同じ自由の森学園の卒業生でした。ほんと、いま振り返っても面白いな。SAKEROCKは演劇のための音楽や、CMや映画など映像のための音楽だとか他ジャンルへの関わり方から、フジロックをはじめとするフェスでのウケ方、いろんな地域でのお客さんとの距離感、音楽以外の業界の人に褒められることまでも含めて、本当に見たことのない景色ばかりを見せてもらったバンドになっていきましたね。

もちろん、アルバムも映像作品もたくさん出させてもらったし、カクバリズムの幅を広げてくれた存在です。

いまでこそ、自分たちの活動の合間に他人のバンドで演奏したりサポートしたりするのは普通ですけど、インディシーンというか、YOUR SONG IS GOODのまわりにはそういうのはなかったんですよね。ぼくからするとちょっと特殊だった。でも、SAKEROCKのまわりでは割と普通だったんです。サポートミュージシャンとしても活動しつつ自分の好きな音楽をやるという文化があった。すごい腕を持っている人はそこで食っていける。録音にも呼ばれたり、音楽の仕事が増えていく。ジャンル的な違いなのかもしれないですが、ぼくが学生時代通っていたライブハウスシーンとは別のシーンというか、場所があった。

その上で、バンドはみんなで好きなことをやる場だから、というのがSAKEROCKのスタンスでした。だから、バンドで食うことを活動の前提にしていない、食いたいやつは食っていいけど、バンドはやりたいことをやるからお金儲けを優先しない形で活動を続けていくという。オファーをギャラの値段で判断しないし、誰かの真似事もしなかったし、「やりたい」「面白そう」「面白くなりそう」とか、SAKEROCK四人ですべて判断してましたね。すごく条件がいい話があってもスパッと断ったり。「え、ギャラこの金額だよ?」って普通思ったりするけど、そういう彼らの姿勢は、カクバリズムとしても指針になったし、常に肝にしておきたいベクトルというか、良い「固さ」であると思いました。生活があるから、やるしかないよねってなってくるとどうしても活動は濁ってくる部分はあるんですよね。もちろん雑味があるのは良いと思うんですけど、外部の要因で濁っちゃいけないですよね。

SAKEROCKは、カクバリズムを変えてくれたと思います。彼らが二〇〇五年に入ってきたあとには、YOUR SONG IS GOODの経験をSAKEROCKに、SAKEROCKの経験をYOUR SONG IS GOODに、と相乗効果のようにライブや音源を活性化できて、それがYOUR SONG IS GOODのメジャー進出にもつながった。そんな時期に、メジャーとの契約を終えたキセルが加入してくれるということも出てきた。仕事の幅も広がってきたし、もっと広げたいと思うようになった。

源くんのやることは、ぼくからしたら「音楽的に何をしたら自分たちが面白がられるか」という点の理解度が高いから面白く見えていたんですよね。客観視できるところ。若いうちって、そういう「何がウケるか」って、もっと自分に近いところで考えてしまいがちなのに、そうではなかった。他の人たちができないこと、しないことをする、でも音楽的に面白くて素晴らしいっていうのが両立しつつありました。

既存のアーティストの影響を受けた子が、そのアーティストの客の前で同じ方向のことをやろうとしても、もうそういう存在がいるなら面白くはないじゃないですか。影響を受けるのは当たり前にしても、同じ方向ではないところでやらないといけないとぼくは思うんですけど、それを考えて新たな音楽として生み出そうとする過程で、オリジナリティというのはできてくると思うんです。そこが、SAKEROCKはすごかった。「～ぽく聴こえたらやらない」っていうのを徹底していたし、参考にしている音源やアーティストの存在があっても、敬意を持ちつつ全く別のやり方で再構築していたから、新しく聴こえていた。音楽家の人たちからも一目置かれるようになりますよね。

何も、音楽というのは厳密に適材適所でやっていかなくてもいいんですよね。むしろ、いまの時代はどこに隙間があるのか、を見つける必要がある。自分の音楽を好きになってくれそうな人の前でアピールしたほうがいいわけだけど、同時に、客観的に見てこれが自分たちならではの旗なんだというものを立てるというバランス感覚が要るなって。SAKEROCKは「ちょっとへんなこと」、「どこか変わった部分」を持つことで自分らを興奮させていた。リハーサルスタジオで、へんなアレンジやへんな曲ができた時、四人とも嬉々としていましたからね（笑）。それを四人だけのものに留まらせずに、多くの人に聴いてもらおうとすることにとても誠実でした。

SAKEROCKと仕事をやりはじめたぐらいの時期から、だんだん、ぼく自身も音楽で飯を食うことの実情が見えてきたところがありました。ずっと音楽業界と関わる仕事を続けていても、まわりの友達ともそこまでシビアな話はしていませんでしたからね。実情がわかるのに時間がかかった。

思ったよりも大変なんです。何をしたって売れているように見えるメジャーのバンドでさえ、実は少ない給料で頑張って、がんがんリハをして、がんがんライブをしてはじめて食えていたりもする。それで、「え、あんなに売れまくっているように見えるのにバンドメンバーの給料は一人十五万円？」みたいな水準が、あとになってようやくわかるようにもなりました。

SAKEROCKのメンバーも、二〇〇五年にうちに移籍してきた時には、音楽では食っていませんでしたよね。源くんは俳優業がいい感じにすべり出していたけどめちゃ家賃の安いアパート住まいだったし、馨くんはピザ屋のバイト、ハマケンは警備のバイト、大地くんは実家にいたから多少余裕があったかな？　みたいな感じでしたから。

でも、二〇〇五年に7インチシングル、アルバムとツアー、そしてＤＶＤを出し、二〇〇六年にもアルバムとサントラを出し、ライブをし、物販をしてって精力的に活動するうちに、二〇〇六年後半ぐらいからは彼らは音楽で食いはじめるんじゃないのかな。ただ「SAKEROCKは各自の好きなことをやる場所。これで食えるとはあんまり考えないほうがいいよ」というのはメンバー間の共通認識になっていましたね。

そういう姿勢を貫いた上で、売れてきていた。お客さんが来てくれる。自分たちの好きなことをやって、媚びずにいてもお客さんが来るというのはとてもいいですよね。お客さんのことを考えすぎても影響を与えられないってところもこの世界にはありますから。お客さんにとって満点のセットリストでライブをやったら、もちろん満足感は与えられるけれども、案外影響は残らなかったりするんじゃないかな。もっと傷跡みたいにも感じられるような、お客さんにとっては「どこかわからないところがあった」ぐらいのライブのほうがのちのちのためには良かったりするかもしれないなと思う部分もあって。そうはいっても短期的には満点のライブを観たい人もいるわけだから、どんなセットリストが良いのかは悩むわけですけど。こればっかりは変化を含めて長年見ていてもらいたいなって気持ちに尽きますけどね。

そういう媚びない姿勢を見てくれていたのか、SAKEROCKはそれより下の世代の若いバンドに対して影響力が強いんですよね。フォロワーってのを生みにくい音楽性だったけど、「二〇〇〇年代のインディと言えばSAKEROCK」と捉えてくれる若い世代が結構いる。それって、映像作品にしても、あの内容を自分たちだけでやっていたりするところが「面白くて格好良い」とされているからなんですね。SAKEROCKならではの立ち位置ってことだったと思うんです。もちろんどこのシーンにも属してなかったぶん、評価の対象になってない時もあって、悔しい思いもしましたけど。

ただ、そういう見え方、立ち位置で存在しているということは、実際問題、ほとんどのことを自分たちで成り立たせようとするわけだし、台所事情としては結構ギリギリのところでやらなきゃいけなくもなります。金儲け度外視で面白いことをやるわけだから。震える瞬間とかありましたけど、それもSAKEROCKならではですね。

ともかく、そうしてできた音源の反応が最初からすごく良かった。手応えを感じるし、歩いていてもうまくいっている時特有の、街並みや道が輝いているような感じがありました。ねぇ、SAKEROCKって知ってる？　知らない？　マジかよって感じでしたからね（笑）。聴いてよ、最高だからってね。

SAKEROCKのメンバーたちというのは、スケジュールに対しての姿勢がはっきりしていたのがすごいなぁと思ってそばにいましたね。半年以上先のことを手帳を見ながらメンバーで相談して決めていたんです。リハーサルのスケジュールとかもなんです。

当時、二十一、二の子たちが、このへんの時期に録音しようか、うん、空いてるよなんて話しているんですからね。驚きました。ちゃんとしているなあと。ぼくもライブハウスを押さえることぐらいはある程度前から準備していますから、このスケジュール感いいねなんて話になる。

それで彼らは、期日までに約束したことをやってくるんですよね。これ言葉にするといたって普通かもしれないですが、なかなかそんな順調には進まないし、こまごまいろいろなことに時間がかかっていたんですよね。それにまず、みんなそこまで具体的にスケジュールを組めないんです。でも彼らは、みんなで曲を持ってこようと言えば、ちゃんと持ってくる。源くんなんて、当時からかなり忙しかったけれども、自分が提案したことや約束したことは絶対やって来ますからね。個人的な時間はたぶん犠牲にして、命がけでやってくるみたいなところがずっとあった。自分に厳しくというか、やりたくてしょうがない、楽しい！　って感じでしたね。

メンバーも含めて、録音のはじまるかなり前から来てリハをやっている。みんなでやるべきことが終わったあとも、大地くんは個人練習をしてから帰るとか。こりゃ、同じようにバンドをやっている人たちの中でも抜きん出ていくのも当然だなと。

お金に関しても、しっかり交渉していこうというタフな姿勢があったことには、好感が持てました。若いうちから上の世代のバンドにかわいがられてきたからそういうのをわかっていたと思うんだけど。のちに入ったキセルもそういうのは自分たちでやってきていたし。プロでやっていける人たちならではの、各個人のマネジメント能力、自己管理能力の高さがあるというか。だから、こちらのやることも明確になってくる。個々の管理能力が高いゆえに、こちらがやれる仕事の選択肢が増える。フィフティ・フィフティの関係性が生まれやすいし、

SAKEROCK『穴を掘る／2,3人』
7INCH EP　2005年1月発売

風通しが良くなるし、お互い動きやすくなりますよね。

また、SAKEROCKの何がいいかと言うと、いろんなジャンルの人たちが好きになってくれるところなんです。だから、売れたんだと思います。演劇や映画業界の方はもとより文化人の方々のファンも多かったし、雑誌で言えば、カルチャー誌である「クイック・ジャパン」にも、パンク系の音楽雑誌にも、ファッション誌の「装苑」にも取り上げられる。同時に、専門的な「ミュージック・マガジン」みたいなところにもちゃんと出ている。しかも、タワレコの「ノーミュージック・ノーライフ」の広告に呼ばれたりもする（松下奈緒さんと一緒に撮影。二〇〇八年）。

どこに行っても反応があるんです。他に似たようなバンドがいないのですが、この「他にない」という要素はすごく強いんです。若さもあった。メンバーと電話をよくしていたし、遊んだり飯食いに行ったり、アイデアの出し合いをする時間はたくさんあった。すると、「ここでライブをやりたい」「こういう写真がいいね」「このビデオすごくいいよね」とか何気無い会話から現実味を伴った話が溜まってくる。それがいちばん話したいことだから、会っても仕事の話ばかりしていましたね。すごく濃縮された時間でした。これから何かが起きるワクワク感がみなぎっていた。

当時、SAKEROCKもぼくも当然ですが若かったので、同世代の若いバンドと一緒に何かをやるというのも、いちいちぼくの中では新しかった。そういうのもあったと思う。ワクワクしていたんです。とはいえ、既にイースタンユースが主催する「極東最前線」にも出演していたバンドだから、彼らは無名ではなくしっかり地盤を持っているバンドではあって、ネストでワンマンもやっていて二〇〇人くらい呼んでいた。一方ぼくはYOUR SONG IS GOODでの経験もあったので、自分から何かバンドにとってプラスになる働きかけをできるようにもなりかけていました。

勝負のアルバムに、貯金の三分の二を賭けた

ぼくには、学生ローンで借金をしてレーベルをはじめた割に案外、石橋を叩いて渡る性質があり、ほんと堅実にやるんですよね。でも、思い切り勝負をかける時もあるんですよ!! 例えば、SAKEROCKのキャリアの節目になった三枚目のアルバムであり、代表作と思っている『ホニャラ』(二〇〇八年十一月リリース)には、当時会社の運営資金の三分の二ぐらいを使っています。ゾッとしますね(笑)。

これって、失敗したらもうほとんど「レーベルの規模縮小もしくはおしまい」というぐらいの勝負だった。SAKEROCKはライブ動員もうなぎ上りだったし、何よりアルバムの内容にはこれまで以上の手応えがあった。SAKEROCKは既に『LIFE CYCLE』『Songs Of Instrumental』と二枚のア

ルバムをカクバリズムからリリースしていて、どれもとても評判も良くセールスも良かったので、その前作の規模を超えるリリースにしたかった。そんなわけで制作費も宣伝費も過去最高……。ミュージックビデオ「ホニャララ」も最高の出来栄え（のちにスペースシャワーTVのBEST CONCEPTUAL VIDEO賞を受賞）で、当時のできる限りをすべてやったと思います。それでも、どこかに「……売れなかったらどうしよう」という思いはありました。期待と不安が入り混じっていました。

結果的には、手堅い戦略ではあったんですよ、お金をどかーんと使うことは。内容は明らかにいいし、それまで確かな実績を重ねてきてしっかりとした客層を持っていたバンドだったし。想像以上だったけど「やっぱり」って結果にはなった。それでも、CD屋に送る注文書を作っている時、どうしても緊張してしまって。「いま書いてる、店頭向けの文章である程度注文数が決まる、ふーーー！」とね。書き上げた途端、過呼吸になってぶっ倒れました。

資金の三分の二を使うのって、きついし怖いことでしたよ。うちは資金を借りずにやってきていますし、そもそも銀行もお金を貸してくれるかわからないし、それで結果がダメなら来月からみんなの給料はなんとかなるとしてもその先はなーって。

十一月にリリースしたんですけど、売り上げが入るのは流通の仕組み上、二月末になるんです。そこに至るまでにはジャケ制作のための支払いだの、PV制作のための支払いだの、ずっと支払いばかりが続いていくんですね。何ヶ月ぶんかのランニングコストも蓄えておかなければならなかった。それなのに、当時、実はその計算が一ヶ月ズレてしまってもいて、それは本当に大変なことになりましたね。あれはびっくりした（笑）。入金と出金のバランスがズレて、ぼく自身は二ヶ月、給料をもらわない時期を作ったりもしましたからね。いまだから笑い話になりますけど、当時の経理のスタッフと二人で、「さて……」って。じゃあとりあえずぼくの口座からいくらかもってくるかって。

比較的うまくいっているはずの会社でもこんなに大変だったんだから、音楽業界のよその人たちの中には、もっと大変な人だってたくさんいるんだろうな、とか考えたり。実際に、いまも例えば二〇〇万円ぐらいとかの単位で、払われていない案件があって痛いですからね。「どうなっていますか？」と訊きたいところだけど、まぁ大変なんだろうなぁと思うとメールを打つ指が止まるという。

SAKEROCK『ホニャララ』
CD ALBUM　2008年11月5日発売

ただ、こういうことってうちの社員からしたら「おかげでボーナスがもらえないんだ」ということだから、ビジネスの資金回収で何を甘えたこと言ってんだって思われることなんだろうけれど。

ぼくは幸いなことに、いままで思った以上に売れなかった！　みたいなリリースの大失敗はないんです。失敗という言葉は最適ではないですが。たまたまというか、石橋叩きまくっているからってのもあるんでしょうね。でもこの業界には、成功も失敗もたくさんあるんですよね。過去にとてもいい売り上げを立てた人たちも、いつまでもその成功を自分のもののように思っていると、足を掬われる。そういう場面もいくつも見かけます。知らないうちに時代遅れになる危険性がすごくある業界でもあるんですよね。ただそういった老害感のあるおじさんもいれば、センス良く、若者のやりたいことをちゃんと理解して気持ちを汲んでくれるおじさんもいるから……って、これはどこの業界もそうでしょうけど。

昔は、ぼく自身が年長者に対してさんざん思っていましたもんね。「三十歳？　オッサンっしょ」と。もう、ぼくはそんな年齢をとっくにすぎている。言ったことって自分に返ってくるもんだよなぁって。

SAKEROCKのすごさは、さっきも言いましたが、聴いてくれたり関わってくれたりする人のジャンルがどんどん広がっていったところにある、とぼくは音源を売りながら感じていました。

うちのようなハードコアパンクの界隈からスタートしたレーベルが、例えば細野晴臣さん的な分野の人たちとつながれるようになったのは、やっぱりSAKEROCKのすごさですから。同じように、舞台や映画の音楽に絡みだしていったのは、源くんが「こういうことをしたい」と言った内容をこちらも驚きながら、やれるかな〜なんて言いながら手探りでやっていったら実現できて。まわりにも面白がられていたとは思います、他にない形だったし。

普通は、アーティストと話し合っていてアイデアが出たりして、「それはいいね」となっても、実現できないことが多いものです。ただ、SAKEROCKの場合にはメンバーで無理めなことを言い合っていても、なんとか実現させようとこちらも気張ってましたね。相手がある場合でも、源くんや他のメンバーのおかげでもあるんだけど、やっぱり先方もSAKEROCKは良い音楽をやっている、面白いことをやっている、とまぁ掛け値無しで考えてくれているんですよ。それは痛感しました。ぼくらもそうだから、交渉事があっても通じやすかった。そういった良いアイディアをメンバーみんなで生み出してくれる代わりに、こちらは「やろう」って答えたことを本当に実現させなきゃいけなくて、おのずと仕事の量が増え続けて緊張感は増していきましたけどね。積み重ねていった実績が案外大きなものになっていて、自分の糧になった反面、知らず知らずのうちにそれだけ素晴らしいものを扱う緊張というか、重大さも理解してくるようになる。リリースの時に作る注文書の文章を書くプレッシャーたるや。自分が携わっている音楽が生む影響や反応のでかさが、自分にも跳ね返ってるのを肌で感じた時期ですね。

すごくいい音源を作ってもらった。だからこそ、こちらがヘマをしたらどうなるか。ミスってしまうのはしょうがない。でもできる限り良い仕事をしよう。そういう関係性でもあったんです、SAKEROCKとは。友達と真剣に遊ぶ。仕事も真剣。遊びも真剣。でも余白ももちろんある。よし、もうここからはバトンタッチでおれの番だ、というのが『ホニャララ』のリリースの時には特に強くありましたね。

カクバリズム初期から中期にかけての大きな山場でした。一枚のアルバムに向けて考えて準備してきたことが集約しつつある。発売前からライブの予定もしっかり入れて、ＤＶＤを出す予定もあって、と計画は綿密に立てていました。いま振り返ると、鍛えられると仕事の幅も次から次へと広がっていくものだなとは思いますが、当時のうちとしては「かなり来ている！」状態にあったんですよ。ライブの動員もいい。物販も、売れていた。アルバム発売までに助走をつけられていたんですよね。だからこそ「このぐらいやらないと」というアルバム販売の際の目標値が高くなったんです。

高い目標を自分で掲げちゃったし、それを超えなければならないから、仕事としてははじめての大チャレンジになりました。

何食わぬ顔で飄々とかっこ良くやりたいんだけど、背負ったものも軽くはないからそれは無理でしたね。『ホニャララ』で、いよいよSAKEROCKは爆発するぞ、と。三段跳びで言えばホップ、ステップまでは万全で、あとはもう最後のジャンプをカクバリズムでうまくやるだけという状態だった。メンバーは最高の仕事をしてくれた。映像も源くんと山岸さんが面白いのを作ってくれている。もう、おれが売るだけじゃん、となった時のプレッシャーたるや軽くはなくて……。それで、まぁぶっ倒れたんですけど、本当に予想を上回るスピードで注目され、期待されていたから、「このバッターボックスでおれはヒットを打たないと二軍落ちだ！」って感じでした。そう、この「期待されている」って重要ですよね。普段からちょっと変わった特殊な動き方をしていたから、みんなが何かやってくれるんじゃないかってSAKEROCKに期待しているのが伝わってきていました。

リリースって怖いものなんです。もしも売れなかったら、「足あと」って言って悪い意味でデータが残ってしまうんですよね。以前仕入れて置いてみたけど売れなかったバンドの新譜案内が来た。さて何枚取るか。前作は三十枚だったけど、あんまり売れなかったから今回の注文数は五枚だよね、とか。各店舗の反応というのはそういうふうに推移していきます。でも、すごく売れたら次の新譜は一店で五十枚取ってくれるかもしれない。波を作り続けるっていうのかな……。旧譜が長い間、たとえ少ない枚数でも売れ続けているアーティストの次回作は期待してしまいますよね。

そういう販売面の状況と、お客さんにとって本当にフレッシュなものであって欲しいという思いとの両立は難しいものですよね。「待望の！」と宣伝の文面に記してあっても、それはアーティストやレーベルにとって都合の良い「待望」であったりすることもしばしばです。お客さんは本当にこれを求めているのかなぁ、と思ったりもしますもんね。本来なら、お客さんはライブでやってたあの曲を早くCDにして欲しいと思っている、それに応えてカクバリズムがリリースをする。お客さんとカクバリズムのペースを合わせることが大切ですが、なかなかそうとばかりはいきません。

ただ、この時期のSAKEROCKでは「待望の！」というペースでリリースが続いていました。野音で『会社員と今の私』という曲をやって、めちゃめちゃ盛り上がった。よし、じゃあそれを急遽シングルで出すぞ（二〇〇八年八月）、みたいなダイレクトな反応をもとにしたスピード感のあるリリースができていたんです。メンバーとファンとレーベルのほど良い距離の近さがガッチリあった。「やろう！」「大変だけど面白いから頑張ろう！」と、それで予算会議もなくぼくの一存でガツンと予算をつぎこんだアルバムのリリースになっていった。ここは、もう、友達どうしの遊びではありませんでしたよね。

さっきもチラッと言いましたが、SAKEROCKとはフィフティ・フィフティの関係性がしっかり築けていた。YOUR SONG IS GOODやMU-STARSとはまた違った関係でした。友達なんだけど、一緒に達成したい目的が毎度あって、彼らとの共通言語は音楽にまつわることが多くなる。まぁそれはみんな一緒なんだけど、友達というよりは仲間って感じかな。YOUR SONG IS GOOD、というかジュンくんやMU-STARSとは、一緒に時間をともにしている中で音楽も生み出されていくし、グッズとかもその流れでできるというか。SAKEROCKはもっと意識的にそれをしていたというか。当たり前ですかね。出会い方の差ってありますよね。

より音楽そのものを通した会話が増えたのもSAKEROCKというバンドでした。熱意自体はYOUR SONG IS GOODやMU-STARSとの仕事でも溢れていたけど、それプラスアルファの仕事をしていく上での体力は、ここでSAKEROCKにさらに鍛えてもらった気がします。既にYOUR

SONG IS GOODに鍛えてもらった足腰がある中で、同時にぼくがワッツやユニオンで様々な比較対象物に接する中で培ってきた「ミュージシャンはお客さんの期待に作品で応えつつ、時に裏切り、さらに期待させる」という理想像が結実していった。センスよく、大真面目にふざけられたというか。まわりをとても気にしていたような気もするけど、基本的にはぼくらが楽しいこと、素敵だなって思うことを懸命にやっていた感じではありますよね。

YOUR SONG IS GOODやSAKEROCKに顕著なことで、うちのレーベルらしいなと思うのは、レコ屋のバイヤーたちに好かれるバンドばかりだなと。どこのお店でもとても良い置かれ方をしてもらってます。特に勤務年数の長いスタッフがいればいるほど、好いてくれていて。たぶんぼくらの若年寄り的な音楽性だったり、あんまり流行り廃りに関係のない音楽を作ろうとしていることも含めて評価してくれていたんだろうなって。ぼくもレコード店で働いていたのでわかりますが、売れて嬉しい音源と、売れてもなんとも思わない音源って正直ありますからね。例えば四年以上、でかいレコ屋で働いているバイヤーってあんまりいないんです。ずっとはいられないからこそ、営業先でベテランの方に会うと「よくぞ！」とか、偉そうですが思います。リリース後に店舗でパネルなんかを展開するのって、看板を作るのにしてもレーベル側にもお金がかかるんですよね。これは大変で、協賛金って言うんですが、必要なんです。だから、雑誌で広告を打たないにしても、大きなレコ屋のフロアに、買う可能性のある人たちに向けて例えば五万円で広告を打っているという感じで。でもこれも大きな看板で推したい！　売りたい！　という店員さんの気持ちの表れなので、このシステムのことは置いておいて、できる限り希望には応えたいと思ってます。この、売り場における売り手の気持ちってのが、本当にインディペンデントでは重要で、ここで決まるといっても良いくらい。店員さんに好かれる音源、売りやすいと思われる音源、何もしなくても売れていく音源、売った手応えのある音源などなど、いろいろなんですよね。

そんな小さなところからはじまって、伝えるためにもお金をかけまくったから、『ホニャララ』は、あの時期のぼくの中では資金面では限界だったかなー。本当に賭けだった感じもする。作るのにももちろんお金はかかるし、ジャケにもお金がかかるし、宣伝をやるにもお金がかかるし、例えばＰＶを二本作って数百万かかったとか、当時はこれから行くぞっていうメジャーの新人でもこんな予算でＰＶ撮らせてもらってないことも多かったと思いますしね。

あの時には、胃が痛くなりました。だいたいどの時期もそうでしたが、レーベルの収入にいまほど余裕がなかったんです。原盤印税も月いくら入るかわからないし、自分の個人の貯金からも持ち出していたし、当時の自分の心情ははっきりとは思い出せないけど、結果から見たら、会社の安定なんて考えていない決断をしていたんですよね。それだけ興奮していたし、良い音源ができていたってことの裏づけなんでしょうけど。

そうしてリリースされた『ホニャララ』はぼくの心配と努力を感じ取ったのか（笑）、驚くスピードで売れていき、当時のカクバリズムで歴代一位の販売数を叩き出してくれました。まさにスマッシュヒットと言えます。初回特典付きは各地ですぐさま売り切れたし、全国ツアーで全会場が売り切れになったのもこのツアーからです。その後はSAKEROCKのツアーは全公演ほぼ売り切れが続くようになります。爽快とはこのことかと。自分なりの売り方の理想形に近い形でやれたんじゃないかなって思います。何より音源の素晴らしさや映像の面白さ、バンドの持つバイタリティーをいろいろな形で提示できた気がします。いまならもっとうまくやれたとも思いますが、あの時より面白くリリースできたかは謎ですね。すべてのタイミングがバッチリだった。リリースまでのプレッシャーも過去最高でしたが、それを上回る反響も過去最高で、忘れられない、かつ興奮した作品になりました。

キセルの復活は、ものすごく嬉しかった

カクバリズムにキセルが来てくれたのは、二〇〇六年の暮れでした。二〇〇七年一月から正式に動き出します。カクバリズム五周年の年です。

ちょうど、法人化してお金のやりくりなどの現実的な壁にぶつかっていた時期で、支払いタイミングがうまくいかなかったりして、会社のお金がゼロに近い時でもあって(笑)。ぼくの車のうしろにキセルの二人が乗っている時に、前の座席で「社長、あれの振りこみをしたら残高がゼロです」なんてそんなやりとりをスタッフとしていまして。

それを聞いていたキセルの二人が焦った顔をしていたのをいまでも覚えています。

もちろん、会社の運営資金はその時が底で、そこを越えたら順調に回復していきました。会社の資金運営のやり方もしっかりできるようになってきつつあった時ですね。そのタイミングでキセルが加わってくれました。キセルは、もともとメジャーレーベルに二〇〇一年から二〇〇五年の間在籍していました。この時期ってメジャーレーベルもいまよりは潤沢な予算があって、そこそこ予算をかけてもらって推されていた有望なバンドでしたし、とてもいい音源を何枚もリリースしていました。とても素晴らしい二人組でした。だから、契約が終わってうちに来たあとにも、やりようはいくらでもあったんです。

キセルがうちに来てくれる少し前の時期、二〇〇五、六年の時期って、ぼくはうちのバンドたちと「ライブをどうするのか」ということをおもに考えていました。音源だけに頼ったらいけない。そういうマネジメントを含めたリリースを考えていたんですね。その中で、ライブで売り上げを立てるというのは本当に業界中で言われてました。まだオンライン上で売り上げを立てる手法もしっかり構築されているわけではなく、ＣＤの売り上げだけが落ちてきている状況で。野外フェスの数も限られていて、ライブ動員数が上がる前夜のような時期でしたから、そこに活路を見出していた人は多いと思いますね。ぼくもそうだったし。いまはさらにそれから十年ほど経って、どちらかと言うとアーティストの活動の中でも音源作りの割合を増やしたいという時期に入っていますが、当時はライブを非常に重視していました。

いまもその感覚はあるんですが、ただ当時、特に強く思っていたのは、「ライブが良くないバンドの音源を誰が買うんだろう？」ということだったんです。ぼくは十代の頃からライブを観続けてきて、ライブがダセぇバンドって本当にダサいなとしか思わない。いまはもう少し考えもゆるくなって、ダメでもよくなる箇所があったり頑張ったりしているのがわかれば良いかなとは思っています。

キセルは、うちに入った直後も、すごくグッと来るいいライブを連発していて。ただそれなのに集客は一五〇人とか二〇〇人とか、みたいな時期があったんです。何でだろう、こんなにいいライブをしているのに。メジャーの時のイメージなのかもしれないな、と思いました。

当時は、例えば対バン相手をライブを鍛える目的で選んだりもあまりしていなかったし、音源のイメージをきちんと伝えることを優先するっていうのもあったんですね。だから、キセルはもっといいライブをいろいろなところで見せるようにしたら、すごいことになるんじゃないかな？　って。

これはどのバンドでもそうですけど、ライブにいっぱい誘われるのって、いろいろな意見があるだろうけど、やっぱり純粋に「良い」からってのは大きいですからね。「呼びたい！」って強く求められるのは、紛れもなくいいバンドである証だと思ってます。で、方向を決めました。キセルは、こんなにもいいバンドなんだから、とにかくいいライブをたくさん続けていこう、と。

もちろんただやるだけじゃない。まずは目の前にいる今日来てくれた人が、次のライブをまた観たくなるようなもの。そして定期的にワンマンライブを行う。そればかりやっていたんです、移籍直後のキセルの活動に関しては。

ぼくの思うキセルのいいライブっていうのはなんというか、空がこう「ドーン！」としているというかですね、ちょっと浮くような感じ、水の中にいるみたいな。何言ってんだって話ですが、逆に、ダメなライブっていうのは、期待が高まってここぞという時にサードフライみたいな空気になってしまうもの。現役時代の巨人の原みたいな……。ズコーッって。それも愛嬌ありますけどね、あの二人だと。キセルはみんなの期待に応えつつ、やっぱり「おお！」って期待を飛び越えて欲しい、とぼくなりの思いは伝えていったつもりでした。みんなキセルのこと大好きだからと。で、その期待に応えてドカーンとやってくれた。思い出す良いライブがたくさんありますね。メジャーレーベルから音源をリリースしていたアーティストがインディでやっていくって、ぼくたちのまわりでもいくつかの成功例があったんですよね。メジャーでCDを出すよりインディでやったほうが利益率なども圧倒的にいいっていう感じもあったし、それでうまくいっているケースも生まれていました。言ったら、メジャーからインディになったわけではないけどぼくたちカクバリズムもその一つなわけですよね。マネジメントとレーベルをみずから回すことで音源だけに売り上げを頼らない音楽の収支を作るという形ができていましたから。

一方で、CDの売り上げは長らく衰退し続けていたので、メジャーとの契約を終える人も多い時代でした。二〇〇五年から二〇〇八年くらいでしょうか。利益の回し方が、まだCDの売り上げ中心で、いま思うと本当にナンセンスだったんですが、だからこそ、ここでぼくらが大好きなキセルを復活させるというか、メジャー在籍時よりも売り上げを上げて、動員も大きくできたら、めちゃめちゃ良いじゃないかと思っていました。ぼくらなりのメソッド、「自分らのペースで、自分らのかっこいいと思うことに妥協せず音楽を続けていける」っていう、目標や夢みたいなものが具体的に見えてきた。当時はまだメジャーにいたYOUR SONG IS GOODも、インディで好きなことをやっているSAKEROCKも、この先に何があっても大丈夫だろう。キセルはカクバリズムにそういう考え方を与えてくれた。キセルの音楽をメジャー時代よりも上手く届けるって目標ができて覚悟も決めて、気合い入りましたね。二〇〇六年から二〇〇七年にかけてかな。いま思うと重要な年ですね。

いいアーティストに、音楽による収入をある程度は渡せるんじゃないかという希望と、ぼくじゃそれができないんじゃないかという不安と、両方抱えた時期に移籍してもらえたのは、大きかったですね。キセルもめちゃ不安だったと思います。まだレーベル四年目とかの若者ですからね。メジャーにいた時の話も詳しく聞いて、相談を重ねていきました。

そんな中で、キセルには、まずはライブというこれまでそこまで力を入れてはこなかったジャンルがあるんじゃないか、となったわけですよね。そこに実は、いままで開拓してこなかったお客さんがたくさんいるんじゃないか。それで、いいライブをして成長し、本当にキセルはリカバリーしていった。ものすごく嬉しかったですよね。

キセルは言ったら既に知名度はあったわけです。ビクターの中のレーベル「スピードスター」でキセル、くるり、つじあやのって言ってせーので同時期に売り出していて、ぼくらの世代にとっては特別なバンドです。その知名度のあるキセルが、これまではそこまで頻繁にやってこなかったライブをたくさんやる。いいライブをして、基本的には新曲をどんどんやっていく。そして、カクバリズムとしては「基本の」アナログレコードのリリースをした。キセルにとってはじめてのアナログ10インチ『春の背中』です。これがめちゃ反応良かった。そうしたいままでにないアクションとメジャーからうちに移籍したことが話題になって、以前キセルを聴いていた人にも情報が届く瞬間があった。掘り起こしの作業とも言えますかね。新曲はまだその人たちにまで知れ渡ってなかったから、そこをまずしっかりやる。いい曲をたくさん作ってライブでやって、「あの曲が入っている

CDが出ます」と認識させようと思ったんです。いたってシンプル。でも大切。このシンプルな方法もキセルの最高の音楽があってこそですが、このやり方がぼくはいちばん好きだったりするし、キセルの移籍からの流れとしては地に足をつけた選択で、とても良かったなって思っています。

そしてキセルがうちから二〇〇八年一月にリリースした『magic hour』は、内容も含めて本当に印象に強く残っているアルバムです。本当に大好きで重要な一枚。メジャーからクビになったバンドがインディでリリースしてメジャーの頃よりも売り上げが良くなったわけですから。発売日の翌日くらいにタワレコ新宿店でめっちゃ売れて品切れした時は、嬉しかったですね。まさに反響ありでした。カクバリズムを選んでくれたキセルの選択に多少応えられたかなと安心しましたね。

キセル『magic hour』
CD ALBUM　2008年1月23日発売

それまではライブの動員もクアトロぐらいまでだったけれども、リキッドやブリッツを満員にできるようにもなっていく。二〇一三年には、メンバーと目標の一つにしていた日比谷野外音楽堂でのワンマンも満員にできました。そこまでのリカバリーができた実例がキセルで、それはうちのレーベルの自慢なんです。インディ、メジャー関係なく、良い音楽を丁寧に売れば、しっかり結果が出るというのは、気持ちが良かった。嬉しかったですね。キセルは特別だし、最高ですよ。

実際に、『magic hour』のリリースの前に朝霧ジャムでキセルが「君の犬」という曲をやったあとの、客席の「わぁ！」っていう盛り上がりはすごくて「これはもう、売れるはず！」と手応えがありました。そうやって、カクバリズムの新しい成功体験を作ってくれた。そういった点の部分だけでなく、継続していく線の部分も。それはこのあとお話しします。

リリースとリリースの間が予想以上に空いてしまう

キセル『凪』
CD ALBUM　2010年6月2日発売

こうやって堂々と復活を遂げたキセルに、その後、アルバムがなかなかできない時期ができてしまったことについては、カクバリズムの反省点でもあります。

キセルがうちに移籍して二枚目のアルバム『凪』と三枚目のアルバム『明るい幻』の間には、四年半もの年月が経っています。これは、高校生、大学生が一世代、まるまる聴いていないことにもなるんですよね。

高校生の時って、一年間が長く感じられませんでしたか。ぼくの記憶でいうなら、高校の前半がコーネリアスとオザケン、後半がパンク、ガレージ、ハードコア一色でした。学生時代って好きなミュージシャンの音源が出るのが待ち遠しくて待ち遠しくてたまらないと思うんですよ。四年半も音源が出なかったら、高校にいた間には、まるまるキセルのリアルタイムの音源に接することができなかった世代もいるということになります。大学も卒業しちゃうし（笑）。そもそも四年半って、結構長い時間ですよ。この仕事していると、時間が進むのが早くて、ついこないだのように思いますが、いやはや四年半。そりゃ認知度も低くなってもしまったんじゃないか、という危惧も出てきます。ただその間に日比谷野外音楽堂でのワンマンを成功させたりと、いろいろやってはいたので、リリースがないことについても、そこまで悲観してはいなかったんですよね。会場で買える音源は何枚もありましたし。

キセルは、うちに九年間います。九年もやっていれば、バンドには日の出の時と夕暮れの時も出てくるんですね。もちろん、また朝日が出てくるタイミングもあるし、そのために気張っているんです。それこそ、怒髪天というバンドがそういう日の出や夕暮れの時期が何周も回って、いますごく人気が出ているように。そのあたりは、それこそ地道な努力や音楽を信じてレーベル、マネジメントが頑張る。

いまは夜の時期に突入しているバンドも多いですよね。その時期の問題は、すべてにおいて慣れきってしまう可能性が生まれること。アーティストもぼくらも、ある程度自分らのペースをつかんできて、展開の規模も含め、やりやすい形をキープできるようになっていく。活動の規模が拡大、上昇していったほうが会社としては正しいし、嬉しいことでもあるんだけど、バンドやアーティストにはそれぞれのやり方があるとわかってくる。それは大切なことです。同時に、やりやすい形を維持していく大変さもわかってくる。ただ、全部に慣れてきてしまうんですね、お客さんもスタッフもアーティストも。全部が全部そうじゃないし、全員が全員そうじゃないですが。自分らのペースを確保しすぎることで、新たなお客さんとの年齢差が出てきたり、昔から応援してくれた同世代のお客さんが家庭や仕事の関係でなかなかライブに来られなくなるかもしれない。うん、停滞期と言えるかもしれない。それは自分らのペースを作ったからこそ生まれる停滞期なので、ウェルカムなものではあるんだけど……どうしてもここ数年は、何事もペースアップしなくてはと考えているので、その停滞期とも取れる時期を流動的に越えられるのかが課題です。新鮮ないい曲を作る。その曲をライブで演奏して鍛え上げて、最高のタイミングで音源をリリースする。改めてぼくはやっぱり、シンプルにそれしかないと思っています。

この五年ぐらい、うちのアーティストでもそのタイミングの見極めが難しいことが多くなっていて、どうすればいいのかな、と悩んでいるところでもあるんです。やっぱり制作に時間がとてもかかるようになる。そりゃそうですよね、経験も録音知識も、すべて培かわれ磨かれてきているんだから。生半可なものは作りたくないし、ノリで作るほど若くもない。

キセルは、二〇一四年に、四年半ぶりのアルバムを出しました。『明るい幻』。内容は文句なく素晴らしいと言い切れるものです。

二〇〇八年には、『magic hour』というアルバムが出た。二〇一〇年には『凪』というアルバムが出た。ぼくは二年に一枚、アルバムを出してほしいという話をしてきたから、そこまではいいペースでした。

キセルは、メジャーにいた時の五年間、一年に一枚リリースする契約でやっていました。当初それはかわいそうだったよなぁとぼくは思っていました。メジャーとは違うことをと常々思っていたぼくとしては、そうじゃないやり方に活路があると思った。メジャーに所属していれば契約を遂行しなければならないし、そのペースで出すってのが約束なんだから、本来ならその通りにやるのは当たり前のことなんですけれども。

でも、インディに来て、自分たちのペースで確実にいいものを出していこうよって思ったその原点も、少しずつズレてきてしまったんです。音源制作は、そもそもは理想からはじまるわけですよね。とにかくいいものを作ろう、ということでやりだしていく。

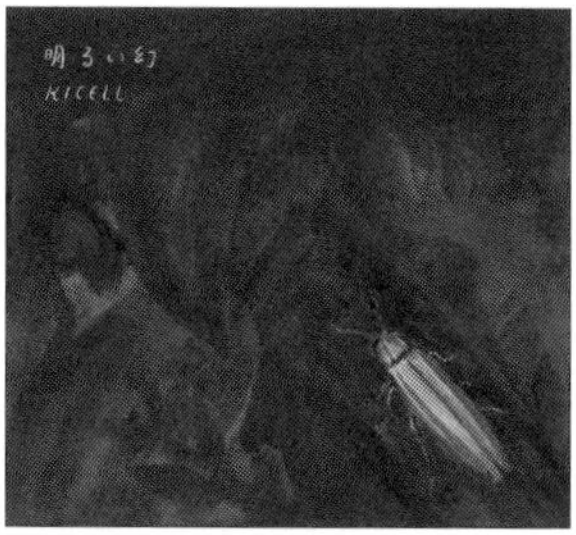

キセル『明るい幻』
CD ALBUM　2014年12月3日発売

それが軸だったにもかかわらず、いつのまにか、制作期間の締め切りに対して何とか対応できるものを仕上げるというように、内容がすり替わっていってしまう。苦戦する。なんら他の会社と変わらなくなってくる。そうなってくると、作品の内容とぼくの売りだそうとする方針とがズレてくることもあります。キセルもぼくも、本当はもっと良くなるはずだったんじゃないのか？　とお互い思ってしまうこともあったと思う。それは当初考えてきたタームじゃないタイミングで形になった時に、後々かな、浮かんできますね。

泣く泣く「もうしょうがない」と言ったんだけど、ずっと気になっていることは、結果がもしもあまり良くなかった時に、あの時ああしてたら違ったかな、と思ってしまうでしょう。そういうのは矛盾している。会社うんぬんの前に、一人の音楽制作者として、苦しいんだけど、マネジメントをしてきて、自分が正しいと思ってやってきていた音源作りの方針に、何と言うかズレみたいなものが発生してもきていました。

振り返るとキセルの『明るい幻』は二〇一三年の八月三十一日にほぼ完成はしていたんだけど、歌詞ができていなかった。それから一年経って、歌詞ができて、二〇一四年の十二月にリリースしました。当初は二〇一三年の年末に予定していた発売日を一度バラしているんですね。終わると思っていたのに終わらなかったから、二〇一四年には「なんとかしたいな」と祈るような気持ちで待っていた。

前は、とにかく待つということで「おれはなんてわかっているマネジメントなんだ」と思っていたんです。ただ、最新のアルバムが出た二〇一四年の暮れには、キセルの兄ちゃんのほうは、もう三十八歳になっていたわけですよね。四年前のアルバムの時には三十四歳だったんです。そこまでに、アーティストとしての足あとはライブしかなかったということになる。もちろん楽曲提供や映像作品、シングルといったものはあります。

そうなると、出せる環境にあるうちに出したほうがいいという考え方もある、とぼくは気づきました。今後、年齢が上がるほど、さらに出しにくくなってくるかもしれないし、と。

だから、ぼくは最近では「スケジュールをきつくしてでもキセルにもっと頻繁に音源を出してもらっていたほうが良かったんじゃないか」って思いはじめたんです。待つことがインディの良さだって勘違いしちゃったかなって。だからいまのタイミングがベストかはわからないんですよ。野音でのライブを二〇一三年にやって、実はその日にアルバム発売を発表したかったんだけどそこから一年間ズレこんだわけですから。

ぼくは「音楽家がやりたいことを一〇〇パーセント理解するのがいいことなんだ」と思って、ずっとやってきていました。しかし、「一〇〇パーセント理解することが、かならずしもその音楽家にとっていいことではないかもしれない」というのが最近よく考えることの一つです。

なかなか音源ができない。そこで、「キセルに負担がかからないようにしよう」ってなると、仕事を組む優先順位も下がってきてしまうわけです。

アルバムが出ない、ライブができないとなると、いい案件の仕事が来ても「アルバム優先なので」となって後手になる。いちばん最適なタイミングでライブも組みたかったのに組めない。これはぼくが感じていることですが、それらの苦悩が、支えるスタッフの気持ちのムラにもつながっていく。そこを今後は何とかしていきたいわけです。

大好きなバンドに心理的に寄りそいすぎたあまり、キセルの兄ちゃんの年齢で言うなら、このままでは三十代の音源はうちに来たあとに出した三枚で終わってしまうのかもしれない。これには危機感を覚えました。

本当はもっとあっても良かったんじゃないかな、と思った。お客さんからしたら、その三枚にプラスした一枚が人生を変えるようなものだったのかもしれない、その時にしか聴けなかった歌があったかもしれない。うちの会社にとってもベストのタイミングだったかもしれなかったんだから、と……。

時間はかかったけれども、とても素晴らしい音源はできてきたので、ほんと安心しましたけどね。ただもしかしたら、ぼくが仕掛けていたら違っていたのかもしれない。時間を作ってあげたり、環境を変えてあげたりという仕事をしていたら……と。これで、もし次の音源も四年後ですってなったらさらにもったいない、となってくるから、今後はしっかりやっていこうと真剣に考えているところなんです。

キセルとはすごく仲が良くて、彼らの音楽もすごく好きであるがゆえに、という苦悩でもあるんです。だから、本当のプロのマネジメントは、アーティストの心情を理解するよりも、ここまでにやらないと人生が終わっちゃうぞって言える人なのかもしれない、といまでは思っています。でも、ぼくが言葉にすることで良いものができるか、制作のスピードが上がるかなんてわからない。一つだけ言えるのは、早くキセルのアルバムが聴きたい。それは確かなことだよなって思うんですよね。友達にもキセルの新曲、すごい良いよと言いたい。だから、ぼくにできることが少しでもあるならば、お互い切磋琢磨するのにへんな遠慮はいらないんじゃないかって。

これは、音楽で食っていくと決めたなら、音楽を作っていかなきゃねって話なんです。例えば陶芸家だったら、器を作らなきゃ食っていけないわけなんだから。実は、キセルぐらい人気があれば、全国を回るだけでも短期的には食えるわけです。でも、音源を出さないとねって思います。すごい才能のアーティストなんですよ、キセルは。特別です。キセルの声は他にはない。聴いてほしい、触れて欲しい。そうぼくが思うことを実践するためには、ただキセルを理解するだけではなく、少しでもその才能が広がるようにしなくてはいけないんじゃないかなって。優しくして、何もしないのは愛じゃないなってね。アーティストに優しければ優しいほど、悲観的なことが近づいてもくるんだなとは思いました。おれらもその優しさにあぐらをかいて、「あっちがこれをやろうって言わないから」と動かなくなっていたけど、誰かムチで叩く人がいないといけない場面もあるんだな、とはよくわかりました。キセルとは家族ぐるみで遊んでいたし、近すぎて、ぼくは優しさを勘違いしてしまったのかもしれません。

音楽で食っていくのは大変だな、とつくづく思います。どちらかなんです。最前線でやっていく人。マイペースでやっていく人。それぞれのやり方、理想な形があるし、みながみな売れたがっているわけじゃない。ただせっかくのタイミングを逃すことは、音楽で食べていこうとしているならば良くないし、立ち向かわなくてはいけない時もある。マイペースでもいいんですが、そのマイペースさにしても節度が要ると言うのかな……このへんは、正直に言うなら、おれの大好きなキセルがこんなでいいのかよって一言なんですよね。そこで、もっと売れて欲しいのに、実力はあるのに、ボヤッとしていていいのかとは思ったわけです。聴いてもらえるタイミングが、目の前を通りすぎていく。それでいいのか？

聴いてくれる人がいるんだったら、やっぱり伝えたいんですよ。それなのに、どこかでインディというのが逃げ場にもなってしまう要素もあったわけでね。

アーティストが思っているほど、音楽をやれる時間って長くはないと思っています。四十歳をすぎていけば、新譜出した時に興味を持ってもらうこと自体が難しくなってもいきます。もちろん、制作に時間をかけただけあって、出したアルバムのクオリティは間違いなく高いんですけどね。

考えてみれば、YOUR SONG IS GOODのアルバムも三年ぶりで、ニカさんも四年ぶりでした。会社としては、アルバムを出さなくてもやっていけるという自負はありますが、本当は何がやりたいのか、この人たちの新譜を聴きたいのに、なぜそこをぼくは優先できないでいるのか、という焦りがあるんですね。どこか躊躇していたところもあったのかもしれない。普通にライブをやって出演料もらっているほうがラクというか、仕事はそれで成り立ちますからね。音源を出すのって、すごいプレッシャーもあるんです。『ホニャララ』の時にぶっ倒れたように、お金も必要で、やっぱり賭け事みたいなものでもありますから。

そうなると、ぼくがやっぱり現状に甘えていたんですよね。ただ優しいだけで、思考停止しているだけじゃないか。他の仕事にかまけているんじゃないか。もっとCDを出そう、もっと聴きたいんだって本気で言っていなかった。だから二〇一四年くらいからは音源を定期的に出していきたいと、アーティストにもスタッフにも伝えています。レーベルなんだからへんな話だけど、所属アーティストの新曲を誰よりもぼくが聴きたいから、作らせて欲しいと。夜中、仕事の帰り道とか、録音終わった新曲を聴きながら移動するの、とてつもなく良いんですよ。その感じをみんなに、やっぱ伝えたいんだなって思います。

4

インディでやっていく

良くも悪くも、人に頼らずにやってきた

SAKEROCKは、うちに来る前には別のレーベルから音源をリリースしていました。その頃にも結構売れてはいたけれど、カクバリズムに入るということで、よりポップで多面的な売り出し方になることをしっかりと良しとしているバンドでもあったんです。マニアックな音楽が好きなミュージシャンやお客さんからは「そういう路線はいやだ」という意見も出ることもありますが、どちらも単純にバンドを思ってのこと。

そして、SAKEROCKは変化していった。客層も広がっていった。リリース毎に宣伝の規模も大きくなって来ていましたが、それを楽しんでやれるバンドでした。そうした中で「カクバリズムらしさ」のようなものがだんだんできていきました。

レーベルの色がより出てくれたのは、はじめて五年目の頃にはインストバンドが二枚看板としていたからではないでしょうか。一般的にインストバンド自体がそれほどは多くないから、個性的に思われたのかもしれません。インストものを出す。アナログレコードを出す。ジャンルにとらわれないライブ活動をする。そういうレーベルだということで色は出たのかもしれません。YOUR SONG IS GOODとSAKEROCKってのはともに個性的なバンドに見えていたと思います。

他には、いわゆるカクバリズムらしさというのは、広告やホームページの作り方なんかもそうかもしれません。自分たちが面白いと思うことをそのまま伝えるというのは、当時他にあまりやっていた人たちがいなかったし。そもそもSNSがない時代なので、自分らの「やりたい、面白い」と思う活動が他者に伝わるには、それなりに時間がかかったんですよね。一つの行動の反響がいまより全然少ない。埋もれることもたくさん。めちゃ面白いイベントでも、その面白さが全くと言っていいほど伝播しないまま終わるってのもあって（笑）、いま思うとそうやって面白かったこと、すごかったことが伝承されないまま来ているシーンがたくさんあるなって思います。ウェブにもアーカイブされていない谷間の時代みたいな。そう、埋もれるんですよ。この本にも、そういったみなが気づかなかった、というか気づく必要性もなかったことを意識的に入れて行こうと思ってました。

ぼく自身のレーベルの方針については、たぶんなんですけど、次のようなことが挙げられると思います。仕事は基本的には「自分でやりたい」ということ。

何でも、できれば自分でやりたいじゃないですか。へんに大きな会社が入っている中でやっているわけでもないし。学生の頃から自分で何でもやってきたから、誰かに頼っちゃったら何だかうまくいかなくなるというか。何もわからないまま、自分で勝手に考えてここまでやって来た感じだから、他の人の意見を聞き入れる余地もあんまりないというか。

こんなことを言うと自意識過剰に思われるだろうけれども、ぼくは、基本的にはどこかのところで「ぼくらなら何とか面白くやれるだろう」という思いだけでやってきたんです。何とかっていうか、どうなっても楽しめるというか。仕事っぽくないんですよね、やっぱ。

仕事のやり方について、誰かに訊いてみたいんだけど、訊く人もいなかった。はじめた頃は、インターネット上の情報もほとんどなかった。実際には細かい話は先輩や友人らに訊いてもいたんだけど、まあわからないことばっかりですよね。

ある一つのことについてあの会社に訊きたいんだけど、その訊いている相手が所属している会社のすべてのことをいいと思っているわけではないんです。だからそこのやり方を訊いて、へぇ、そうか、まぁ、それもいいかもしれないなとは思うんだけれども、なんだか。

たまにいるじゃないですか、巨人軍に入りたい人とか……ぼくは、そういうのはあんまりないんですよね。むしろ「角張はあそこの組織の一員だからなぁ」なんて思われたくないんですね。もちろん、そもそも、組織に自分が入ってもダメだろうなぁというのと、入れてもくれないだろうなぁという前提もありますけれども。個人で仕事をはじめたそのあたりは、そういう若者特有の気質があったせいでわからないことも多かったんだろうなって。本当に知識はなかったんです。だから、はっきりいって、ぼくのレーベルからリリースさせてもらってきたバンドたちには、たくさん迷惑もかけてきました。

ぼくがちゃんとしたレコード会社に入っていたりして、ちゃんとしたレーベル、ちゃんとしたマネジメントができていたら、所属しているアーティストたちがもっと売れていたのかもしれないんです。でも、おれと付き合うもんだから、カクバリズムがいまぐらいに成長するまで、どうしても時間がかかる。それでも、付き合ってくれてきたんですよね。

いまぐらいになったら、紆余曲折を経て、結果的にはそれこそちゃんとした会社に近いやり方にはなってきています。ただ、ぼくは、それでも規模の大きな会社だとか、ちゃんとしたマネジメント会社のやり方を「そのまま」は踏襲したいわけではないです。ちょっとずつ話を聞きながら、ぼくらしい働き方を作っていくし、作ってきたような気がします。

ただ、いまはぼくらが独創的な働き方をしているかどうかって言われるとそうでもない。実は、普通のマネジメント会社や普通のレーベルと同じやり方で普通に進めています。そのオーソドックスなやり方に至るまでのプロセスで、人に頼らず、どこにも所属せず、どこにもお金を出してもらわずにいくというやり方をしてきたから、時間がかかっちゃったなというのがありますが、そのやり方があったからいまのカクバリズムがあるとは思います。そのでこぼこした道のりが、あぶなっかしい反面、興味を持ってもらえる所以なのかなって思います。

知らなかったからこそ、一人でレーベルを設立できたところもある

知り合いに、二十四歳か二十五歳ぐらいの若者がいました。ぼくのやっているイベントを手伝ってもらっていました。威勢のいい子なんです。バンドマンとも対等に話せて、発想力もあって。それってなかなかいい感じですよね。

自分でレーベルや会社をやるのかなぁ……と思って見ていたら、彼はぼくの友達の会社に誘われて入ったんです。彼が言うには、「自分には一人でやるだけの知識も経験も資金もない」。実は、レーベルをやりはじめた時のぼくは、そんな感じだったんですよね。

自分で言うとあれだけど、ぼくも行動力はあったほうです。けれど、「知識も経験も資金もない」状態だった。でも、その状態でもぼくはやっていたわけですよね。

何でなのか？　彼とぼくとの差とは何かと言ったら……はっきり言って「おれのほうが、知らなかった」んです。

ぼくは、むしろ知らないから「やるしかない」と思って突っこめた。ネットなどの情報もいまほど一般的ではありませんでしたから、良い例も悪い例もあんまり知らないままだった。まぁ、結果はわかりませんけどね。ぼくも、その選択が本当に良かったのかどうかについては、今後さらに十

年も二十年も仕事をしてみなければわからないのかもしれませんから。

ぼくの場合は、ミュージシャンたちに対してちゃんとした扱いをしてあげられなかったんですけど、「一緒に新しい何かをやろう」という、きらびやかな感覚だけはあったんじゃないかと思うんです。

自分では、そう思ってきたんです。光り輝くような場面にも何度も遭遇してきました。

これについては、同時期に現場を見てきた人からしたら、「あれ、そうだったっけ？　そんなに盛り上がってなくない？」という意見もあるかもしれないけれども、やばかったんだよなぁ、おれたちって、と思える現場はいくつも経てきているはず。そう言わせてください。自分で自分のことをいい意味で「やばかった」なんて振り返ると、おっさんが飲み屋で昔話をしているようなもんだからあぶないですけど、でも、もしも会社がうまくいっているというなら、そういうその時だけの、一人だけで考えて動いてきた現場の経験があるからだろうとは思うんです。

だから、やっぱり、人にほとんど頼らなかったがゆえに、ぼくはインディで十数年間もやってこられているのかもしれません。もしもどこかで人を頼っていたら、いまではどこか違う会社で仕事をやっていて、しかも、もう音楽の仕事もやっていなかったかもしれません。

フィジカルを鍛えることで、人気を確定させていく

ぼくがceroと出会ったのは、二〇〇八年ぐらいの時期でした。CMプランナーのある人が紹介してくれました。この人はヤクルトのCMにSAKEROCKを起用してくれたり、それまでにも、いろいろな仕事をうちに振ってくれていて旧知の仲で、その人がceroを紹介してくれたんです。

デモテープを聴いてみました。当時の正直な感想は彼らの好きなものが前面に出すぎているな、でした。でも楽曲もいいし、歌詞の世界観もそのへんのデモとは少し違っていて。バンドメンバーの雰囲気とか、なんとなくぼくらと共通する部分はありそうだなって。ただうちには近い路線で言えばキセルが加入したばかりだったのと、会社に余裕があるわけじゃなかったので「もっと本人たちのやりたいことが具体的になってきたら良いかもしれません。また遊びに来てと伝えてください」ってそうやって素直にお返事をしたんです。

その後、二〇一〇年にカクバリズム主催で、若手バンドを集めたライブを新代田のフィーバーというあ新しいライブハウスでやることにしたんです。

そこでceroに声をかけたら来てくれたんです。その時のライブは以前見た時よりも良くなっていて、新しいデモテープももらいました。これがとても良かった。それでも、その時にはそういう

感触だけで終わっていたんですよね。

でも、そのデモテープを会社か家や車で何回も何回も聴いているうちに、さらに「いいなぁ」と思えるようになっていきました。ファーストアルバム『WORLD RECORD』がほぼ七割方できているようなデモだったので、聴きこめる内容というか、楽曲の幅広さ、音の面白さ、歌詞の良さは既に備わっていました。前に聴かせてもらった感じとは雲泥の差でした。これは……と。

で、そのぐらいの頃には、はっきりと「これを他のレーベルで出されたらいやだな」と思うようになっていたんです。それならうちでやらせてもらいたい。その後ボーカル、ギター（当時はベースも）の髙城（晶平）くんが母親のルミさんとやっている阿佐ヶ谷のRojiというカフェバーに何度か通って、店に出て働いている髙城くんとちょいちょい話したり、リハ後に吉祥寺のルノアールとか中華街っていう中華料理店で、メンバー全員といろいろ話していきました。その頃にはYOUR SONG IS GOOD、SAKEROCK、キセル、イルリメ、二階堂さんも音源をリリースしていたので、ceroにとっていい形でリリースのフォローができるんじゃないかな？　とぼくも多少は自信があって、その道筋もなんとなくイメージできている部分はあったんです。そして七月かな、やろうぜって舵を切りましたね。

ceroの音源に関しては、はじめは10インチのアナログレコード（二〇一〇年十一月リリース『21世紀の日照りの都に雨が降る』）を作りました。するとちょっと多いなって思ってプレスした一〇〇〇枚が、すぐに売り切れた。これは相当良いスタートで、おー!! と思ったものです。

ただ、音源のサンプルを自信満々で配ってみても、まだまだではありました。そりゃそうだって話ですが、カクバリズムを初期から見守ってくれている人たちは支持してくれるものの、その外にも広がっていく流れかと言うとやはりそんなに甘くないですね。「新人バンドで、まだ人気も知名度もないと、扱いってこういうものなのか——。なかなかみんなが推してはくれないものなんだなぁ」と。何せカクバリズムの新人はめちゃめちゃ久しぶりだったんでバンドを売り出す感じを全くもって忘れていたんですよね。もう少しいい反応を期待していた。

ファーストアルバム『WORLD RECORD』はめちゃめちゃ良い内容だったので、実はそんなに心配してなかったんです。リリースしたのは震災前の二〇一一年一月なんですけど、SNSが広がりはじめていた時期ですね。新人アーティストとともに何か新しいやり方を試すというよりは、これまでカクバリズムが積み重ねてきた経験をシンプルに使っていけば、とてもいいアルバムだからおのずと売れていくだろうって、CDのほうは。一方でライブは、やっぱり水ものだから、どういった感じでやっていくかは繊細になっていたかなーって思いますね。さっき言ったように二〇一〇年の年末に各所にサンプルを配

cero『WORLD RECORD』
CD ALBUM　2011年1月26日発売

りはじめて、最初は反応が薄かったんですが、年明けたら、何だかいろいろ問い合わせが来るようになってきて……。ミュージックビデオ「大停電の夜に」を一月一日に撮影したんですが、それを発売直前に公開したあとに徐々に反応が上がってくるようになって、発売日を迎えたんです。これがとても良い出足で、タワレコも現場でも本部でも推してくれたんですよ。新人ですが、めちゃめちゃバックオーダーもきて、すごかった。嬉しかったですね。なんとなくこうなるって予想できていたんですけど、どこかでぼくは石橋を叩いているので、想像通りやそれ以上の結果だとやっぱり嬉しい。これからも動きやすくなるなって興奮したのと、内容がいいとそりゃ売れるよなって確信したというか。

メンバーと頻繁にコミュニケーションを取るようにしていると、こちらの考えていることや、思い描いている未来の感じとか、汲み取ってくれるのが早いんですよね。そこに震災が起きた。三月二十六日と二十七日に、cero のアルバム発売ツアーを京都と名古屋で組んでいた。イルリメこと鴨田潤もソロで一緒に回ることになっていて。震災直後でガソリンもままならないけど、関西はそこまで影響がないようだったので、中止にせずに敢行したんです。するとそこには、暗い東京とは別のいつもの日本があって。あれにはびっくりしましたね。当たり前なのかもしれないけど、あれほど大きな災害が起きても空気感って同じ国でもそこまで同期しないんだなって思いました。高校一年の時に阪神大震災があって、そのニュースをテレビで見るんだけど、大変なんだろうなということはわかっても、なかなかイメージをつかめなかったことを思い出しました。仙台と神戸、旅の経験も少ない高校生には、同じ線上で考えられなかった。それと同じことを二〇一一年三月に京都と名古屋で感じました。京都が拠点のレーベル、セカンドロイヤルの小山内くんから寄付金を渡されたり（ぼくの実家が津波で流されたと思ったみたい）、みんなしっかり気に留めてくれているんですが。ただ、あの頃のぼくらにとっても音楽だけに集中して楽しめる束の間の時間だった気がします。

このツアーがceroと回るはじめてのツアーで、時期も時期だったので、何だか本当にライブも、そして友人としてもですけど、成長し合えた気がしますね。そして四月三日に、渋谷のオーネストでレコ発イベントをやりました。これも直前までやれるかわからない状況だったんですが、東京も少し落ち着いてきていたので、やることにしたんです。ここで片想いの別名義のカタオモロが出演するんですが、ウケたなー。すごくよかった。

チケットは売り切れ。オーネストに三〇〇人。満員でギュウギュウだったんですが、会場のお客さんの雰囲気も新しい風が吹いているというか、何だかはじまりの感じというか、バンドのこれからを感じられてとても嬉しかった記憶がありますね。一回のツアーで、別のバンドかなって思ってしまうくらいバンドが成長する時があるんですが、まさにそれでした。二〇一〇年にはライブがまだ弱いって思っていたバンドが、徐々に「ライブをぜひとも見て欲しい」と思えるバンドになってきている。営業していても反応が如実に良くなってきたんですよね。「ceroはライブも面白いみたいですね」とかね。そんなふうに言ってもらえると、過去に他のバンドと一緒にやってきたやり方が、四個や五個くらいパターンとして出てくる。「ああ！　あの時のあれだ！」って（笑）。楽しい瞬間。

そんなふうに二〇一一年のはじめにファーストアルバムをリリースして、レコ発ライブが終わる頃には、cero は野外フェスにも徐々に呼ばれるようになってきました。フジロックで新人の登竜門的なステージである「ルーキー・ア・ゴーゴー」の出演も決まった。同時にドラムの柳智之くんが脱退することになりました。これも cero らしいエピソードなんですが、柳くんはイラストレーターとしても本当にとてつもない才能がある人で、そちらの道でしっかりやっていくということになった。脱退の相談を受けた時に「cero はこれから成長して羽ばたいていくとても良いバンドなので、ぼくは迷惑かけてしまうと思うんです。バンドが勢いづいている中、やめるという選択をしましたが、cero を角張さん、よろしくお願いします」って言われて。メンバーはみんな高校生からの付き合いだから、彼らにしか見えないつながりがやっぱりあって、お互いに納得していたというか、それ以上の気持ちで応援しまくっていた。柳くんには、脱退後も cero のCDジャケットのイラストを描いてもらったり、特典音源でラップしてもらったり（笑）、とても良い関係ですよね。cero を見ていて面白いのは、これまでのカクバリズムでは「サポートメンバー」という存在についての解釈がそこまでなかったんですよね。ニカさんとかイルリメなんかは、セッション的にメンバーの移り変わりってのはあったんだけど、サポートメンバーを一つの軸にしてバンド活動をいろいろと展開していくってのが新鮮でした。そもそも柳くんが脱退する前から、ライブではあだち（麗三郎）くんがドラム叩いている時もあったし、シラフ（MC.sirafu）さんにも参加してもらっていた時期ではあったんだけど、やっぱりぼくとしては新しい感覚がありましたね。

そうやって少しずつceroも盛り上がっていって、将来に向けていろいろ仕込むというか、さらに成長するための時期に入っていきましたね。ライブはまだまだ発展途上だったので意識的にライブのクオリティを上げよう、となりました。ライブがなくても定期的に練習スタジオに入るようにすること、その中身にしても、自分らのやりたいことにプラスして技術面の確認を並行してやっていく。こちらは練習スタジオの代金をカバーしたりサポートをしていました。初期のceroにはよく言っていたんです。「これだけ音源がいいのにライブと音源が違いすぎるのはどうだろう？フィジカルな面を鍛えておいて損はないよ。週に一回、スタジオ代出すから練習をやっていったら？」と。練習するうちに曲のアレンジを変えたりもできるようにもなりますし。これだけでもライブがメキメキと良くなってきて。ファーストアルバム『WORLD RECORD』は全国各地で評判が良かったので、ＣＤを聴きこんでライブに来ているお客さんも多い。そういうお客さんにもＣＤとは別のアレンジでアプローチして、うまく行きはじめた。

それで、ライブの質を向上させることを意識しながら行っていた一連のリハーサルを経た年末に、ワンマンライブをやってみようと思ったんですよね。十二月二十五日に渋谷ＷＷＷにて。クリスマスだったけど、見事に売り切れ。これはバンドの状態が良い証拠ですよね。とても嬉しい流れなんです。年頭にリリースした音源の評判がいい。そして一年をかけてライブを各地でやって、その評判がまたライブの動員数を増やしてくれる。本当にシンプルですけど、いちばんいい形だなって思います。だってどちらかが良くても、そこまでうまくいかない場合も多いですし。曲がかっこいい。ライブもいい。これって当たり前ですけど、やっぱり重要というか中心ですよね。

ライブによってミュージシャンたちが演奏者として成長していくというのも、音楽活動においては非常に重要なプロセスだなと思います。いろいろな経験をすることで、技量が知らないうちに向上して、できることが徐々に増える。

そのようにして向上した演奏力でライブをやり続けたおかげで、ceroはフィジカルが強くなっていきました。盲目的にならずに、リハスタにしっかり入り続けるのは、自分らがやるべきことを認識していれば次の音源に向けて、いろいろアイディアも練れるし、本当にバンド活動の基礎なんじゃないか？　って思います。この二〇一一年から二〇一二年にかけて大きく広げられた表現の幅を、その後も彼らはちゃんと跨いで越えていったし、経験をしっかりモノにできたんじゃないかなって思います。

ceroは期待され、認められ、応援されるようになっていった

ファーストが出てからセカンドアルバムに至るまでの経緯だとか、音楽フェスへの出方だとか、過去にそういったプロセスで経験したものを純度高くそのあとの音源にも反映していけたのは、嬉しいことでした。そういうことがあれば、カクバリズムという会社としても、ちゃんと経験を音源に落としこめてまわりも楽しんでくれたんだなぁという実感が出てきます。

ceroのセカンドアルバム『My Lost City』は二〇一二年十月にリリースしました。これはceroの才能の奥行きというか、ceroというバンドの中身をしっかり伝えられた、とても重要な作品だと思ってます。と同時にヒットしてくれた。発売後のライブでは物販で五十枚ずつぐらい、音源が売れていくようになったんです。これはなかなかないことなんですよ。うちで扱うミュージシャンにはみんな長く音楽をやり続けて欲しいなと常に思っているんですけど、この頃に「ceroもしっかりやっていけるんじゃないかな」と思うようにもなりましたね。彼らと吉祥寺の喫茶店で話していた「こんな感じ」が具体的になってきて、より現実に近くなってきた。

ceroは、SAKEROCKとぼくらが「わはは」と笑いながら作っていたいろんなものを見聞きしてくれた世代のバンドなんです。最初のＤＶＤも買ってくれていた。そういう話を聞くと、自分たち

のやっていたことが次の世代の音楽をやる人たちにちゃんと届いていたんだな、と思って嬉しくもなります。たまにそういう人がいるんです。SAKEROCKを学生時代に聴いてくれた人だとか、三十歳前後ぐらいの世代で「角張さんとライブハウスで話させてもらったことがあったんですけど、メジャーの会社になんて就職するんじゃねぇって言われました、大学時代に」と言ってくれる人だとか。

ceroは、二〇一一年に「ルーキー・ア・ゴーゴー」、一二年に「フィールド・オブ・ヘブン」と二年連続でフジロックに出演しました。二〇一一年の夏には7インチのアナログ音源も出しました。話題性の強弱こそあるけれども、ピンポイントで次につながっていくライブ、動員を増やすライブをやり続けていました。新規のお客さんにも見てもらうために、身内とだけじゃなくて、新しいバンドと一緒に新しい場所でやることなんかを意識していた時期でもありますね。

しかも、同時に、いろんな人にサンプル音源を配ったり、ライブに来てもらったり、「ceroっていいんだな」と思ってもらうための種まきは、ずっとやり続けていました。意識的に外部を巻きこむように動いてもいましたね。振り返るとたかだか三、四年前ですけど、いまと比べてフェス出演やSNSの訴求力もそこまで

cero『My Lost City』
CD ALBUM　2012年10月24日発売

なかったので、地道にやるしかないというか、近道があんまりなかった。いや、当時は当時でSNSって影響力があるんだなと思っていましたが、この数年で本当に根付いているなーって感じますね。SNSと親和性が高いバンドの飛躍ぶりとか見るとそう思います。そんな中で、ライブのクオリティを期待してきた新しいお客さんたちにきちんと見せるというかね。かまし続けてくれました。カクバリズムのバンドって飄々としているように見える部分もありますが、やっぱり内情は気合いをめちゃ入れて音楽に取り組んでいるんですよね。それが広げていきますよね、自分らの活動の幅を。

具体的に、この日のライブが転機になったとかいうことは言えないけれども、「いいライブをするのが第一」というのは、はっきり言ってアーティストを推し量る基準としては一つ、確実なものとしてあるんです。

お客さんの数が一〇〇人のライブを十回やる。一〇〇〇人のライブを一回やる。トータルで観てくれたお客さんの数は同じでも音楽の伝わり方が違うので、ライブの良さについてはバランスを取ってやっていくのが重要かとは思うんですが。ただ、そういう「ライブの組み立て」って、あと先を見通してというよりは、ぼくはそのつどしてきました。

そのバンドに対する付加価値をもっとも上げられるのがライブなんです。観たことがないけどいいらしいぞ、と音楽好きの若者たちが気にしはじめてくれるようになります。もちろん、そうして外側の準備だけできていても、実際にいいライブをしていなければお客さんはガクッときてしまうから、そこはきちんとしなければいけないんだけれども。

そうして、お客さんの期待値を上げておく。その流れがある中で、実際に、すごいライブをやる。そうしたら、「このバンドはスペシャルなんだなぁ」とお客さんが感じてくれるんです。本人たちの自覚も上がってきますし。そんなふうにして、ceroはうまくやれるようになりました。

フジロックの「ルーキー・ア・ゴーゴー」に出た時にも相当な人が集まってくれたのは、もちろん、その年にYOUR SONG IS GOODやSAKEROCKが出ていたっていうのもあるけど、そうしたカクバリズムに対して興味を持ってくれているお客さんたちに加えて、カクバリズムうんぬんは関係なしにceroに期待してくれていたお客さんがたくさんいたからだと思うんですよね。

存在が認められれば、お店の人たちもさらに応援してくれるようになっていきます。そういう状況を作っておいて、次の音源を作りはじめていきました。その後二〇一二年のフジロックの「フィールド・オブ・ヘブン」にもめちゃ多くのお客さんが観に来てくれて、そのライブでアルバムの告知をできた。そして十月のカクバリズム十周年で東名阪とレーベル全員でまわって盛り上がっていたところで、セカンドアルバムをリリースしたんです。これはベストなタイミングだったと思います。それで、あの内容のアルバムですから。一定の人気が確定してきたというか、これは行った！という気になりましたね。このタイミングが、とても大事だったんじゃないかと思っています。

ceroに関しては、いままでぼくが培ってきたマネジメントのノウハウを、とてもうまく機能させられたような気がしています。信頼できる人たちが好いて聴いてくれるし、何より他力本願な売り方をしたわけじゃない。これは説得力があったんだと思います。

ceroの場合は、お客さんに与える同世代特有の感じと、彼らが作る音楽がお客さんたちの本当に求めている音だったのが、共鳴を呼んだんだと思います。三人が音楽のことだけを考えている純粋さ、ユニークなものを作ろうとする他意のなさとが、うまく嚙みあったのかもしれません。普段の生活の要素を違う形で聴かせてくれるというか。時代かもしれませんし、アーティストにもよるんですが、気取るダサさってあると思うんですよね。そこからはずっと距離を取っているんですよね。

やっぱり何を信用して、何を取捨するか？　で全然変わってくる。例えば友達に新曲を聴かせたらやたら盛り上がっている、という感じはいつでも大事というか素直に嬉しいし、上がる。身内ノリって嫌われたりもするけど、それ以前に身内ノリすらできない曲ってのもありますからね（笑）。ぼくは友達がお世辞抜きに「かっこいいよね」っていう音源は信用していいよってことだと思うんです。聴きたいなって思うじゃないですか？　映画も漫画も食べものも一緒ですよね。バンドの話でもテレビの話でも何でもいいんだけども、友達との普段の会話に登場すると、やっぱり意識的になりますよね。規模感に違いはあれど、はじまりはやっぱり友達や身近な人がいいよねとか返してきたり、友達に勧めたら「いいじゃん！　何これ？」ってなる感じ。ceroはそういった理想の形で広がっていった気がするんです。意図的な部分が極めて少ないというか。余計な力が入ってないというか。それを受けてセカンドアルバムにしても、オリコンのインディチャートで二週連続で一位を取りましたから、既にこの時期でも、そのへんのメジャーのバンドよりも売れていたと思いますよ。それはすごいことだし、ceroの音楽が広がっていくのが素直に嬉しくて、彼らのこれからがより楽しみになりました。

改めて、インディペンデントレーベルとして

二〇一四年の暮れから二〇一五年の前半というのはカクバリズムにとって転換期でした。たぶんいい意味で、です。そうであってほしいなって。カクバリズムは小さい会社なんだから、一人ひとりの社員の意見も聞かなければならない。大きな会社でもそうか。仕事の透明度を上げ、少ない人数で融通が利かせられるよう、それぞれの仕事の状況を共有しておかなければならない。少ない人数だからこそ、それぞれの経験も共有しておきたい。前は考えてはいても実現できなかったことを、

立ちどまって考えざるをえない時期になりました。二〇一二年に十周年を迎えて、そこから二年、三年。ぼくの年齢が三十六、三十七歳。はじめて冷静に「転換期」を意識しましたね。

うちの会社自体としては「攻め」の時期ではあったんですよね。「cero の次のアルバムは絶対にメジャーに負けないほどいいものにしてたくさん売ってやる！」という気持ちが強かったし、それこそぼくがこれまでインディペンデントでやってきたやり方の限界まで挑戦したいと思っていた。そう思ってはいても、メジャーとインディの本質的な差にもそりゃ気づいていたし、というか全くもって自明のことなんですけど（笑）、メジャーとは違う次元での展開を冷静にやり続けるべきだと捉えているところに、二〇一五年以降のぼくの現実がある。

メジャーは、やっぱり大きい。圧倒的に動く人数が多いのと、メジャーデビューしたことで音楽業界から認知され、そこからはじまる仕事も多い。昔取引先の人に「早くメジャーに行きなよ」と言われたことが結構あって。メジャーじゃないと「ん〜」って関係者もたまにですけど、いますからね。これがいちばん嫌い（笑）。cero もメジャーからは数社お声がけしてもらってはいましたけど、やっぱりぼくらのペースがそこまでメジャー向きじゃないってのもありますしね。ただメジャーと一言で言っても、本当にたくさんの会社があり、担当者によってもやり方が全然違うし、予算のかけ方も全然違います。語弊ありますけど音源に対しての考え方も、仕事をする上で押さえておく箇所も、インディとは当たり前のように違いますよね。ただ意外にアーティスト本位でやってくれる部分はありますね。そのあたりはイメージと違ったかな。というよりぼくが過去にやりとりしてきたメジャーレーベルだけかもですが（笑）。メジャーはアーティストの知名度がある程度のラインを超えると、その瞬間までの動きが一気に集約されてゾゾ！　って全国各地からの反応に対応できるようになるってのはいちばんいい部分だと思います。例えばカクバリズムだと、ceroが「SMAP×SMAP」に出演して、各地でとても盛り上がったんですけど、仮にぼくらがメジャーにいたら、その盛り上がりを機に全国各地でいろいろな媒体関係者、音楽関係者、その他の企業と会話が生まれるかもしれない。それが次の露出や仕事に確実につながっていくし、新しい波が生まれる。ぼくらはプロモーション担当という役割にリリース時しか人員を用意できないから、「受け」が多くなる。そういう「生まれるかもしれなかった機会」ってのをどうしても取りこぼすことが多いと思います。あくまで想像ですが、現実的に一枚でも多く売りたいならば動く案件でしょうね。ぼくらのやり方では近しい人としか生まれにくいですし、先方がこちらにアタックするにしても窓口がまずわかりにくい（笑）。まぁこのへんは意識的かもなんだけど、そういうメジャーとの動き方の差異化を考えたのも転換期ですよね。勢いついた時はメジャーはすごいですね、追い風が吹いた時の動きって点では。アゲンストに一度なるとなかなか厳しいけど、長く付き合っている人もいれば、いろいろなメジャーレーベルを渡り歩く人も多いですよ。あといいところと言えば、印税の管理をしっかりしてるってところですよね。これは本当。ここがいちばん重要かもですね。

十五年やってきて、この間にメジャーも小さな予算で、動くスタッフの人数も少なく、ただその代わりに自由度が高いというインディ的な動きをして下地を作るようになりましたし、インディもメジャーみたいなことができるようになって、あんまり境目はないようにも感じるんですよね、実際。でもこの境目のない中で、ぼくはよりインディペンデントらしい、レーベルカラーの更新ってのに意識的になりましたね。というかそもそも、レーベルカラー的な要素って業界全体で少しずつ薄れて行っている気がするんですよ。こだわりを持ったアンダーグラウンドやインディペンデントなアーティストはいても、レーベルはそうではなかったりするし。ぼくが目標としてきた「オールジャンル聴く人のためのインディペンデントレーベル」を達成したいという気持ちがより強くなりました。インディペンデントってのはまず何より格好良くなきゃねってね。いつだってメジャーレーベルより良い作品を、いちばん良いタイミングで、いちばんクールで、いちばんホットでユニークに、楽しみながらリリースしてこそ！　でも、メジャーの良さもわかってるよ！　って感じになりました。カクバリズムの転換期に考えていたことには、いま言ったインディペンデントでやっていく意義を再認識して、そのために必要な発火剤と燃料は何なのかを具体的に意識していかないとなってことも含まれているんです。

　ぼくは今年四十歳になります。あと十年もすれば五十歳になる。今後は、若い人との音楽への感覚の違いなんかもより顕著に出てくるだろうし。こんなことを考えるようになるなんてなって感じなんですが、これも長くやらせてもらっているからでしょうね。場合によっては、自分が若くないからこそ、若くない人向けの音楽をやるという方向も「あり」でしょう。

今後はスタッフに、レーベルの中にいる自分らがへんに意識せずとも、感覚的にこのレーベルから良いものをリリースしていくんだぞという高いレベルの要求をするぼくのわがままを伝えなければと考えています。これまでは見よう見まねでやってきてもらってきた。ただ、常日頃の姿勢から伝わっているだろうと思っていた内容がかならずしも伝わってなかった、とあらわになったんですよね。案外伝わっていなかったんだな……と、二〇一五年になる前後の数ヶ月でよくわかった。そりゃそうだって話なんですが。だから、そういう点できちんと仕事のやり方、考え方、未来の描き方を伝達させよう、というのが最近の仕事の方針です。伝わってなかったというか、ぼくが自分で精一杯すぎてなかなかスタッフのみんなに伝達できてない状況だったんですよね。この数年。

とはいえ、ぼくを絶対に見習わないでほしい面もあるんです。常に反面教師でって話もしますけど。電話の折り返しも遅いし、時にはダブルブッキングもしてしまうし……。

アーティストが多くの人に自分の音楽を伝える際、ほとんどのお客さんにとっては、レーベルや所属事務所がどこだろうが関係はないわけですよね。もちろん、アーティストから「カクバリズムがいちばんやりやすい」と言ってもらえるのはありがたいし、音楽を作る土壌ってのはレーベルや所属事務所によっても違うから、その出自ってのは案外重要かもですが。それでも「音楽が良ければ、どのレーベルから出ていても関係ない」というのが、お客さんの正直な気持ちでしょうし、ぼくもそう思っています。

厳しく言えば、レーベルのイメージうんぬんよりもミュージシャンがどう良く見えるのかに集中することこそが事務所やレーベルの業務なのかもしれません。ただ、ぼくはインディにいて、そういう会社にはたぶんしたくなかったんだろうな、と、それは改めて思うところがあった。レーベルやマネジメントに色があることで生じる責任をあえて負ったのは、作り出す音源の良さに加えてお客さんと信頼関係を築きたかったのかなーと。ここは信頼できるクールなレーベルかどうか。希望ですけど、それをお客さんと共有できたら最高だなってやっぱり思います。

一方では、何でもやります、芸能界にも食いこみます、という営業のやり方もあるし、それが当たり前っていうか、そもそも何が何でも広げるってのは仕事として普通なんですよ。ぼくにそれができれば、もっと広い層に訴えかけられているかもしれない。もちろん、所属アーティストたちが売れるように努力することは懸命に続けていますけれども、それはぼくらの好きなやり方なんですよね。これは良くないエゴ。でも、これがぼくらを形成していたりもする。

それでも思ったんです。ニカさんはでかい事務所でやり続けていたら、あのニカさんらしい歌を生かせていただろうか？　YOUR SONG IS GOODにしても、むしろ無理に広い層に届けていたら、現在のようなメンバーたち自身が胸躍る音楽を作っているのか？　カクバリズムだからこそこういうふうにやれてきたんだという部分も、大事にしてもいいんじゃないか、と。いつも自分を疑ってきたけれど、時には信じてもいいんじゃない？　って。

音楽って、売れる売れないだけじゃなくて、もうちょっと違う形でのつながり方がたくさんあるし、そういったものを過去にいっぱい見させてもらってきたからこそ、ぼくはレーベルをはじめたんだよなぁ、みたいな感覚があるわけで、そこに一層、力を注いでいきたくもなったんですよね。ほんと矛盾しまくるんです。

いまの時代はネットが普及しているから、ぼくがレーベルをやりはじめた頃よりもインフラ面で見れば音源を売りやすい環境にはあります。だから、売れるということも、それぞれのアーティストらしさも、あとはカクバリズムというレーベルらしさすらも、それぞれ追求できるんじゃないかと考えているんです。これから五年ぐらい、その勝負をしていけたら、と。

マネジメントって積み重ねですよね。いままで作ってきたものを維持して、いい形でつないでいくわけです。売れたくないわけじゃないし、昔ほどメジャーをとことん毛嫌いしているとかでもない。ただインディペンデントレーベルのオーナーとして、かつて自分が音楽で興奮したあの瞬間を、アーティストたちと作り出して、お客さんにしっかり伝えたい。結果も大切だけど、面白いと思われる、そこにいたる過程も大切にしたいんです。あちこちでそれぞれのバンド、マネジメントが経験してきたことをちゃんと落としこめば、おのずとこれからのインディペンデントとしてのあり方、やり方はできてくるんじゃないかと思ってます。その結果生まれた「わ〜!」っていう瞬間をぼくらも見逃したくないし、みんなにも感じてほしいと思います。欲張りなんですよ。

基準はやっぱり「ダっせぇことはしたくねぇ」

何だかんだ言っても、石橋を叩いてリリースを行うというカクバリズムのやり方って、少し自分自身にリミッターもかけてしまう。「石橋叩き」ってかっこいいものではないんですよね。

当たり前だけど売れて欲しいから、プロモーションには力を入れて動いているんです。プロモーションをすることで、売り上げが少しでも上がればって思いますよね。プロモーションをせず、楽曲が良いってだけだと「予想を上回る」売り上げを立てるのは昨今なかなか難しいですね。だけどプロモーションをしたって、爆発的に売れるってことは稀なので、これまでバンドの活動実績はもちろんのこと、実際に時間とお金をかける意味があるアーティストやバンドに成長しているかという見極めはします。予算ばかりかけてもしょうがない。「いい楽曲」が何もせずとも広がっていくのが本来嬉しい話ではありますけど、埋もれてしまうこともありますからね。できる限り一枚でも多く売れるようにってのは常に目標にしてて、そこはへんに天邪鬼にならないようにと思っています。その上で無謀なやり方をしないってのが、カクバリズムのやり方です。

もちろん、堅実な経営という意味では、この姿勢も大事だとは思いますけれども足りないかな？って常に感じてはいて、満足するまでとことんってところまでやりたいなとは思いますが、プロモーション費って天井知らずで……。あと、一歩踏み外すと途端に「ダサい」宣伝になってしまうんですよ。そういうの多いですよね（笑）。

結局、「ダセぇことはいやなんだ」ってところに、改めて戻ってきているのかもしれませんね。

ぼくは、ただ音楽が好きというだけでレーベルをやってきましたし、いまもそう。

YOUR SONG IS GOODがメジャーに行くまでになったりして、みんなでワイワイやってきた。全国各地でいろんな人がライブにも来てくれた。音源も聴いてくれた。「好き」ということでやってくれた音楽が「好き」という気持ちで広がっていった。

そのうちに、どこかのところで自分が大人になったふりをして、「ダっせぇなぁ」と思うようなことや「いやだなぁ」って思うようなことも我慢してやるべきという気にもなりかけていたんですけど……最近、仕事の節目を迎えて、やっぱり違うだろう、と考えている。ぼくはかっこいい音楽が好きだし宣伝にしたって何にしたってそうありたい。

本来は、仕事って我慢しなければいけないことも多いってわかっているつもりなんです。でも、ダサいと思うことはやっぱりダサい（笑）。メジャーでベテランとして営業を続けているミュージシャンのライブを観て、かつてのぼくは「何だよ、これは」と思ったけれども、それは、いまだってやっぱり「何だよ、これは」なんですよ。

環境がいい中で音楽をやっている。メディアでの露出も含めてきちんとしたフォーマットにのっとって仕事を進めている。行儀がいい。人様に対して失礼ではない。横柄でもない。……ですけど、何というか、格好良くない。「ああはなりたくない」一群のミュージシャンたちはやっぱりいますよ。

ぼくから観て格好良くなくても大勢のファンからのニーズはある。業界の功労者たちでもある。それなら、いちいち引っかかる必要なんかないし、ぼくの性格が悪いって言えばそのひとことで終わりなんですけど、要するに「ダっせぇなぁ」ってことなんです。そういう音楽が世の中には堂々と存在して、大手を振って歩いている。

だからこそ、「うちのアーティストの音楽を聴いて！」と強く思うんです。

レーベルの規模感を大きくしていく過程で、こんな風景も見られるのか、という喜びをたくさん経てきました。すぐに叶えられてしまったわけですが、ぼくの最初の目標は「シェルター満員」ですから。

それが、YOUR SONG IS GOOD がフジロックのグリーンステージに出られるほどにまでなった。

あのライブを観た時には、もう感動がやまなかったんです。「こうなったらいい」と思っていたこと以上のことが現実になったわけだから。あれは間違いなく、ぼくが予想もしなかったけれども心から見られて良かった光景のうちの一つでした。

自分たちには合わない、見たくもない風景も見てきた側面もありました。それも、「見たかった景色」ではなくても、「見なければわからなかった景色」ではあります。

そういういろんな風景を通過した上で、最近では原点に戻ってきた気がしていますね。すごい格好つけると、シェルターだろうが横浜アリーナだろうが、同じようなテンションでライブを観て、そこでいいライブをしてくれたら同じように感動したいわけです。

よりインディ性が高くて、より創意工夫がなされていて、他社がやらないことで、かつメジャーに負けない規模感、宣伝力、負けない出口を提案するというのができたらいいなと思っています。

ただ、十五年もやっていると何をやっても驚かれなくなりつつあるんですけどね。音楽を仕事にする出口の一つの方向としても、例えばいま、カクバリズムは数本のCM音楽を作らせてもらっているのなんてなかなか頑張っていると思いませんか？　そういう音楽を仕事にしていく出口戦略も大事にしたいところなんです。いま、ラジオの音楽も三つほどやらせてもらっていて、そうしたものは売り上げは微々たるものでも、外に向けて開いていく仕事にしています。そういう角度からも、今後、これまでのインディーズとは異なるやり方ができていくんじゃないかと捉えていますね。

星野源くんの移籍、SAKEROCKの解散をきっかけに考えたこと

二〇一五年は、ソロアーティストとしての星野源くんのカクバリズムからの移籍、それからSAKEROCKの解散という大きな動きがありました。正直カクバリズムを立ち上げてからいちばんの変化と言えます。転換期。源くんが二〇一二年の年末にくも膜下出血で倒れた時もとても大変な時期でしたけど。

源くんとはSAKEROCKから数えると十年も一緒にやってきたので、移籍が正式に決定した時には、そりゃ寂しいし、悲しいし、力不足を悔やんだり、気持ちが落ちつかなかったですよね。けれども、結果は見ての通りで、源くんがより羽ばたいて、大勢の人、それこそ日本全国の人に音楽を届けている。そんなこと、正直なかなかないじゃないですか？　めちゃめちゃ良かったなと思いますし、二〇一一年から二〇一五年春まで担当できたのは、会社にとってもすごい経験をさせてもらったなって思ってます。感謝ばかり。売れていく過程ってのをこれだけ体験させてもらって、それこそ見たことない景色を源くんにはSAKEROCK含め、たくさん見させてもらった。ふざけた映像制作とかライブ演出とか、売り上げとかおかまいなしにいろいろやらせてもらったし（笑）。

振り返るとその頃既に、会社的にもキャパシティギリギリのところまできていました。というか

超えていた。ぼくと担当のスタッフ一人、大変な時にはあともう一人が、源くんのマネジメントにほとんどかかりきりでも対応しきれなくなっていた。外部の制作スタッフの東さんもうちの社員と同じくらい動いてくれていたし。そのくらい、想像以上のスピードで人気も動員も大きくなっていって、多方面からたくさんのオファーももらって。捌くだけで大変でした。もちろん、そのぶん、売り上げも大きかったわけですが、源くんにも、仕事相手にも迷惑をかけていたと思います。得意な部分と苦手な部分ってのがぼくにはあって苦手なことが大きくのしかかってきた。

しかし売り上げの良さは、経営に余裕を与えてもくれます。「源くんが動いたらこうなる」と予想できれば、経営にもある程度は「自由にやれる」余地ができる。

ただ、当時は全員で五人の事務所ですからね。忙しさにかまけて、細かいことがやれていなかった面もありました。目が届かないんです。

それは、移籍がなければ、悪化する一方だった。源くんの仕事だけじゃなく、他の仕事も。やれ会社のミスだの、やれ自分の働き方の限界だの、やれ指示の出し方の悪さだの、やれスタッフ間の情報の共有不足だのにも次々と直面しました。何かこう「どう仕事をしたらいいのか」という問題が目に見えて出てきているんです。長い間、おれは目の前の業務ばかりにかまけていたなともわかりました。自分では数年後のことも常に考えて働いてきたつもりでいたんですが、なかなか実践できてないことが多くて。

忙しい時には、悪いことが起きても、目の前の仕事があるからそのまま進んでいかざるを得ない。そこは、病気を抱えながら暮らしていくみたいな感じでした。病気の進む速度も、事業の調子が良ければ遅くなるように見えていた。ただ、この時のようなことがあって一回立ちどまったら、うちの会社の病気はそれなりに進行していたともわかったわけです。一つずつ治療しなきゃいけない。それに気づけた、いい機会かもしれないとも思いました。

そこまでは、会社を大きくするという目標も正直ありましたが、大事なのは拡大だけではないんだよなとつくづく考えもしました。で、立ち戻るのは最初から変わっていない「よりいいものを世の中に送り出していく方向で充実させていこう」というもの。

もちろん、売り上げは伸びてほしい。でも、移籍をきっかけに、仕事に対しての考え方もかなり変わりましたね。源くんとしても、それこそ命を失うかもしれないほどの大病をやったあとで、今後の人生を誰よりも考えたと思うし。源くんのやりたいこと、多くの人により自分の音楽を聴いてもらいたいという目標に対して、ぼくらがやれることが限られてきていた。ぼくらができないことで、当たり前だけど源くんの足を引っ張ってはいけない。協力したいのに、追いつかないってのはまぁ中々苦しいもんです。源くんの期待に応えることがぼくにはできなかったし、実際うちではできないこともわかっていた。

さっきも言ったけどそりゃ寂しく、悲しい気持ちにもなりましたが、源くんはどこに所属しようが、何をしようが、作り出す音楽はいつだって最高で、クオリティーは絶対下げない人だから。関係ないけどそこはぼくも胸を張ってますね。「ほらみろ！　言ったじゃん、素晴らしいですよ」って勝手に大きな顔してます（笑）。

SAKEROCKの解散のほうは、実は割と前から、大筋は決まっていたというのがあったんです。SAKEROCKはこれまでカクバリズムの中では定期的にアルバムをリリースしてきたバンドです。先述した通り、メンバー各自のスケジュールはおのおの埋まっていってしまうので、むしろSAKEROCKのスケジュールをあらかじめかなり先まで決め込むことで、やりたいことを明確にしてきたバンドでもあります。

限られた時間の中でそれぞれが必死にSAKEROCKと向き合うバンドでもありました。特に源くんはソロが動き出したからと言って、SAKEROCKの活動を休むってのはいやだったはずなので、どちらも一〇〇パーセントで頑張っていましたね。ただラストアルバム『SAYONARA』のライナーにもありますが、解散前の数年間で、メンバーみんなの個人活動が当初考えていたより活発になっていました。特に、四枚目のアルバム『MUDA』リリース前後から忙しくなっていきましたね。そんな中でも、全国ツアーや野外フェスへの出演、年末のワンマンライブなど精力的にしっかり活動してくれていたのですが、二〇一一年の年末に馨くんの脱退が決まりました。そこは分岐点になりましたね。ただあそこで解散しなかったことが、今ではとても良い選択だったなって思います。

あそこで三人でも続けようとなったからこそ、このあとお話ししようと思っていますが、結果的に結成メンバーの五人で両国国技館での解散ライブを開催できたってことでもあるし、何よりその五人で『SAYONARA』というアルバムを完成させたってことは大きいなって思います。こんなことなかなかないですよ。振り返れば翌二〇一二年はそれこそ激動の年で、忘れられないです。六月に馨くんが抜けて三人体制になったSAKEROCK、cero、TUCKERというメンツで赤坂ブリッツでライブをやったんですが、この時のSAKEROCKの編成がなんと九人（！）。岡村末央さんをはじめとしたストリングスチームに、ギターで辻村豪文、ベースにザゼン・ボーイズのメンバーでもあった吉田一郎さん、鍵盤にレキシの池ちゃん（池田貴史さん）といま考えても豪華ですね。これがめちゃ良いライブだったんですよね。その後カクバリズムの十周年でも同じ編成で三箇所ライブをしているんですが、二〇一四年の一月にリリースしたベスト盤『SAKEROCKの季節』にはこの編成で録音した唯一の「Emerald Music」が収録されていますので、聴いてほしいです。十一月にカクバリズムの十周年のイベントが終わって、新編成のSAKEROCK、これは面白いことができそうだねって話していた矢先の十二月、源くんがくも膜下出血で倒れ、休養に入ります。

『MUDA』の次にベスト盤とオリジナルアルバムを作りたいってのは、源くんと話していました。そうですね、源くんが入院している時に話していました。ベスト盤の話とオリジナルアルバム、そしてバンドの解散のこと。病室でその話をされた時は、最初驚いたけど、どこかでわかっていたというか、予想はしていたし、そんな話もちょいちょいしていたから。ただ「うん、うん」って聞くんだけど、その時は安静にしていてもらいたいから、いつもみたいに話を進ませずに、まずは頭使わないで休んでって感じで。

その後しばらくして源くんの体調が良くなり、上向いてきてからカクバリズムの事務所で、メンバー三人が揃って、そこで源くんから解散の話と最後のアルバムについての提案が出ました。ライナーや解散の発表の際に源くんが自分の言葉でみなさんに説明した通り「最初の五人でアルバムを作って解散ライブをする」というアイディアを話してくれて。解散の話は源くんと話していたんだけど、アルバムをまさか脱退したメンバー二人を呼び戻して作るなんて考えたこともなかったから、大地くん、ハマケンもぼくも聞いた時には本当にびっくりしたけど、「良いかもね」って前向きに動き出せる感じになって行きました。しかし源くんも良くそれを思いついたし、メンバーたちもよく達成したなって思いますね。SAKEROCKらしいって言えばそうだけど、こんな形で終われるというか、バンドをやるってのはそう簡単じゃないですよ。他にはない面白い音楽に対して、メンバーのみんなが丁寧に真摯に向き合っていたからだろうなってほんと思いましたね。

SAKEROCK『MUDA』
CD ALBUM　2010年12月8日発売

それでも、続けてていてもいいかな、やりたい時にSAKEROCKという場に帰ってきてやってくれたらいいんじゃないか、という少し欲のある考えは常に持っていました。場を残すっていう。時間が先に進めばそう思う瞬間も来るんじゃないかなって。当たり前ですよね。むしろそういう方向で落ち着かないかなって希望もあった。

SAKEROCKの最後のアルバムが出来上がった

二〇一四年の年末から二〇一五年の三月くらいまでSAKEROCKの最後のアルバムの録音をしていた時は、源くんが忙しいスケジュールをやりくりして、めちゃ頑張ってほとんど一人で作り上げていきました。全員が集まれる時間が限られていたので、その時間はかなり有効に使っていました。全曲、作曲は源くんです。源くんなりに、シンプルにSAKEROCKの五人が楽しんで演奏できる曲をと考えていたのかなと。いままでのように、コンセプトをがっちり持たせるというより、はじめてバンドを組んだ時のように楽しく演奏するというか。だからか、いつも以上にスムースな録音でした。これが解散するバンドの録音風景なんだろうか？　ってくらいふざけていたし、メンバーもめちゃ仲良くやっているし、「このまま続ければいいのに」って気持ちが、簡単に顔を覗かせるんですよね。でも、そうじゃないってのもわかっている。みんな、別々の道をそれぞれのスピードで歩いている。それでこそバンドだし、それでこそSAKEROCKだしね。

録音最終日、最後の曲は「Nishi-Ogikubo」という曲だったんです。西荻窪にはSAKEROCKがいつもリハーサルをしていたスタジオがあって、バンドがそこで過ごした時間ってのはとても長い。どんな意図があって、その曲名にしたかは源くんに聞いていないんだけど、ぼくは勝手に特別な思いを汲み取っていました。その曲が最後の録音になったんですよ。言ったら、五人で録音するのは本当に最後。録音後にミックスなどの作業はあれど、スタジオでみんなで演奏するのは最後でした。「Nishi-Ogikubo」の録音は至極順調で、それこそ最初のテイクでOKだろうって、メンバーもきっとそう思っていたんです。このテイクでいけるな、と。ところが、源くんは一息入れて「もう一回やろうか」と言った。それでみんな「うん」って感じで、もう一度演奏しました。アルバムに収録しているのは最初のテイクです。あの時その演奏を聴いていたのはエンジニアの内田さんとぼくだけで、ぼくはそろりと泣いていて、内田さんは演奏を集中して聴いていました。

ぼくはこの時も「これで解散は本当にもったいない」って思っていました。そりゃそうです。へんな話ですが、バンドが生き生きしていた。これは別に八十歳とかになっても「どうも、SAKEROCKです」って言って続けていけるんじゃねぇかとも思った。

ただ、この音源に至る経緯や源くんの気持ちを考えたら「活動休止で良くない？」なんてとても言えない。そもそもSAKEROCKは音楽を作るための集合体であって、音楽を生み出したいから結成されたし、解散という理由なしには最後の『SAYONARA』は作れなかった。結局はそのもう一枚が二〇一五年に発表した最後のアルバム『SAYONARA』にはなりましたけど、その音源ができただけでも良かったんです。成熟した感覚を反映させた最後の音源があって解散とそうでないのとては違いますから。最初からSAKEROCKは一貫してて、最後の最後でバンドになった。バンドっていうより音楽のための集合体って感じだったSAKEROCKが最後の最後でバンド然としたというか。脱退したメンバー二人を呼び戻して、一枚アルバムを作り、結成時のオリジナルメンバー五人で解散ライブをする。ぼくは、SAKEROCKはメンバー五人の青春そのものだと思うんですよ。みんなはどう言うかわからないけど、二十代から三十代へ成長して行く、その中心にあった。それはもう本当にそうで、ただのバンドじゃない。それがこういった形で自ら終わりを迎えようとしている。それは止めれなかったですね。それで、二〇一五年の二月末、アルバムの発売発表の際にそのまま解散を発表させてもらいました。解散するからこそ作れる音源であって、あの五人が集まる理由でもあったし、解散することがみんなの中で悲観することでもなかった。特殊なケースだと思いますが、それができてしまう特別なバンドですよね（笑）。

マネジメントを手がけていたアーティストの移籍。バンドの解散。レーベルを十五年間やってきて、カクバリズムでは、どちらもはじめての出来事だった。だから、会社としても特に忘れられない一年ですね、二〇一五年は。

SAKEROCKの現場にはできる限りすべて足を運んできたので、言葉にできない感情ってのがいまだにあります。スタッフに手伝ってもらってはいたものの、マネジメントと制作は基本的にはぼくの担当でしたから。

それをやりながら、一方では二〇一五年のはじめからキセルのツアーもあったので、毎日、本当にやることが多かったですよね。

そんな中でもSAKEROCKが解散を発表する前後の半年ほどは、レーベル内の各バンドの実りを近くで感じてインプットとアウトプットができた時期でもありました。ぼくの毛穴は緊張と興奮で広がったり縮んだりしていたでしょうね。

この時期はこれまで以上に経験を消化した上で実践に移せる可能性を感じられていたんです。自分らのダメな部分と足りない部分も明確になったことで、できることを丁寧にやれるようになったこともあります。忙しい時期でも、いや、だからこそ、人脈も含めてカクバリズムのやれることってずいぶんたくさんあるぞとわかって、仕事やアイディアの引き出しみたいなものが増えたのもだけど何かキレが良かった。

もちろん、売り方についてはいくら引き出しが多くなってもアーティストごとに合う合わないがあります。すべてにおいて同じ方法論でやればいいわけではないから、生きるアイディアばかりでもないのですが、それでもいつも以上に手応えがあった時期です。

二〇一五年のお正月は、うちの会社としては結構お休みをしたほうでした。今年はもうここしか休めないなと思って。で、一月八日に始業にしたんです。そこからはさっそくSAKEROCKの録音に関わる業務がガーッと入ってきて、そのまま三月のceroのサードアルバムの録音までは一息もつかず。

ceroのアルバム作りに関しては、タイミングはベストで、もうこれは売るしかねぇ〜〜！　って感じで、今回だけは絶対にミスれないぞという感覚がありました。でもceroのアルバム発売が五月二十四日で、SAKEROCKの解散ライブが六月二日。一週間くらいしか間がなかったんです。リリース直前やライブ直前って、もうやれることはやりきった、という時期でもあるんですが、この二つに関してはとことん足掻いていました。最後まで安心できない（笑）。そりゃそうだって話なんですけど。どちらも結果的にはうまくいったかな。まあそれから三年が経って歳を重ねたら重ねたで、もっとこうできたかな？　とかはありますね。いつまでもこうなんでしょうね。

二〇一五年は、本当に仕事の分岐点にはなりました。でも、毎日が忙しくなりすぎていて、社内では誰もその来たる分岐点のための準備をしてこなかった。予想できていなかったというか、単純に荷物を積みすぎたままカーブをトラックで曲がろうとしている感じ。大変な状況のままでの方向転換だから、やべぇ、このままで曲がりきれるのかなぁみたいな危なさはありました。これはちょうどその頃尊敬する先輩がやっているマネジメント会社であるトーンから転職してきてくれたスタッフで、経理やぼくのデスクを担当している半崎さんとよく喋ることなんですが、結局、楽はできないなぁということなんですよね。仕事が大変なのも、今回だけでもなかったわけだし。

普段から準備もできたのかもしれないけど、とはいえ、どう準備していても明らかに大変でしたよね。精神的に内側に逃げこむことも何度かあったし、実際そうすることもできたんですけど、まぁ結局「仕事って、好きなものでもつらいものなんだ」とは、本当にそうで。これはもう音楽好きの若い皆さんにも伝えたいし、ぼくらのような裏方仕事ってのは、実は換えが余裕で利く業種だったりします。だからこそなんだけど、一つひとつの現場を準備万端で迎えるために、考えるだけ考えて、動けるだけ動いて、ここだってところまで持っていかないと。そのための時間の作り方をうまくやっていかないといけない。そりゃ楽じゃないけど、ワクワクしたり、「あれ？ これ行くんじゃない？」みたいななかなか感じられない瞬間があったりするから、なんだかんだやれたりするんですよね（笑）。

解散ライブの前後に考えていたことは

二〇一五年六月にSAKEROCKの解散ライブが終わった直後は、「ちゃんと解散できて良かったな」というのが、いちばん正直な気持ちだったかもしれません。

と言うのは……二〇一四年の十一月とか十二月くらいに、解散ライブをやろうって話が出てから実現させるまでって、ちょっとスケジュール的にも厳しいところがあったんです、もちろんオペレーション的にも。

まず、最終的には両国国技館でライブをしたわけだけど、あの大きさのライブ会場をその時期から確保するのが、結構大変で。

本来だったら一年ぐらい前から準備しはじめるところを、半年ちょっと前から動きだしたので、いろんなところにシワ寄せが来るんですよね。でも、さいわい、お客さんのおかげでチケットも売り切れてくれたし、何かこう、「やりようがあった」というか……。バタバタしてはいたけど、源くんのソロでカクバリズムも武道館や横浜アリーナ2デイズを仕切るくらいまでは経験させてもらっていたので、焦ってはいたけど、まだ余裕があったんですよね。当日は大変だったけど（笑）。

だからか、準備するこちら側としても、精神的な「余白」みたいなものを持った上で臨めたというのはありました。余白があったから、あとから何かいろいろしなきゃいけないことが来ても、対応できまして。

いままでずっと、特に源くん発の「角張さん、こういうことをやりましょう！」というアイディアに、「いいね！　やろうぜ〜！」とやってきたことの最後になるよな、このライブは、とは思っていました。だから、気合いは十分入っていた。

ただ、どこかのところでは、こんなに急ぎの仕事で、何かへんなことが起きないように、と自分たちのやっていることをチェックしながら、細心の注意を払って公演の日を迎えていました。これはもう大人になってしまった証拠というか。当たり前か（笑）。だから、感傷的になる暇がなかった。全然余裕ないですね。

他にも、同時期に気合いを入れすぎなきゃいけない仕事があったので、必死でした。ceroの、五月末に出すアルバムのプロモーションも、ものすごく力を入れていましたから。これが勝負だっていうタイミングでしたしね。

SAKEROCKの解散ライブに関しては、終盤に入るまでは無事に進行しているかどうか、当日YouTubeで生配信もしていたので、そのチェックもしなければならなかったけど、終盤に差しかかってからですかね、袖でメンバーを送り出す時に既に泣いていましたね。「よろしくお願いします！（泣）」って感じでSAKEROCKのみんなを送り出したから、メンバーは、おいおいって爆笑していましたけれど。

あのライブはなんとなく、もう再結成ライブみたいなところも半分ぐらいはあったんじゃないかなーって。ライブ自体、二〇一二年の十一月以来でしたしね。客席にもそういう雰囲気ってあったように思います。「解散」という形をとるために、オリジナルメンバーが全員集まってきてくれた。バンドをやめたあの二人が来てくれて解散って、「すごい!」って思うけど、よくよく考えると本当になかなか実現できないことなんですよ。

その特別なバンドによる最後のライブを、お客さんが自由に楽しんでいるのが本当に嬉しかった。はじまった時の盛り上がりがもうすごかったんです。もう少ししんみりするのかな? って思っていましたが、全然でしたね(笑)。目の前でSAKEROCKが演奏している、そのことへの興奮。ぼくも実質約二年半ぶりにSAKEROCKのライブを見たわけですが、そりゃ興奮しますよ。そんな興奮の坩堝の解散ライブなのに、たわいもないMCが入る。いつものSAKEROCKでしたね。

この日はお客さんから演奏してほしいリクエストを事前にウェブで募ったんです。その結果を選曲に反映したのですが、SAKEROCKの楽曲群の隅から隅までリクエストが来ていて、つくづく愛されているバンドだったんだなぁって思いました。日々忙しく進んでいると、そうやってお客さんがリリースした音源を楽しんでくれていること、SAKEROCKの音楽が生活の中に溶け込んでいることまではなかなかわからなかったりもするんですが、聴いてくれたみなさんに大切な音楽として扱われているなってこの日のライブの雰囲気からは感じました。だから解散を惜しむ、悲しむ声は大きかった。でも、SAKEROCKが解散を前提にしながらも脱退したメンバー二人とともに最後に一枚アルバムを作って、解散ライブを開催する。そういった点は、これは何度も言いますけど、本当に特殊なケースだし、とってもユニークだったと思うんです。そして何よりお客さんのことだって置き去りにはしない。ぼくは思うんですよ。ラストアルバム『SAYONEARA』がリリースされなずに解散していたことだってありえたかもしれない。でも彼らはそうはしないで、作品を作ることを優先して、音楽を大事にした。いままで聴き続けてくれたお客さんに対してちゃんと「SAYONARA」を言ってくれた。

同じ高校の同級生と先輩後輩で結成したバンド「SAKEROCK」。メンバーが作っていたのは「他にはない音楽」で、それは懐かしくも新しい音楽でした。

解散ライブで最後の曲が終わって、メンバー全員が楽屋に帰って来て、「お疲れさま」って言葉を交わして、一息ついて……言葉にできない感情が溢れて来ました。ただぼくは感慨に浸る間もなく、すぐさまやることがあったから慌ただしくしていたけど、みんな良い顔でした。忘れられない空間だったし、その気持ちはいまもまだ、なんだか残っているんですよ。

そのうち、お疲れ会をしようとは言っているんです。SAKEROCKって、かつては吉祥寺で年末にいつも焼肉屋で忘年会をしていたんです、メンバーとぼくだけで。それは、ぼくとかが入る前からやっていたんです。それをひさびさにやろうって言っているんです。

解散ライブの日の記憶は、実はどこかおぼろげではあるんです。終日ずっと動いていたというか、無事に行きますようにって気持ちしかないから、なんだかヘトヘトにはなっていて。でも打ち上げは朝までやっていて、みんなが帰って行くのを見送って両国のホテルで泥のように寝ました。

SAKEROCKの解散ライブの映像作品（『ARIGATO!』）の源くんのライナーにも書いてあるんですが、朝までメンバー五人でそれは楽しそうで、楽しそうで。朝の駅前でみんなが別れる時、ハマケンだけ朝から仕事があっていないんだけど、あの空気だけはやっぱり鮮明に覚えてますね。みんな、今生の別れではないのは重々わかっているけど、なんだかね。「またね」って言って、別れた。あぁ解散したんだな。でもみんなの道はそれぞれ続いているんだなって、その時に強く実感したというか。悲しい気持ちよりも、良い解散ライブをみんなに見てもらえたって安堵の気持ちのほうが当日は大きかったですね。

両国のホテルで少し眠ってライブのあとかたづけにいくと、結構な雨だったんですよね。ぼくは会場が国技館ということで、大相撲みたいなのぼりを作っていたんですが、お昼までそのままにしておいてくださいってわがまま言ってお願いしたんですよね。朝、それを見にくる人もいるかもしれないって。そしたら雨でびしょびしょで。その後、イベンターさんの会社の屋上から吊って乾かしてもらったんですけど、それも壮観でした。住宅街にある五階建てくらいのマンションだったので、良い風景でした。

SAKEROCKの解散によって、メンバーとの関係は、仕事上では終了ということになって、微妙に変わりました。以前は小さいことも含めて詰めていく感じだったんだけど、仕事の関わりがないので、まぁ昔からの友達というか、仲間というか。会社にとってこの十年を支えてくれた功労者ですからね。ほんと立派なOB。とことん突き進んで行ってほしいです。大地くんには、「これからのカクバリズムの仕事、ちゃんと確認するからね」っていう熱い言葉をもらったり。まぁ解散後もみんな全くノリは変わらないんだけど。あ、大地くんがカクバリズムの駐車場にあんまり車を停めなくなったってのはありますね（笑）。ハマケンは二〇一〇年から俳優業のマネジメントもしているので、取り立てて関係は変わらないけど（二〇一七年八月から在日ファンクもカクバリズムに所属）。そして今年は馨くんもカクバリズムからリリースが決まったりと時間が経つといろいろ面白くもなるものですね。どこかで、解散したら力が抜けちゃうというか、放心するかなと思っていたんだけど、むしろ各自めちゃめちゃ頑張っていこうなっていう気になったし、これこそ源くんからの激励だという気も勝手にしていて、みんなそれぞれの道をそれぞれじっくりやっています。ぼくはSAKEROCKが所属していたレーベルとして、しっかりかっこよくやっていかないとって思いますね。

気持ちは、整理できないままでもいいのかもしれない

その後は、七月まで一気に時間が過ぎていきました。SAKEROCKのライブの翌日だけ休んで、ceroのライブのリハを二日やって。そこからずっとツアーでした。

これはどのバンドもミュージシャンもそうですけど、音楽って、いつまでやるか、やれるかわからないじゃないですか。長く音楽の仕事をしていると年々そう思うところもあって、ツアーもよりたくさんできたらと考えるし、その時のceroのツアーには二箇所を除いて全国についていったんです。

自分の好きな音楽を作りながら、それを商売として成立させて、生活していく。当たり前のように続いていくようでいて、そうじゃないなってのはもう十分過ぎるくらい理解しています。当たり前じゃないんですよね、全国ツアーをやることって。やって当然のようになってきていたりするけど。スタッフがいて、ルーティンワークのようになっていたりする。でも、うちの会社の場合は、契約してどうこうというのはあるものの、無理をしてでもバンドを食わせるという雰囲気ではなく、なんというか良い音楽を作り出すための環境作りを優先したりもする。音楽で食っていくことに向いている人、そうでない人、ほんとそれぞれある。

やりたい音源を作る。やりたいライブをやる。そういうやりたいことを共有しながらじゃあ一緒にやりましょうって感じだからこそ、前を見て、上を向いて頑張るんですよね。そんな中で解散もあるし、移籍だってあるし、活動が徐々に少なくなっていったりもする。

というのもあって二〇一五年のceroのツアーにはほぼついていったわけだけど、行って良かったなって思っています。全国ツアーって、みなさんが思っているほど簡単にはできないんですよ。一年に一回全国を回っているバンドも多いですが、なかなか大変です。だからこそそのつど、いましかないし、いましかできないって気持ちが強い。長いスパンで物事を考えているつもりでも、どこかでいつもいましかないって気持ちはあるんですよね。何かを選択する際にも、意識する部分だったりする。

二〇一五年のceroのアルバム『Obscure Ride』はカクバリズムの歴史の中でも一、二を争うくらい売れているんです。以前よりもCDの販売の数は全体としては減っているのにもかかわらず。それってすごいことだし、ライブの動員もこれまでの経験を凌駕するほどで、会社的には驚異的なことです。こちらのリリース体制も前と比べると全然整ってはいますけど、すごいことで。ただ、前とは違って同世代ではなく六歳下のバンドなんで、もう少し冷静に捉えていられた。

YOUR SONG IS GOODやSAKEROCKとツアーにいくと、もっと一緒になってうぎゃ〜って楽しんでいたというか。まぁ、ceroとも「わ〜!」とはなっているけど、制作にしてもPAにしても照明にしても、どこか制作スタッフに注意を促す立場に自然に回っているというか。前もやってましたが、よりその立ち位置が強まったというか。それが、いまの仕事のあり方という感じですね。別にぼくがいなくても現場が回る環境は作れているんです。ただバンドって一回のツアーで本当に成長するから、それをちゃんとこの目で見ておきたいなって。少し離れたところから贔屓目なしに見ても、本当に良いバンドでめちゃめちゃかっこいいなって思えるもんだから、毎度見逃せないんですよね。

いまceroの話をしたように、SAKEROCKの解散のあとの自分の気持ちの整理をする間もなく、すぐに入ったceroのツアーで忙しかったこともあって、あえて整理もしないいままで来ています。整理は、「できない」というか。しなかったし、たぶん自分でも思っていたんでしょうね。

東日本大震災のことなんていまだにそうですが、整理できない気持ちって、あるじゃないですか。それも含めて大事にしたいと思っています。

ぼくは、もともとは、何事もまとめたがってしまうほうなんです。早めにはっきりさせたい。でも、この時みたいにほんとうにまとまらないまま時間が過ぎていくって体験があると、「そのまま」でしかないやと思うようになったんです。二ヶ月、三ヶ月経ったら違う感情がもっと来るのかなぁとも思っていたけど、案外、そんなこともありませんでした。目の前に、いつも必死になってやるべきことがあるからで、それはありがたい話ではあるんですが。ゆっくり向き合う時間がなかった。

よく、言うじゃないですか。失恋したけど、仕事が忙しかったから、気がついたら時間が経っていた、落ちこむ暇がなかった……みたいなことを。仕事の話だから厳密に言うと違うんだけど、気持ちのノリとしてはそういうのに近いのかもしれませんね。

一方では、ぼくもスタッフも、源くんやSAKEROCKのことだけをやっているわけではないんですよね。インディーズのレーベルとして、他のみんなのことも存分にやらせてもらいたい。たぶんこの時期はいろいろな気持ちが行き来していたなぁって思います。これ以上ない良いSAKEROCKの解散ライブだったし、ceroのアルバムも最高傑作と言える一枚が出来て、それをうまく販売できたと思うので、振り返ると必死で大変な時期ながらも充実はしていたんでしょうね。

ceroの新境地にさらに必要だったもの

ceroのサードアルバム『Obscure Ride』の録音をやったのは二〇一五年の三月でした。録音はスタッフの藤田くんが頑張って担当してくれていたので、ぼくは進行を確認しながら、全体を俯瞰で見るようにしていました。その時点で出来上がりつつある音源に興奮していたので、手応えをそれはそれは感じていました。ただ、ぼくとしては、音楽的にはとても格好良いところにいるとは思いながらも、完成に近い段階で全体を考えた時に「あと一曲欲しい」と感じたので、それをメンバーに相談しました。自分でもちょっと迷ったんですけど、なんか過去の経験からも、もう一曲って感覚的に思ったんですね。全体の醸し出す空気がもう少し良くなると思った。

スケジュールからしても無理なお願いをしていたんだけど、彼らはとてもいい形で応えてくれました。それを経て、いい意味で、三人の個性がそれぞれブレンドされて、より発揮された。それが、いまのこのバンドには必要だったんだとわかったような気がしたんです。

最後にアルバムに入ったのは、橋本（翼／ギター）くんの曲です。橋本くんがceroではじめて書いたのはセカンドシングル『Orphans／夜去』の「Orphans」という曲です。この曲は既に代表曲の一曲で、『Obscure Ride』でも肝となる曲です。なんていうのかな、すごくいいんですよ。優しくて、素直な曲調というか。この時は「DRIFTIN'」を最後に書いてもらいました。これも含めて、橋本くんの曲はアルバムの中に三曲入ることになりました。

これまでは他の二人（高城晶平／ボーカル、荒内佑／キーボード）を中心に曲を作ってきて、この時も二人がやろうとしていたのは音楽的なチャレンジを果敢に試みながらもさらにメロディ、歌詞も良くてつまりはすべてのクオリティが高いという、ceroを次の高みに連れて行く曲たちばかりでした。

これだけでもとても良いアルバムになる確信はあったんですが……もうあと一つ開かれた窓となるような曲が欲しかったんです。それでもう一曲欲しいと伝えたんです。

こういうことって、ぼくは言ってこなかったし、伝えるかどうかにしても迷ったんですけどね。でも、すごくいいタイミングで出すアルバムだから、リリース後に「あの時言っておくべきだった」と思いたくはないので、わがまま言いました。

バンドには、こんなにいいタイミングでアルバムを出せることはなかなかないぞって時があるんです。その時に、やっておくべきことはやり残さずにやっておきたいってのがあるというのがぼくの考えでした。制作段階で出てきたアイディアや気持ちって残しておくと本当にダメで。

アーティストというのは楽曲制作やライブなど目の前にやるべきことが多いので、そういうリリースの「このタイミングで」ってところまであんまり考えていないかもしれません。あとになってあの時だったのかなと気づくというか。ただこの十年の間に、そういったタイミングについてもアーティストのほうが敏感に感じ取って、みずから率先して動くケースも増えましたし、アーティストのほうがそういった風の読み方がうまい場合もありますしね。ただ、どこかで次の音源を出せば状況は少しでも良くなると思っていたりするものです。そりゃそうですよね。さらにこの一枚だけじゃなくて、次にいいものを作ればそれでいけるはずだ、と考えたりもします。

それも、もう「そういうもんだ」とは思いますし、ぼくもそう思いたいですけどね。自分たちは、いい曲を作っている。いいライブをしている。そう思っている。そうじゃないと、続けられないし。だからこそ、自分たちが思っているほど売れなかった時には、他の売れているバンドのような売り方をしてくれなかったからじゃないか？　なんてアーティスト側は思ったりするかもしれない。そりゃそうですよ。ぼくだってそう思いますし、販売や宣伝の仕方についての解釈っていうのは、バンドやアーティストごとに差がありますし。

もちろん宣伝もヒットの一要因なんでしょうが、本当はそのバンドを好きになるためのきっかけになる、入り口としての曲が作れていなかったりするケースも多いなって感じます。だから、一方ではスタッフがわがままを言っちゃいけないなと思いながらも、伝えたんです。「めちゃ大変な提案なんだけど、cero のもう一つの側面を見せたい」「最後の最後までやってダメだったらそれでいいけど、ちょっとチャレンジしてみてくれないか」と。何で一曲足したほうがいいのか、こうでこうでこうなんだって説明したら、あぁそうですよね、わかりますっていう反応なんですね。

ぼくが言ったのはこんなことです。いまのまま出すのももちろんいいし、ライブに来ている人たちは cero のセカンドアルバムからサードにかけての変換期の音楽なんだってわかるんだけど、それはおもに東京にいる人たちなんだ、と。地方にはこれまでライブにマメに行けているわけではなかったから。

アルバムの間にシングルを入れて、変化の勾配を多少はゆるやかにはしているつもりだけれども、やっぱり知らない人が出てきてキョドるかもしれない。そういった点の、潤滑油的な曲が欲しいんだ。このアルバムが受け入れられればもう次はみんなついてきてくれる。

そういう話をしたんです。そうすると、橋本くんと荒内くんが「あぁ、わかります」と。荒内くんはアルバム完成後にさらに新しい曲をもってきてくれたんですけど、それもめちゃくちゃ良かったですね。

髙城くんは、そのあたりのものを入れるよりは、「角張さんの言っていることもわかるけど、もう少しトーンを揃えたいと言うか完成度を高めたい」と言っていたから、ぼくもどうしたらうまくこの感じを伝えられるものかとうーんとなったんですけどね。でも、最終的には橋本くんから出てきた曲を聴いてみんな「すげぇ名曲じゃん！」ってなって、すぐ髙城くんからも歌詞が出てきたから、良しって思いましたけどね。

こういう時って、うまくいくもので、「いやぁ、いこうぜ！」という感じで進んでいくわけです。みんなもわかってますけどね。この人、興奮してるなって。めちゃ元気出してるって。でも、六歳上の人がですよ？　尋常じゃないくらい興奮しているわけだから、そりゃ、頑張ろうかなぁって思うんですよ。そのへんも賢い。cero はみんなクールですよね。それでも、プレッシャーをかけざるを得なかったところがあったわけです。

ぼくは、二〇一五年五月のリリースがceroというバンドにとっては滅多にないタイミングなんだというのは、客観的に見ていてわかっていました。前作からの流れもとても良いし、音源をリリースしてないライブでも既に何千人と動員を増やしていたし。逆に言えば、今回もしも反応がなかったら……。コケなかったから良かったですけど、次に打順が回ってくるかどうかの不安って、あるんですよ。次があるかわからないからこそ、やっぱり自分らで切り開かないといけない。ぼくらみたいにインディペンデントってのはこのへんが隣り合わせな感覚もある。だからタイミングとか内容とかめちゃ考えて考えて、場を作って行く。とても人気ある人だったらまた別なんでしょうけど、ぼくらは少しずつ少しずつ積み上げていかないといけないのは明らかだったし。それがうまくできていた気がしていた。「やるだけやる」って言葉を地でいく感じです。

ceroとは二月から三月の間にそういうやりとりをして、四月上旬にアルバムが完成。そして発売までの約二ヶ月が宣伝期間だった。だから、ものすごく気合いを入れて臨みました。いろいろやらせてもらいました。ちょうど三年前になるんですね。早いですね。

自分らが嫌いな、気持ち悪い感じの類のものではなく、きちんと伝わる宣伝をしながらなおかつ売れるというのは大変、とはよく思います。インディーズでレーベルをやっているんだから、メジャーとは違った宣伝方法をって常に思うけど、このくらいの規模になってくると基本的なやり方に差がそんなに出ないんですよ。ただ物量はもちろん違いますよ。広範囲に宣伝をしたいと思っても、伝える層をしっかり意識していないと毎日大量の情報が流れていくいま、これが全く届かない。かと言って伝えたい層を意識しすぎると、十五年前のカクバリズムとなんら変わらなくなっちゃうから、バランスを考えています。われわれにしてもずっと同じ規模で進めるよりは、広がったものを回収していきたいし、次につなげていきたい。となるとちゃんとしなきゃと思って。インディという枠にとらわれず「われわれのやり方」でもっと売れるように、ずっと活動を続けられるようにと意識して更新作業をしていく、その連続というか。発売日前日までもっともっとやれるって思う気持ちを持ち続ける。それもあって、「今回はなかなか良い形を作れたんじゃないかな」という気持ちも半分くらいありました。リリースから三年経って思うのは、いまならもっとやれたよなってことだったりするから、次回作が楽しみになるし。改めて、そう思わせてくれるceroってのはほんとすごいバンドですね。当然、メンバーも新作ではさらに良いものを作る自信があるわけだし。最近社員が二人増えたり、業務も多少拡大したり、会社の基本姿勢も変わってきたから、ちゃんと宣伝が行き届くようにできる会社になれば、ゆくゆくは音楽を販売・宣伝する部分でもメジャーにも負けずにやることができるんじゃないかなと思っています。

もちろん「インディだから」とあぐらをかいて言い訳にしちゃダメだし。そう言いながら一方では、ずっと格好良いインディペンデントレーベルでありたいと思っています。これが基本かな。

いくら、レーベルがダサいことをしていても、アーティスト本人さえ良ければそれで良い、とも言えるんです。ただ、そうなれば、われわれカクバリズムが考える進むべき方向との矛盾にぶつかってきてしまうんです。かっこいい音楽性を確保できても、かっこいいレーベル、かっこいいマネジメントというのが実現できなくなってしまう、という……。

つまり、広く多くの人に伝えるところを目指せば、アーティストの広めたい方向とレーベルの大事にしていることとの対立もでてきてしまうのかもしれません。

そして、やっぱり自分としては、アーティストのイメージさえ良ければ何でもいいというのではなく、カクバリズムの格好良さも大事にして仕事をしてきました。これはぼくのエゴではあるのだけれども。本当に良いのかはまだわかりません。

そういう自分の考える格好良さとのせめぎあいの中で、この十五年なんとなくバランス取りつつやってこれたような気もしているんです。取りこぼしたり、もっとできただろうってことは多々ありますが、例えば、ニカさんや移籍前の源くんの売り方に代表されるような、外部のメーカーと組んで売っていく方法ですね。そうして、カクバリズムの色を時と場合によって薄くしたり濃くしたりして、届けることを優先させる。

カクバリズムが関わっているものなら、内容もしっかりした良いものだろうという安心感を持ってもらえるんじゃないかって。自分では、あのレーベルから出た音楽だから、と信頼があったからこそ手にした音源もたくさんあります。ラフ・トレードの、マタドールの、ディスコードの、ストーンズ・スロウの、という各レーベルに感じた憧れや良さは残していきたい。オールジャンルを聴く音楽好きな人や、これからいろいろな音楽をたくさん聴いていきたいなと思っている人のための、雑味のあるレーベルとして。

同じようなジャンルのアーティスト、バンドばかり手がけるやり方で層を広げることだってできるんですけどね。近いところで影響を受けてきているバンドを集めたりすれば、それなりにシーンは作りやすいから。ただぼくはどっちかというとそうじゃなくて、大きな駅みたいにいろいろな方向に向かうプラットホームがあるほうが好きなんですよね。全然違う方向に向かう同士が惹かれあったりする。その感じが好きだし、自分も飽き性だから（笑）。

話を戻すと、二〇一五年のceroはタイミングも宣伝も当時はこれまでのカクバリズムの流れを集約できたんじゃないかって思うんです。もっとできたって気持ちもいまはありますが、店頭入荷日に各地で売り切れが出てきた連絡を受けた時には、在庫切れ自体は全然いいことじゃないけど、手応えが現実として見えたので、そりゃ嬉しかったですね。

いま言ったようなあれこれを総合して、最近の自分の考えとしては、格好悪く見えるものでも、これは有効だ、というものは選択肢に入れられるように、という方針でやれるようになっています。必要なら、自分たちだけではやらずに信頼できる外部の方々と一緒に仕事をしていくようにしています。これは十五年前じゃ絶対やってなかったし、源くんの移籍やSAKEROCKの解散も影響しているかもですね。

一社だけがマネジメントや制作を担うと、もちろん利益幅は大きいですけど、巻きこむ外部の人たちが多いほうが広がっていく可能性は高い。その外部の人たちも、売り上げうんぬんよりそのバンドなり、アーティストなりが好きだって理由で加わってくれるので、音楽に対して素直っていうか。「売れそうだから」よりも「単純に好きだから」って一緒に何かさせて欲しいって言ってくれる方は意外にも多いので、このあたりは音楽業界の良い部分ですね。あ、「売れそうだから」って人もいますけど、カクバリズムに声をかけてくれる人には少ないですね（笑）。たとえ売れなくなっても一緒にやろうよって人たちばかりだから。まあ過去の事例を振り返ると、うまくいかないケースも多いですが。すべてはタイミングな気がしてます。カクバリズムの場合は、ある程度の規模までは全部自分らで作って動かしていける経験がある。でも、その「ある程度」をどこにするかがこれからの課題です。

本来ならやりたくないけどやらなければいけない「ダサいこと」というのは、やっぱり宣伝なんじゃないですか。マジかよ、そんな売り方はいやだよと思っていても、近年の音楽業界では特に、勝てば、売れたら官軍って雰囲気が強いように思います。っていうか、単純にぼくがこの数年でそういった大きなパイを扱う仕事に関わらせてもらったからというのもあるんですが。それまでは全く意識していなかったですしね（笑）。

いくらダサくても、売り上げや動員を評価しなければならないという。それは、ぼくも大人だから評価しますけれど。でも、それでも格好悪いものは格好悪いよ、ダセえもんはダセえよなとは思ってしまう。そこは変わらないし、みんなも本当はそう思ってるんじゃないですか。

いまは良くも悪くも、人気や売り上げの数字が目に見える形でわかるし、そこで評価してしまうというのが、一般のリスナーにまで浸透している時代のように感じます。自分のセレクトに対して自信がないのかな、と。最近では、自分の行くライブの入りが良くないといやがるというか不安がるお客さんもいますからね。わかりますけどね。

つい、自分の選択したものに人気がないことに「誰に言っても知らないのはつらい」と心配に思ってしまう人が多いというか。共有するってことに自然と重きを置きすぎている気もするし、なんだか音楽の機能をはき違えている気もしなくはありません。数字がどうであれ、胸を張って楽しんでもらいたいし、そうさせる努力もしないとなと常々思いますね。とはいえ、全部のライブにお客さんがたくさん入っていたならこちらとしてもありがたいし、良いので、まぁ特段取り立ててこんなことを言うこともないのかもしれませんね。

ダサいダサい言ってますが、そこから学ぶことも、多いんです。ぼくはちっともかっこいいと思えないけれども売れている、それを観てみると、やっぱりしっかりやっているんだなとわかります。これが、支持する人がいなくならない理由なんだな、と。

ファンサービスが行き届いている。うちより細かい宣伝ができている。お客さんにちゃんと届いているという。

こちらがかっこいいと思うものだって、ダサいと感じる人だっているでしょう。ぼくが若い頃にかっこいいと思った、フルーティの赤ジャケの、ブルーノートレコードのような味のビジュアルにしても、どこかの若者のブログではダサいって書かれていたので。あれはなんで!? って思いましたね（笑）。もちろん合わない人とは合わない。

ceroに関しては「ナイトドリフター」というラジオをインターFMでやっていたのも良かったなって思います。あそこで自分たちのルーツを聴いてくださいってのをやってきたから。ラジオ番組は全然聴いていないんじゃないかなって思ってもいたんですが、思ったよりも若者は聴いてくれていた感があります。

cero『Obscure Ride』
CD ALBUM　2015年5月27日発売

プロモーションに関しては、これまでの源くん、YOUR SONG IS GOOD、キセルなどで培ってきたものをすべてまとめあげられたなって気とまだまだなって気が半々です。テレビとかにはそんなに出せなかったんですけど、ラジオや雑誌に関しては盛り上げられたのは良かったです。

ライブの感触も良かったですね。福岡のライブがアルバム発売から一ヶ月後だったんだけど。五月二十七日に出て、六月二十五日。その時には売りきれていました。しかも男の人が半分ぐらいで。普通、カクバリズムって女性のお客さんが六、七割ぐらいなんだけど、男性が多かった。新しい曲で超乗っていて。古い曲はどこかポカンみたいな。今回のアルバムから聴きはじめたんだなーって。だから旧譜が物販で売れるみたいなことが起きた。それはとても良かった。

客層の年代は、二十代後半から三十代にかけて。女の子はもう少し平均的に若いかもしれません。サイン会もしたんですよね。めちゃいい反応で楽しかったんです。

そういう中では、やはり、アルバムの売り上げも、フタを開けてみるまではわからなかったわけです。どんなに自分たちでは自信があっても。初回盤が想像していたよりも二倍ぐらい売れてくれたのは、ものすごく嬉しかったんですよね。

音源のリリースは「コンセプト」を渡していくことでもある

YOUR SONG IS GOODに関しては、二〇一五年の春になってから、状況が好転してきているところがあります。

　昔から聴いてくれていたファンの人たちもだけど業界の関係者の人たちも、なんかその時々の流行りや勢いに関係なく、楽曲の出来だったり、ライブの良さでしっかり判断してくれるんです。へんな色眼鏡もないから、本当の評価をもらっていると思います。年齢を重ねるにつれてファンの姿がどうしてもあちこちまばらになってきていた印象が否めなかったけれども、やっぱり会心のライブができるといい反応があって、それが広がってお客さんも徐々に戻ってきてくれるし、入れ替わりも起きるわけですよね。具体的に言うと、昨年、二〇一七年のフジロックのオファーは特に如実でした。もともとこちらからも出演のお願いはしていたんですが、なかなか決まらなかったんです。担当の方が二〇一七年にリリースした『Extended』と、さらに五月の野外フェスを観に来てくれて。それで即出演オファーをもらって。音源も最高だったし、ライブもこんなことになっているなんて！　と絶賛してくれたんです。嬉しい流れですよね。数年前から言ってましたよ！　ってね。ただスケジュールのこともあって、出演はフジロック最終日、日曜の深夜二十八時、つまり月曜日の朝四時。これはお客さん誰も来ないだろうなって思っていたんですが（例年ぼくらは出演ステージとなるレッドマーキーにその時間までいるのですが、当然ながらお客さんはほんと少ない）、これがまたたくさんのお客さんが集合してて、さらにはめちゃめちゃ踊っていて。あれは泣けたなー。祝祭感ってよく言うけど、ほんとそう。スタッフもダイブしていたりして、まぁお疲れ様！　の要素が強かったかもですが、それに応えられるバンドって強いし、どこに出してもかっこいい音でライブをしてくれるってのは最高ですよ。ぼくの感覚的なものですけど、こういった現場の反応がすこぶる良い。これはめちゃ嬉しい。二〇一三年に出したアルバム『OUT』は、バンドの舵を思いっきり切ったものだったんですが、それが馴染みはじめた。前年の二〇一四年には、『OUT』からのシングルカットでアナログ12インチシングル『The Cosmos』、『Changa Changa/Out』『Re-search/Dripping』をリリースしたんですが、リミックスを入れ込むこともできて、新しい側面を見せることができていた。二〇一六年にはアナログシングル『waves』をリリースしたりと広げてきたものを閉じないようにした。

そんなふうに、現場のレスポンスがいいと状況は好転していきます。それによってこっちも「おお！」と鼻息が荒くなって、「よーし、行くっきゃねぇ！」ってなってくるわけです。実際はここまで単純じゃないけど、良い反応はいつでも嬉しい。もちろん、ライブをやっていてお客さんの反応がいい時には、それだけでアーティストの状態そのものもすごく良くなるものです。

YOUR SONG IS GOODを取りまく状況は何で良くなったのかと言うと……メジャーをやめて、「自分らにとっての良い音楽、楽しい音楽、好きな音楽、演奏して肌に馴染む音楽」というのに丁寧に向き合い続けているのが好感触を生んでいるというか。やっぱりみんなかっこいい音楽が好きだし、その真っ当さがいまの時代、以前よりもしっかり伝達する場合も多いんですよね。これってありがたいんですね。何事も丁寧にだなって。音楽を仕事にすると見失いがちになりそうだけど、やっぱり演奏することって基本楽しいこと。作り出すことは地獄の苦しみかもしれないけど、そこを抜けた時にはやっぱり楽しいのがいいよね。人それぞれですけど。

YOUR SONG IS GOODは、いままでもだけど、これからもカクバリズムの芯としてガッチリやっていってもらいたい。彼らについてはもう、ぼくとしては八十歳ぐらいまでやって、ベンチャーズみたいになってもいいんじゃないのって気もしています。いま、メンバーは四十代のなかばですが、フレッシュなところがまだまだある。そこは、いつまでもあの人たちのいいところだよなぁとは思っています。そこを、ぼくたちレーベル、マネジメントがちゃんと新しいアイディアを打ち出していける関係でありたい。

そして、ceroのアルバムを作ってみて特に思ったことなんですが、SAKEROCKにしても考えてみればそうだったんだけど、一回ずつの音源のリリースの機会って、新しいコンセプトを一つでも提案していくものなんですよね。ぼくらはただ同じことを繰り返しているわけじゃないんだぞって。カクバリズムはメジャーなレーベルじゃないけど、かと言って遊びでやっているわけじゃない。このバランス感でやっているんだからこそ、レーベルとして、マネジメントとして、お客さんとアーティストたちとの間にいる意味を見つけていかないといけないんですよね。音楽的なこと、商業的なことも考えて実践していかないと。

ceroの場合には『Obscure Ride』はブラックミュージック寄りというかリズムを重視した方向にシフトしたというのがはっきりあって。急にそこに飛ぶ前にシングルを二枚出せて、流れを作っておくことができた。シングルのカップリング曲ではメンバーそれぞれの音楽性の豊かさも見せられた。

そんな感じで、アーティストの変化を良い形で出し続けられる、伝えられるというのが音源のリリースなんじゃないかとも思っています。ただ、追いこまれた状況で変化を出したら、たぶん違和感が出る。切迫しているから変えろって言われているんだな、とか勘ぐってしまう。伝えたいことも伝わらない。無理をしているとやっぱり耐久性がないですよね。急な変化も面白いけど、それまでの経緯を感じれるほうが昔からのお客さんにとっても、遡って音源を聴く新しいお客さんにとっても良いだろうなって思うんですよ。

でも、いい状況、攻められる状況で作品の質を変えるぶんには、お客さんというのはすごくウェルカムなんだなというのが、ceroのリリースですごくわかったんですよね。流れがしっかりできていて、お客さんも、関係者もそれを楽しみにしてくれていた。SAKEROCKにしても、良い状況をまず作って、その中でコンセプトを変化させて、やりたいことを続けていったんだよなぁと振り返れば思います。

YOUR SONG IS GOODの場合には、メジャー時代の途中からは状況があんまり芳しくない中で変化していくことに挑戦していたものだから、ファン層をそのつど少し減らしてしまうこともありました。ただ、減らしてはいたけれども、毎回、新規開拓と言うか新しいことをやろうとしていた行動は実は響いていたんだな、というのが最近の状況の好転で感じることなんです。いま、自分たちがいちばん面白い、興奮すると思っている音楽に挑戦するというジュンくんのコンセプトは、それが返ってくるタイミングが遅いかもしれないけれどもきちんと伝わっていた……。音源を良くしようとする作業からは一歩も逃げなかった。

YOUR SONG IS GOODは結成して二十年目、サラリーマンがバンド内に三人いるので、ライブの回数は昔よりは少ないからそこでの新規開拓には頼れないし、全国ツアーもここ最近はなかなかできていないけれども、二十周年の盛り上がりを作れたらなって考えています。いままで聴いてくれた人にしっかり届くように、そしてはじめて聴いてくれる人たちにも、この人たち、明らかにかっこいいぞ！　って思ってもらいたいですね。彼らは本当にいいライブをしますから。

実力は折り紙付き。もともとそうで、どこに出しても恥ずかしくないバンドでしたけれども、最近は海外の人たちとも交流が増えていて、アナログの問い合わせも多いんです。海外も行きたいですね。そんな中で、この間ライブを見てくれた音楽業界の先輩が「カクバリ、YOUR SONG IS GOOD最高じゃねぇか。いつ勝負するんだ」って訊いてきて。勝負ってそもそも何のかって話ですが、メジャーをやめたあとはYOUR SONG IS GOODのメンバーとも地道にやっていこうと話していたから、あ、そういうちょっと賭けみたいなこともやっていいんだって思ったんです。「じゃあ来年の野音ください！」とか言ったりして、やるかどうかは別にしても、次の打席が用意されつつあるなぁって思いました。本当にライブがよくないバンドじゃないと、こういう風って吹かないもんなんですよ。いま人気がうなぎ上りだったり、日の出の勢いがある感じだったりしない限り。野音って言っても、YOUR SONG IS GOODも一度二〇一二年にワンマンをやっているし、SAKEROCKでもキセルでもやっているし、ceroでも毎年やっているし、そんなにカクバリズムとして真新しさがあるわけじゃない場所だけど、「YOUR SONG IS GOODで野音」っていう感じはすごく特別でいいなと思っています。こういう流れというのは、いいライブをやり続けた結果なんだなってつくづく思いました。オープンに開かれたものであることを意識しながら、けれどもこだわるところは譲らないで、納得いく音楽を作り続けていると良いことがある。これって、言葉にすると当たり前のようなんですが、長くやってないと実感ってわからないものですね。十五年やってみて、反省や矛盾といった言葉がまず頭に浮かぶけれど、続けてこられたことで得たその実感がこの先を面白く感じさせてくれているなと思います。

おわりに

長らくお付き合いいただきありがとうございました。十五年をこうして振り返ると、月並みですがあっという間だったなと思います。悲しいこともありましたし、やり直したいこともそれはそれは多々あります。ただレーベルを開始した頃から思っていた他とは違う「やり方」や、他とは違う「見せ方」を意識しながら、好きな音楽をみなさんに届けたいという気持ちは変わってないなと思いました。もともと、この曲良いよねと夜な夜な友達と音楽を聴いている、その延長ではじめたレーベルです。自分が受けたたくさんの影響と、抱いていたたくさんの憧れから抜け出し、どうしたらオリジナルでいられるのかを意識的に考え続けてきた日々だったのかもしれません。

YOUR SONG IS GOOD からはじまり、多くの音源をリリースさせてもらってきました。リリースの基準は「また聴きたい」「早く家で聴きたい」ってことに尽きるなって思いました。ライブで新曲を聴いて、「うわぁ！　早く家でも聴きたい」と思う、あの高揚。そして音源を発売日に購入して、帰り道にイヤフォンですぐさま聴く、あの高揚。ぼくはただ、それを求めてレコーディング現場やライブ現場に自分から近づいていっただけ。そして自分が感じた興奮と高揚を伝えただけ。ただそれだけなんです。ほんとお節介ではあるんだけど、この音楽を聴いてもらえたら、ちょっとだけでも人生が変わるかもしれないってそう思うんですよ。これぱっかりはフラットな気持ちです。

インディペンデントの格好良さをぼくは追い求めてきたし、自分らでリスクを背負ってなんぼだっていまも思うし、何かに頼っているわけじゃなく、自立しているから、外部と作業していても何があっても大丈夫って気持ちだし。売り上げを最優先しないでも成り立つ働き方。十五年かけて、この働き方をぼくは作ってきたのかもしれません。もちろん経営者だから売り上げは優先していますよ、ただ「最」優先じゃないってことでしょうね。そこじゃないところに音楽の仕事の醍醐味はあって、たぶんメジャー、インディー関係なく、良い音楽を作っている人たちはその判断をできていると思う。その目利きができるようになるように、自分を鍛えてきた気もします。

以前はライブハウス、クラブのフロアという現場にすべてが転がっていて、それをしっかり受け止めて自分の中で消化して良い形で出せたら、すこぶる気分が良かった。本編でも話しましたが、端っこにあってまだその良さにみんなが気がついていないもの。現場に行くとそれに気がつくんです。そこにスポットライトを当てて、目立たたせることを意識していた。そこから時間が経って三十九歳になり、現場以外のところで起きていることにも考えが至るようになってきました。めちゃ遅いんだけど。

ライターであり、同い年の友達でもある磯部涼くんが、ウェブ上も人によっては現場だって話を五年前くらいにしていて、ほんとそうだよなとも思ったんです。従来のライブハウスでの現場感覚に加え、ウェブやこれからまた出てくるかもしれない新しい「現場」での流れも軽く見ないでうまく受け止めながら伝達していきたい。これって地方出身者の自分にとっては肝の部分でもあるし、頭が固くなりませんようにって思ってますけど、ウェブを別枠で捉えようとする時点で既におじさんですね。

昨年十五周年イベントを京都、札幌、広島、大阪、東京（番外編で名古屋）で開催しまして、これがすこぶる楽しかった。五周年、十周年の時も楽しかったですが、楽しさが全然違った。やっぱりうちの会社に所属してくれているアーティスト、バンドは最高だなって思いました。そりゃそうだろって話なんだけど、当たり前にそれが感じられたことに、この日ばっかりは最高のイベントだなーって自画自賛してましたよ。来てくれたお客さんも、若い方から年配の方まで幅広くて、それも嬉しかった。所属バンドがお祭り的な選曲でなく、新曲をバシバシかましてくるのも良かったです。彼らの演奏を観ていて、あくまでここは通過点で、これからって感じしかなかった。ぼくも楽しみながらも実は、それこそ二十周年の頃にはどうなっているのかなって、楽観と悲観が混ざった感じで考えていたり。

なんでかっていうと、二〇一七年から二〇一八年にかけてのいま、日本の音楽業界は転換期に突入していると感じているんです。ぼくたち音楽業界のものにとって、CDというフォーマットは売り上げという面ではいかに良い商品であったという事実がわかった反面、Apple Music や Spotify といったストリーミングサービスへの参入や、そこでの利益の上げ方に対して無防備過ぎることも露呈されてきました。どちらもうまくやるバンドやレーベル、会社もありますし、つど対応しているところもあります。この取捨選択は、長い目で見た時に売り上げにも非常に差が出てくるはずです。かく言うぼく自身も常々葛藤している感じですが、徐々にセオリーが確定していくだろうなって。そしていまのアナログブームやカセットテープブームみたいな感じで、CDブームとか繰り返すこともあるだろうなーって。ならないかな。二〇〇〇年代初頭にもよくこんな話をしましたけど、二〇一八年のいまになってようやく実感してますからね（笑）。カクバリズムはそういった点では、敏感過ぎないことが良かったのかなって最近は思います。

これまでやって来た感覚、嗅覚みたいなのもどっかで信じているし、矛盾だらけで進んでいくこともいまでは堂に入っている気もするし。堂に入っちゃダメなんだけど、居直っているというか。結局は、これ最高の曲じゃん！　となっていればおのずと大丈夫ということでしかないのかもしれません。

最後になりますが、二〇一一年に「角張さんの本を作りたいです。絶対面白いですよ」と当時の担当編集の方から明るい笑顔で声をかけていただき、そこから紆余曲折あって、二〇一四年にインタビュアーの木村俊介さんにぼくの話をしっかり聞いてもらう機会を作ってもらうことになりました。本の基礎を作ってくれた木村さんには本当に感謝しかないです。ありがとうございました。現在二〇一八年なので、足掛け七年……。なんでそこまでと自分でも思いますが、いかんせんここ五年間は個人としてもレーベルとしても変動につぐ変動があり、毎日が精一杯といった日々で、考えが行ったり来たりしていました。一応ぼくも悩んだりもするんですよ（笑）。大好きな大原大次郎くんとモーリス（吉澤成友）に装丁と装画をお願いして、本秀康さんに漫画を描いてもらうという、本を作ることが決まった時からの希望がこうして形になったのも嬉しい限りです。こんな機会は二度とないでしょうし、最高の記念ですし、自慢です。そして「一体いつになるんですか?」と言いながらも待ち続けてくれたリトルモアの孫さんはじめ、担当の加藤さんにも感謝の気持ちばかりであります。普通だったら絶対にここまで待ってくれない中、待っていてくれました。何度も言いますが、本当にありがとうございました。

時間はとてもかかってしまいましたが、こうやって本にさせてもらうことで、自分自身の二十、三十代の葛藤というか、悩みながらも仕事を前に進めようと気張って来た日々が、読者のみなさんの日常や仕事やどこかで、アイディアのヒントになったり、スパイスになったりしていたら嬉しいなと思います。この本には音楽業界の裏話が書かれている訳でもないし、何か新しい売り方を書いている訳でもないです。ただ好きな音楽とともにありたいと思って過ごして来た男の、仕事の毎日のみです(笑)。ですが、仕事でもプライベートでも、好きな音楽とともに過ごせるのはやはり最高です。これからも葛藤と矛盾と戦いながらも、少しでも好きな音楽を世に広めていったり、増やしたりして、真摯に丁寧に音楽とともに歩んでいきたい。レーベルも二十周年、二十五周年、三十周年と進んでいけたらと思っていますし、「あいつ、まだやっているかな? 面白い音楽をリリースしているかな?」と気に留めてもらえていたら何よりの喜びです。

これからも頑張ります!

二〇一八年春　カクバリズム代表　角張渉

角張渉の衣・食・住・音
本秀康
ceroのリハが…
スカートの取材は…
あとニカさんのライヴ…
モト
電話なげ〜〜〜
本さんお待たせっス。
で、打ち合わせどこまで進んだんでしたっけ?
ピッ
どこまでも何も……
1ミリも進んでないよ〜〜〜
そうでした、そうでした。
まーサンドウィッチでもどうぞ。
パサパサですが
スッ
忙しそうだけど
ちゃんと食事とってんの?
モト
パクッ
どうせ軽食ばっかなんでしょ。
そうなんすバタバタで…〜〜
つーか、昨日もそのTシャツだったよね?
「食」ポイント −1点
3日くらい家に帰ってないんス。バタバタで…
マジで〜〜〜!?
「衣」「住」ポイント、それぞれ −1点

そんなことより角張くんの本のマンガ
どーしよーかね？
ですよね〜〜〜
あ
スッ
もうこんな時間か。
気になってるバンドのライヴがあるんス。
スタ
一緒に行きましょうよ〜〜〜
打ち合わせは!?
といいつつ、結局ライヴに行く。
ワーワー
ワー
ヤバくないっスか？
うん。面白いね。
音楽って
最高っスね〜〜〜〜
イエーイ
「音」ポイント ＋100点
角張渉の衣・食・住・音ポイントは合計97点。
ハハハハ
「音」がポイントを稼いでくれてよかった!!
角張渉は音楽に生かされているのです!!
あ、マンガはテキトーにやっといてください
え〜〜
おわり

角張渉とカクバリズムの歩み

15年の間にはいろいろなことがあり過ぎた。走り続けてきた男、角張渉も今年で不惑。その道のりを振り返る。

西暦	元号	月	角張年齢	角張渉とカクバリズムの動き
1978	昭53	11	0	宮城県仙台市にて生まれる。3人兄弟の末っ子。
1997	平9	4	18-19	東京経済大学経営学部に入学。
1998	平10		19-20	西荻窪のライブハウス・**WATTS**でアルバイトを始める。
1999	平11	秋	20-21	**安孫子真哉**と音楽レーベル・**STIFFEN RECORDS**を設立。
2000	平12		21-22	高円寺20000Vにて、初めて**YOUR SONG IS GOOD**のライブを見る。
2001	平13		22-23	バンド・BOYS NOWを結成。ボーカルを務める。
		3		WATTSにてイベント「KAKUBARHYTHM」スタート。スタート時の表記は「KAKUBA-rhythm」であった。
				東京経済大学経営学部を卒業。**ディスクユニオン下北沢店**でアルバイトを始める。
2002	平14		23-24	音楽レーベル・**カクバリズム**設立。
		3		YOUR SONG IS GOODの7INCH EP『BIG STOMCH,BIG MOUTH / LOVE GENERATION』をリリース。
		6		GORO GOLOのテープの袋詰め作業時に、後に最初のスタッフとなる**小林全哉**に出会う。
				珈琲が飲めるようになる。
2003	平15	4	24-25	**MU-STARS**の7INCH EP『FUNKY SOYSAUCE / MOVE ON NAP』をリリース。
		6		バンド・snottyの解散ライブ（於 下北沢シェルター）。
2004	平16	2	25-26	代々木上原に写真家・**平野太呂**とともに共同で事務所を借りる（家賃8万円）。
		9		YOUR SONG IS GOODの初めてのワンマンライブ開催（於 下北沢シェルター）。
		10		YOUR SONG IS GOODのファーストアルバム『YOUR SONG IS GOOD』をリリース。
		11		YOUR SONG IS GOODのレコ発ライブ開催（於 渋谷クラブクアトロ）。
2005	平17	1	26-27	**SAKEROCK**の7INCH EP『穴を掘る／2,3人』をリリース。
		7		YOUR SONG IS GOODがフジロックに初めて出演（ホワイトステージ）。
		11		WATTSが閉店。
		12		「KAKUBARHYTHM SPECIAL」開催（於 恵比寿リキッドルーム）。
2006	平18	2	27-28	パーソナリティ・**サイトウジュン**、アシスタントパーソナリティ・**カクバリワタル**「**ラジオのカクバリズム**」スタート。のちにアシスタントパーソナリティとなる**オオゼキヤスユキ**は第1回からゲストとして参加。
		7		YOUR SONG IS GOODがミニアルバム『FEVER』でユニバーサルミュージックより**メジャーデビュー**。
		8		**二階堂和美**の7INCH EP『LOVERS ROCK／いてもたってもいられないわ』をリリース。
		11		**イルリメ**の7INCH EP『イルリメNO.5／イルリメのチャチャチャはいかが?』をリリース。

年	平成	月	年齢	出来事
		11		**カクバリズム**が株式会社になる。
2007	平19	9	28-29	**キセル**の10INCH EP『春の背中』をリリース。
		12		カクバリズム**5周年記念イベント**開催（於 SHIBUYA AX）。
2008	平20	夏	29-30	**バリーズ**（海外向けの新レーベル）設立。
2009	平21		30-31	ディスクユニオン下北沢店をクビになる。最後の3年は籍だけを置いていた。
		3		漫画家・**本秀康**氏のイラスト入りレコ袋（カクバリズムのお買い物袋）ができる。
2010	平22	11	31-32	**cero**の10INCH EP『21世紀の日照りの都に雨が降る』をリリース。
2011	平23	3	32-33	**東日本大震災**が発生。
2012	平24	3	33-34	**片想い**の7INCH SINGLE『踊る理由／センチメンタル☆ジントーヨー』をリリース。
				(((さらうんど)))のアルバム『(((さらうんど)))』をリリース。
		10		カクバリズム**10周年記念イベント**開催（於 大阪・なんばHatch、名古屋・今池 BOTTOM LINE、新木場 STUDIO COAST）。
		12		星野源がくも膜下出血で活動休止。
2013	平25	2	34-35	星野源が活動再開。
		6		星野源が再び活動休止。
		11		二階堂和美が主題歌を担当した映画『かぐや姫の物語』（監督：高畑勲）が公開。
2014	平26	2	35-36	事務所を代々木上原から神泉へ引っ越し。
				星野源、日本武道館のワンマンライブで、活動再開。
		12		**スカート**の12INCH EP『シリウス』をリリース。
2015	平27	4	36-37	星野源が移籍。
				SAKEROCKのラストアルバム『SAYONARA』をリリース。
		6		SAKEROCKの解散ライブ「ARIGATO!」開催（於 両国国技館）。
		9		**VIDEOTAPEMUSIC**のアルバム『世界各国の夜』をリリース。
2016	平28	1	37-38	SAKEROCKの解散ライブの模様を収めたDVD、Blu-ray『ARIGATO!』をリリース。
2017	平29	4	38-39	「ラジオのカクバリズム」がα-STATION（FM-KYOTO）の番組「RADIKAKU」となって放送スタート。社員が2人増える。
		6		**思い出野郎Aチーム**の7INCH SINGLE『ダンスに間に合う』をリリース。
		7		雑誌「ユリイカ」でceroが特集される。
		8		**在日ファンク**がカクバリズムに所属。
		9-11		カクバリズム**15周年記念イベント**が全国各地で開催（於 京都・磔磔、札幌・Zepp Sappro、広島・CLUB QUATTRO、大阪・なんばHatch、新木場 STUDIO COAST）。
		10		**スカート**がアルバム『20/20』でポニーキャニオンよりメジャーデビュー。
		11		**mei ehara**のファーストアルバム『Sway』をリリース。
2018	平30	6	39-40	初著書（この本！）が完成。

YOUR SONG IS GOOD
カクバリズムのアーティストたち
JUN KAMODA
MU STARS
DAISUKE FUJIWARA
TAKA
SAKEROCK
cero
Kicell
NIKAIDO KAZUMI
(((さらうんど)))

Kakubarhythm are

YOUR SONG IS GOOD＝サイトウ "JxJx" ジュン、ヨシザワ "MAURICE" マサトモ、シライシ "JICHO" コウジ、ハットリ "SHORTY" ヤスヒコ、タカダ "DAATAKA" ヒロユキ、タナカ "ZEERAY" レイジ／**SAKEROCK**＝星野源、伊藤大地、浜野謙太、田中馨、野村卓史／**二階堂和美**／**キセル**＝辻村豪文、辻村友晴／**イルリメ・鴨田潤**／**MU-STARS**＝藤原大輔、タカ／**cero**＝髙城晶平、荒内佑、橋本翼／**(((さらうんど)))**＝鴨田潤、Crystal、Kenya Koarata／**片想い**＝片岡シン、MC.sirafu、issy、あだち麗三郎、伴瀬朝彦、遠藤里美、大河原明子、オラリー／**VIDEOTAPEMUSIC**／**スカート・澤部渡**／**思い出野郎Aチーム**＝髙橋一(マコイチ)、長岡智顕(ナガオカ)、松下源(ゲンちゃん)、宮本直明(ナオアキさん)、岡島良樹(オカジ)、斎藤録音(サイトウくん)、増田薫(マスダ)／**在日ファンク**＝浜野謙太、仰木亮彦、村上啓太、永田真毅、橋本剛秀、村上基、ジェントル久保田／**mei ehara**／**サイトウ "JxJx" ジュン**／**浜野謙太**

カクバリズムのディスコグラフィ

Record + CD

名盤がいっぱい。02年の設立から15周年イヤーの17年の間にリリースされた、カクバリズムの音源総ざらい。

060 059 058 057 056 055 054

067 066 065 064 063 062 061

074 073 072 071 070 069 068

081 080 079 078 077 076 075

088 087 086 085 084 083 082

095 094 093 092 091 090 089

102 101 100 099 098 097 096

109 108 107 106 105 104 103

116 115 114 113 112 111 110

DVD + Blu-ray

117

118

119

120

121

122

123

124

125

126

127

128

129

130

Record + CD

2002

001 YOUR SONG IS GOOD『BIG STOMCH, BIG MOUTH / LOVE GENERATION』7INCH EP 002 YOUR SONG IS GOOD『COME ON』CD 003 YOUR SONG IS GOOD『GOOD BYE / KA CUBA』7INCH EP

2003

004 MU-STARS『FUNKY SOYSAUCE / MOVE ON NAP』7INCH EP 005 MU-STARS『LIVE! AT THE NIGHT IN MY BEDROOM MIX volume 0』CD-R 006 YOUR SONG IS GOOD『SUPER SOUL MEETIN' / SWEET SPOT』7INCH EP 007 BREAKfAST / 日本脳炎『SPLIT EP』7INCH EP

2004

008 MU-STARS『CARAMEL CORN / FLOWERS』7INCH EP 009 SUGARHILL DOWNTOWN ORCHESTRA『HOME MADE SONG』7INCH EP 010 YOUR SONG IS GOOD『YOUR SONG IS GOOD』CD

2005

011 SAKEROCK『穴を掘る / 2,3人』7INCH EP 012 SAKEROCK『LIFE CYCLE』CD 013 MU-STARS『QUASAR EP』12INCH EP 014 MU-STARS『CHECK 1,2』CD 015 YOUR SONG IS GOOD ×イルリメ / MU-STARS ×森本雑感 (BREAKfAST)『SPLIT EP』7INCH EP

2006

016 YOUR SONG IS GOOD『FEVER』CD 017 SAKEROCK『「キャッチボール屋」オリジナルサウンドトラック』CD 018 二階堂和美『LOVERS ROCK / いてもたってもいられないわ』7INCH EP 019 イルリメ『イルリメ NO.5 / イルリメのチャチャチャはいかが？』7INCH EP 020 SAKEROCK『songs of instrumental』CD / 12INCH LP

2007

021 サイプレス上野とロベルト吉野『GET MONE¥（借）/ 契り～外伝～』7INCH EP 022 YOUR SONG IS GOOD『あいつによろしく』CD / 12INCH EP 023 YOUR SONG IS GOOD『HOT! HOT! HOT! HOT! HOT! HOT!』CD 024 イルリメ『イルリメ・ア・ゴーゴー』CD 025 イルリメ『元気でやってるのかい？ / イルリメ NO.5 やけのはら REMIX』7INCH EP 026 キセル『春の背中』10INCH EP 027 SAKEROCK『「おじいさん先生」オリジナルサウンドトラック』CD 028 SARUDOG FROM MU-STARS『SF! SERIES!』CD 029 SARUDOG FROM MU-STARS『45rpm 45vinyls 45minuites』CD 030 SAKEROCK『ゆらめき』CD

2008

031 キセル『magic hour』CD 032 二階堂和美『ハミングスイッチ』12INCH EP 033 YOUR SONG IS GOOD『THE ReACTION E.P.』CD+DVD 034 YOUR SONG IS GOOD『THE ACTION』CD 035 SAKEROCK『会社員と今の私』CD 036 イルリメ『さよならに飛び乗れ / 流星に愛を込めて（RE-ARRNGE VERSION）』7INCH EP 037 SAKEROCK『慰安旅行』（再発）CD 038 SAKEROCK『ホニャララ』CD / 12INCH LP

2009

039 イルリメ『メイド イン ジャパニーズ』CD 040 二階堂和美『ニカセトラ』12INCH LP 041 THE BITE『雨の中 / D'yer Mak'er』7INCH SINGLE 042 MU-STARS『BGM LP』CD

2010

043 YOUR SONG IS GOOD『B. A. N. D.』CD / 12INCH LP 044 neco眠る with 二階堂和美『猫がニャ～て、犬がワンッ！』7INCH EP 045 二階堂和美『solo』CD 046 イルリメ『360° SOUNDS』CD 047 MU-STARS『BGM EP』12INCH EP 048 YOUR SONG IS GOOD『MUSIC FROM THE ORIGINAL SOUND TRACK SEASIDE MOTEL』CD 049 キセル『凪』CD / 12INCH LP 050 星野源『ばかのうた』12INCH LP 051 cero『21世紀の日照りの都に雨が降る』10INCH EP 052 SAKEROCK『MUDA』CD / 12INCH LP

2011

053 cero『WORLD RECORD』CD / 12INCH LP 054 YOUR SONG IS GOOD『I WANT YOU BACK EP』CD 055 鴨田潤『一』CD 056 キセル『SUKIMA MUSICS』CD 057 sarudog from “MU-STARS”『SF! SERIES! Vol.2』CD 058 二階堂和美『にじみ』CD / 12INCH LP 059 YOUR SONG IS GOOD『BEST』CD 060 cero『武蔵野クールエキゾチカ / good life』7INCH EP

2012

061 (((さらうんど)))『(((さらうんど)))』CD 062 片想い『踊る理由 / センチメンタル☆ジントーヨー』7INCH SINGLE 063 cero『My Lost City』CD / 12INCH LP 064 キセル『キセル EP Tracks for “HUG”』CD 065 片想い『すべてを』10INCH LP

2013

066 TUCKER & エマーソン北村『SPECIAL PRESETS』7INCH EP 067 あだち麗三郎『ベルリンブルー』7INCH EP 068 (((さらうんど)))『空中分解するアイラビュー』12INCH SINGLE 069 キセル『KICELL EP in みなと湯』CD 070 (((さらうんど)))『New Age』CD 071 二階堂和美『いのちの記憶』CD 072 片想い『片想インダハウス』CD 073 SCHOOL JACKETS『Back To The Dance Floor – Complete Discography Die Hard Dance Classics -』CD+DVD 074 二階堂和美『ジブリと私とかぐや姫』CD 075 YOUR SONG IS GOOD『OUT』CD 076 Double Famous『6 variations』CD+BOOK 077 cero『Yellow Magus』CD + DVD 078 neco 眠る『BOY / お茶』12INCH LP

2014

079 SAKEROCK『SAKEROCK の季節 BEST 2000〜2013』CD+DVD 080 YOUR SONG IS GOOD『The Cosmos』12INCHEP 081 片想い『山の方』7INCH SINGLE+BOOK 082 neco 眠る『ENGAWA BOYS PENTATONIC PUNK』（再発）CD 083 neco 眠る『EVEN KICK SOY SAUSE』（再発）CD 084 MU-STRAS GROUP『はじまりのうた』7INCH SINGLE 085 スカート『シリウス』12INCH EP 086 キセル『明るい幻』CD 087 YOUR SONG IS GOOD『Changa Changa / Out』12INCH EP 088 cero『Orphans / 夜去』CD

2015

089 (((さらうんど)))『See you, Blue』CD / 12INCH LP 090 MU-STARS GROUP『さいごのうた』7INCH SINGLE 091 SAKEROCK『SAYONARA』CD/ 12INCH LP 092 cero『Obscure Ride』CD / 12INCH LP 093 YOUR SONG IS GOOD『Re-serch / Drippinng』12INCH EP 094 キセル『Songs Are On My Side』CD 095 VIDEOTAPEMUSIC『世界各国の夜』CD / 12INCH LP 096 cero『Summer Soul / Summer Soul OMSB REMIX』12INCH SINGLE

2016

097 スカート『CALL』CD / 12INCH LP 098 VIDEOTAPEMUSIC『Sultry Night Slow』DISTRIBUTION SINGLE 099 MU-STARS『いくつかのはなし』CD 100 片想い『QUIERO V.I.P.』CD 101 二階堂和美 with Gentle Forest Jazz Band『GOTTA-NI』CD 102 古川麦『Seven Colors』7INCH EP 103 YOUR SONG IS GOOD『Waves』12INCH SINGLE 104 片想い『Party Kills Me』7INCH EP 105 ポニーのヒサミツ『羊を盗め』7INCH EP 106 キセル『KICELL EP Tracks for “Europe-Kikaku” 来てけつかるべき新世界』CD 107 スカート『静かな夜がいい』CD+DVD 108 cero『街の報せ』CD / 12INCH SINGLE

2017

109 YOUR SONG IS GOOD『Extended』CD 110 思い出野郎 A チーム『ダンスに間に合う』7INCH SINGLE 111 YOUR SONG IS GOOD『Double Slider』12INCH SINGLE 112 思い出野郎 A チーム『夜のすべて』CD 113 片想い『ひのとり』7INCH EP 114 VIDEOTAPEMUSIC『ON THE AIR』CD 115 スカート『20 / 20』CD 116 mei ehara『Sway』CD

DVD + Blu-ray

2005

117 SAKEROCK『ぐうぜんのきろく』DVD

2007

118 SAKEROCK『ぐうぜんのきろく2』DVD

2008

119 SAKEROCK『ラディカルホリデー 0』DVD

2009

120 YOUR SONG IS GOOD『PLAY ALL!!!!!! –live, accident, history, idea, We are YSIG 1998-2008』DVD 121 SAKEROCK『ラディカルホリデー その1』DVD 122 SAKEROCK『ぐうぜんのきろく3』DVD

2010

123 YOUR SONG IS GOOD『B. A. N. D. T. O. U. R. FINAL 日比谷野外大音楽堂』DVD

2012

124 SAKEROCK『ぐうぜんのきろくファイナル』DVD

2013

125 キセル『野音でキセル』DVD

2015

126 二階堂和美『二階堂和美 歌のパレード〜いつのまにやら15年〜』DVD

2016

127 SAKEROCK『ARIGATO!』DVD / Blue-Ray 128 cero『Obscures』DVD 129 cero『Outdoors』DVD / Blue-Ray

2017

130 キセル『野音でキセル2』DVD

衣《い》・食《しょく》・住《じゅう》・音《おん》

音楽《おんがく》仕事《しごと》を続《つづ》けて生《い》きるには

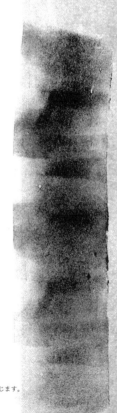

2018年7月8日　第1版第1刷発行
2018年7月30日　第2刷発行

著　者　角張 渉
聞き手　木村俊介

装　幀　大原大次郎
装　画　吉澤成友
漫　画　本秀康
扉写真　三浦知也
発行者　孫家邦
発行所　株式会社リトルモア
〒151-0051
東京都渋谷区千駄ヶ谷3-56-6
TEL　03-3401-1042

印刷所　中央精版印刷株式会社

ISBN978-4-89815-479-3 C0095